児童の英語音声知覚メカニズム

シリーズ 言語学と言語教育

第6巻　ポライトネスと英語教育−言語使用における対人関係の機能
　　　　堀素子，津田早苗，大塚容子，村田泰美，重光由加，大谷麻美，村田和代著

第7巻　引用表現の習得研究−記号論的アプローチと機能的統語論に基づいて
　　　　杉浦まそみ子著

第8巻　母語を活用した内容重視の教科学習支援方法の構築に向けて
　　　　清田淳子著

第9巻　日本人と外国人のビジネス・コミュニケーションに関する実証研究
　　　　近藤彩著

第10巻　大学における日本語教育の構築と展開−大坪一夫教授古稀記念論文集
　　　　藤原雅憲，堀恵子，西村よしみ，才田いずみ，内山潤編

第11巻　コミュニケーション能力育成再考
　　　　−ヘンリー・ウィドウソンと日本の応用言語学・言語教育
　　　　村田久美子，原田哲男編著

第12巻　異文化間コミュニケーションからみた韓国高等学校の日本語教育
　　　　金賢信著

第13巻　日本語eラーニング教材設計モデルの基礎的研究
　　　　加藤由香里著

第14巻　第二言語としての日本語教室における「ピア内省」活動の研究
　　　　金孝卿著

第15巻　非母語話者日本語教師再教育における聴解指導に関する実証的研究
　　　　横山紀子著

第16巻　認知言語学から見た日本語格助詞の意味構造と習得
　　　　−日本語教育に生かすために　森山新著

第17巻　第二言語の音韻習得と音声言語理解に関与する言語的・社会的要因
　　　　山本富美子著

第18巻　日本語学習者の「から」にみる伝達能力の発達　木山三佳著

第19巻　日本語教育学研究への展望−柏崎雅世教授退職記念論集
　　　　藤森弘子，花薗悟，楠本徹也，宮城徹，鈴木智美編

第20巻　日本語教育からの音声研究　土岐哲著

第21巻　海外短期英語研修と第2言語習得　吉村紀子，中山峰治著

第22巻　児童の英語音声知覚メカニズム−L2学習過程において　西尾由里著

まえがき

　なぜ日本人はMacdonaldを「マクドナルド」と発音し、「マクドーナルド」と発音できないのか。それが日本語の何らかの影響であるとすれば、言語の基礎学習の段階にある小学生などの子どもだったら、「マクドーナルド」と発音できるようになるのだろうか。

　本書では、日本語母語話者が英語の発音が苦手なのは、まず音声を聞き取る段階で、英語母語話者とは異なって音声を知覚しているのではないかという仮説のもと、それがどのように、またどうして異なっているのかについての答えを実験データから提示する。まず、英語母語話者がMacdonaldをMac.don.aldのように音節に分けて知覚している一方、日本語母語話者はMa.c(u).do.na.l(u).d(o).というように、日本語的にモーラ単位で知覚しており、これが日本語的な発音の大きな要因であることを明らかにした。次に、大人と子どもの知覚の違いを明らかにし、小学生のどの時期にどのくらいの量を学習すると英語母語話者のように音節で聞き取れるようになるかを解明した。そして、「8・9歳までに英語学習を開始し、4年以上継続して学習すれば、母語話者のように音節で分節することが可能になるといえる。インプット量でいえば、1,333単語であり、出現頻度（延べ単語数）は23,861語である。このインプット量があれば母語話者のように音節で捉えられるようになる」という成果を得ることができた。

　2011年より英語学習が公立小学校で必修として導入されることになっている。2005年度の文部科学省の英語実施状況調査によると公立小学校22,232校のうち実に93.6％が何らかの形で英語活動を行っており、必修化の次には教科化という流れも視野に入るであろう。日本での小学校の英語教育は、もともとは、中学・高校・大学と10年余り英語を勉強しているのに、英語が話せない、聞けない、またTOEFLなどの試験においても成績

が芳しくないという現状を嘆く声が強かったことや、経済界からも英語能力に優れた人材の育成無しには経済の発展はないとまでいわれ、それらの打開策としての早期英語教育の必要性が叫ばれていた背景がある。実際、小学校では、「総合的な学習の時間」を用いて国際理解という枠組みで英語を取り入れてはいる。しかしながら、小学校から英語を学習することによりどのような能力が身についているのかという実証データは多くは示されていない現状があった。

　筆者自身、十数年前から英会話学校や私塾で児童または幼児英語教育に携わってきたが、児童への英語教育は「楽しさ」「おもしろさ」を強調したゲームや遊びを中心とした教材や方法論であった。筆者自身は従来どおりの文法・訳読中心の英語教育を受けてきたので実に新鮮な驚きの日々であった。そして、児童の英語習得について理論的に学び、実証研究をしたいと考え、名古屋大学大学院国際開発研究科で特に児童の音声習得のメカニズムについて研究を行ってきた。修士論文では音素について研究し、博士論文ではさらに大きな音声の知覚単位が存在するかという点に興味を持ち、研究を進めた。本書は2007年に名古屋大学大学院で博士号を授与された論文を改変したものである。このような実証研究を公開し、英語教育研究者、小中高大学教員、英語教育に興味のある保護者、及び一般の間で広く共有し、さらに多くの実証データが積み上げられることを強く希望している。それによって小学校への英語教育導入への議論が活性化し、具体的な英語学習開始時期の問題や学習内容・カリキュラムへの研究が深化することを切望している。

目　次

まえがき ……………………………………………………………… v

第 1 章　序論 ――――――――――――――――― 1
1.1　研究の背景 …………………………………………………… 1
1.1.1　音声知覚単位の研究の変遷 ……………………………… 1
1.1.2　単語知覚単位 ……………………………………………… 2
1.1.3　知覚単位を明らかにする意義 …………………………… 4
1.1.4　産出ではなく知覚を対象とする理由 …………………… 5
1.1.5　大人と子どもの音声知覚の違い ………………………… 7
1.2　研究の目的と意義 …………………………………………… 8
1.2.1　リサーチクエスチョン …………………………………… 9
1.2.2　研究の枠組み ……………………………………………… 11
1.3　本書の構成 …………………………………………………… 13

第 2 章　日本語と英語の音節構造 ――――――――― 17
2.1　日本語と英語の音声体系 …………………………………… 17
2.1.1　母音の発音表記 …………………………………………… 17
2.1.2　子音の発音表記 …………………………………………… 21
2.1.3　日本語の音素表記 ………………………………………… 21
2.2　日本語・英語の単語認識 …………………………………… 23
2.3　日本語の語構造 ……………………………………………… 25
2.3.1　音節とモーラの二重構造 ………………………………… 25
2.3.2　モーラの音声実態 ………………………………………… 28
2.3.3　なぜ等時性を感じるか …………………………………… 30

		2.3.4 日本語において音節が果たす役割	30
2.4	英語の語構造		33
	2.4.1	英語の音節構造	33
	2.4.2	音節を構成する要件	35
		2.4.2.1 聞こえ度の階層	35
		2.4.2.2 子音クラスターの音結合制約	36
		2.4.2.3 音節主音的子音	37
	2.4.3	英語のストレス	38
	2.4.4	音節の長さ	39
2.5	日本語と英語の音節構造の共通点と相違点		40

第3章 音声知覚単位 — 49

3.1	音素・音節・モーラ・リズム	49
	3.1.1 音素・音節・モーラ単位	50
	3.1.2 リズム単位	54
	3.1.2.1 日本語のリズム	54
	3.1.2.2 英語のリズム	56
3.2	音節の重要性	58
	3.2.1 韻律及びリズムの関係	58
	3.2.2 メンタルレキシコンの関係	59
	3.2.3 読み習得の関係	59
3.3	音声を分節する規則	60
	3.3.1 多音節語の分節	60
	3.3.2 分節の仕方の問題点	69
	3.3.2.1 Maximal Onset は有効か	69
	3.3.2.2 母音・子音・ストレスの関係	70
	3.3.2.3 両音節性を認めるか	70
	3.3.2.4 聞こえ度と音結合制約の関係	71
3.4	規則が相反する時の優先順位	71
3.5	音結合制約の優位性	77
3.6	幼児の規則の適用	78

鑑中知之光代の光華

2014年3月31日 初版第1刷発行

編著者：杉山晴一
著 者：茶谷達人
発行人：松田健二
発行所：株式会社 社会評論社
東京都文京区本郷 2-3-10 ☎ 03(3814)3861　FAX 03(3818)2808
http://www.shahyo.com/
組版・印刷・製本：株式会社 ミツワ

編著者紹介

編者

杉山精一（すぎやま・せいいち）　1962年生まれ。民族学博士員
『技術系倫理を考える』（共著、昭覚書房、2013年）『原発力の想像力』（共著、青踏社、2007年）

編著者

瀬水海剛（くろさ・ともあき）　1969年生まれ。上智大学非常勤講師、博士（文学）
『マルクスと宗教──被抑圧民族から宗教主義へ』（水声社、2013年）、『グローバリゼーションと持続──新しい公共性の構築に向けて──』（共編著、再潮社、2012年）

中島浩貴（なかじま・ひろき）　1977年生まれ。東京電機大学理工学部助教
『ドイツ史と戦争』（共編著、彩流社、2011年）、『クラウゼヴィッツと戦争論』（共著、彩流社、2008年）

清水雅大（しみず・まさひろ）　1983年生まれ。横浜市立大学大学院国際総合科学研究科博士後期課程満期退学
「戦時期日本の対外文化事業政策──日独文化連絡協議会における文化事業部門と情報政策的活動から──」（『現代史研究』第58号、2012年、「戦時・戦後期における日独間の接続とドイツ人徒歴の対日貢献──ドイツ帝国陸軍の航跡から20世紀文化大陸の隙索的技術から」（『世界史研究論叢』第1号、2011年まで。）

米田祐介（よねだ・ゆうすけ）　1980年生まれ。関東学院大学・東京電機大学非常勤講師
「マルクスからの手紙を読む──エーリッヒ・フロム〈生きる〉ことへの想い」、「記佐藤優『マルクスの資本力』（社会評論社、2010年）」、「『チェラシーンの谷から送るブックスの歌──エーリッヒ・フロム『自由からの逃走』を読む」［西田博]、田上孝一編『現代文明の哲学的考察』（社会評論社、2010年）

第 4 章　音声分節の習得 ─────────── 83
- 4.1　英語母語話者の音声習得 ……………………………… 83
- 4.2　音節構造の習得 ………………………………………… 86
- 4.3　日本語母語話者の音声習得 …………………………… 87
- 4.4　英語学習者の音節習得 ………………………………… 90
- 4.5　なぜ日本人は英語の音節知覚が困難か ……………… 92
  - 4.5.1　音節構造の強い制約 ……………………………… 92
  - 4.5.2　外来語分析 ………………………………………… 94
- 4.6　英語学習者の個人要因 ………………………………… 96
  - 4.6.1　英語学習開始年齢 ………………………………… 96
  - 4.6.2　発達年齢 …………………………………………… 99
  - 4.6.3　経験年数 ………………………………………… 100
  - 4.6.4　音節分節と年齢要因とインプット量 ………… 100

第 5 章　音声知覚モデル ─────────── 103
- 5.1　ボトムアップとトップダウン ……………………… 103
  - 5.1.1　ボトムアップ的単語知覚モデル ……………… 104
  - 5.1.2　ボトムアップ・トップダウン両方向型単語知覚モデル …… 105
- 5.2　音節単位単語知覚モデル …………………………… 107
  - 5.2.1　音節単位を示す現象 …………………………… 107
  - 5.2.2　PARSER ………………………………………… 109
  - 5.2.3　音節分節知覚モデル …………………………… 111

第 6 章　インプット量 ────────────── 117
- 6.1　実験参加者の英語能力測定 ………………………… 117
  - 6.1.1　実験参加者の情報 ……………………………… 117
  - 6.1.2　英語学習内容 …………………………………… 119
  - 6.1.3　英語テスト材料 ………………………………… 120
  - 6.1.4　英語テスト実施 ………………………………… 121
  - 6.1.5　統計処理について ……………………………… 121
  - 6.1.6　結果と考察 ……………………………………… 122
- 6.2　インプット量測定の目的 …………………………… 126
- 6.3　インプットの種類と量 ……………………………… 127

- 6.4　テキストに付属の CD 音声分析 ················ 128
- 6.5　分析方法 ················ 128
  - 6.5.1　分析手順 ················ 128
  - 6.5.2　テキストから CHAT フォーマットへの変換 ················ 131
  - 6.5.3　CLAN の分析方法 ················ 132
  - 6.5.4　分析結果 ················ 133
- 6.6　ターゲット単語（CVCVC） ················ 140
- 6.7　日本人英語学習者の英語経験量 ················ 141

第 7 章　英語分節法に関する オンライン・オフライン実験
CVCVC 構造の場合 ──── 143

- 7.1　オンライン・オフライン実験の枠組み ················ 143
- 7.2　実験 1　オンライン実験 ················ 145
  - 7.2.1　実験 1 の目的 ················ 145
  - 7.2.2　リサーチクエスチョン ················ 146
  - 7.2.3　実験参加者 ················ 148
  - 7.2.4　実験材料 ················ 149
  - 7.2.5　反応時間測定方法 ················ 150
  - 7.2.6　手続き ················ 153
  - 7.2.7　結果・考察 ················ 153
    - 7.2.7.1　英語学習者・英語未学習者・英語母語話者の分節の違い ··· 154
    - 7.2.7.2　音声環境の違い ················ 157
    - 7.2.7.3　年齢要因と経験年数 ················ 170
  - 7.2.8　実験 1 のまとめ ················ 185
- 7.3　実験 2　オフライン実験 ················ 185
  - 7.3.1　実験 2 の目的 ················ 186
  - 7.3.2　リサーチクエスチョン ················ 186
  - 7.3.3　実験参加者 ················ 186
  - 7.3.4　実験材料 ················ 186
  - 7.3.5　手続き ················ 186
  - 7.3.6　分析方法 ················ 187
  - 7.3.7　結果・考察 ················ 188
    - 7.3.7.1　基準となる英語母語話者の分節 ················ 188

	7.3.7.2　英語学習者・英語未学習者・英語母語話者の分節の違い…	189
	7.3.7.3　音声環境の違い	190
	7.3.7.4　年齢要因と経験年数	194
7.3.8	実験2のまとめ	199
7.4 実験1・2のまとめ		200
7.5 弛緩母音は後続の子音を引きつけるか		201
7.6 実験1と実験2の相違		203

第8章　英語分節法に関する
　　　　オンライン・オフライン実験
　　　　CVCCVC 構造の場合 ── 207

8.1	オンライン(実験3)・オフライン(実験4)の目的	207
8.2	リサーチクエスチョン	209
8.3	実験参加者	209
8.4	実験単語(CVCCVC)	209
8.4.1	共起関係の分析	209
8.4.2	CLAN の分析	212
8.5	実験3　オンライン実験	215
8.5.1	実験材料	215
8.5.2	分析方法	216
8.5.3	手続き	216
8.5.4	分析	216
8.5.5	結果・考察	217
	8.5.5.1　英語学習者・英語未学習者・英語母語話者の分節の違い…	217
	8.5.5.2　音声環境の違い	220
	8.5.5.3　年齢要因と経験年数	224
8.5.6	実験3のまとめ	230
8.6	実験4　オフライン実験	231
8.6.1	実験4の目的	231
8.6.2	リサーチクエスチョン	231
8.6.3	実験参加者	232
8.6.4	実験材料	232
8.6.5	方法・手順	232
8.6.6	結果・考察	232

　　　　8.6.6.1　基準となる英語母語話者の分節 ·· 232
　　　　8.6.6.2　英語学習者・英語未学習者・英語母語話者の分節の違い… 232
　　　　8.6.6.3　音声環境の違い ·· 235
　　　　8.6.6.4　年齢要因と経験年数 ·· 235
　　8.6.7　実験 4 のまとめ ·· 240
　8.7　実験 3・4 のまとめ ·· 241

第 9 章　結論と今後の課題 ─────────── 243
　9.1　全実験のまとめ ·· 243
　　9.1.1　リサーチクエスチョン 1 ··· 244
　　9.1.2　リサーチクエスチョン 2 ··· 248
　　9.1.3　リサーチクエスチョン 3 ··· 250
　9.2　実験結果からの音節分節知覚モデル ··· 261
　9.3　音節はチャンクかテンプレートか ··· 264
　9.4　音節学習の必要性 ·· 265
　9.5　今後の課題 ··· 267

参考文献 ··· 271

索引 ·· 283

謝辞 ·· 287

第 1 章
序論

　ある一連の発話を聞く時、日本語でも英語でも、句・単語、あるいはさらに小さい単位で分節し、解釈していると考えられる。例えば、「今日の天気は晴れです。」/kjoRnoteNkiwaharedesu/[1]という一連の音を聞いた時、通常、日本語母語話者は、/kjoRno/、/teNkiwa/、/haredesu/ というように意味のあるまとまりに分節して理解している。さらに、/kyoRno/ は /kyoR/「今日」に /no/「の」という助詞が付くと分析される。音声がひとまとまりで捉えられることから、音声の知覚にはある単位が存在すると考えられる。本章では、日本語と英語の音声知覚の単位を明らかにする研究の背景及びその目的と意義について述べる。

1.1　研究の背景
　まず、本節では、音声知覚単位の研究の変遷、発話の知覚単位の重要性つまり知覚単位とは何か、また、その知覚単位を明らかにする必要性を述べる。さらに、大人と子どもの音声知覚処理の違いを説明する。

1.1.1　音声知覚単位の研究の変遷
　日本人が外国語である英語の発話を知覚する時に、特定の単語、特に内容語（名詞、動詞、形容詞など）が聞き取れない場合、内容理解の大きな障害になることは想像に難くない。実際、Lutje Spelberg, de Boer, and van den Bos (2000) は、ある 1 つの文の内容を解釈する時、文中に存在するどのような単語・句・節・文章が内容理解に最も影響を与えるかということを検証した結果、内容理解に最も困難を生じるのは未知の単語であるという。すなわ

ち、一連の発話の理解には単語の比重が大きいということである。

　単語の知覚処理において、単語のまとまりがそのまま知覚処理されているのか、あるいは、単語を何らかの単位で分節し、それが知覚のプロセスに影響を与えているのかという問題は、1980年代から検討されており、その中で Mehler, Dommergues, Frauenfelder, and Segui（1981）のフランス語母語話者の音声知覚単位を明らかにした研究が代表的なものである。その後、フランス語母語話者と英語母語話者（Cutler, Mehler, Norris, & Segui, 1986）及び日本語母語話者（Cutler & Otake, 1994）の知覚の単位は本来母語の持っている分節方法の影響を受けるものであり、さらに、バイリンガルであっても優勢な言語の知覚単位の影響を受ける（大竹・山本, 2001）という実験結果が蓄積されてきている。

　しかし、それらのほとんどが大人を対象とした研究であり、子どもの日本人英語学習者が英語を聞いた際の音声知覚の単位について明らかにした研究はこれまで見られない。

1.1.2　単語知覚単位

　単語を知覚する際には、まず単語内をあるまとまりに分節し、その分節した単位は、レキシコン（lexicon）に入る以前に処理される段階、プレレキシコン（pre-lexicon[2]）に入っていると想定される（Cutler & Butterfield, 1992; Cutler, Mehler, Norris, & Segui, 1992）。

　例えば、日本語母語話者が"mother"を「マザー」のように日本語として聞いた時は、/ma.za.R/ と3つの単位に分節して知覚する。この /ma/（CV）、/za/（CV）、/R/（V）の単位をモーラ[3]と呼ぶ。「母」という意味のあるまとまり、すなわち"mother"「マザー」という単語はレキシコンに属し、/mʌ.ðɚ/ や /ma.za.R/ のような単語内を分節した単位はプレレキシコンに入る。

　そこで、プレレキシコンに単語の音声情報がどのような単位で分節され格納されているのか、音声情報として単語をどのように分節して知覚するのかということが問題になる。音声知覚単位には、音素・音節・モーラなどが考えられるが、先行研究ではそれぞれの言語によって規定され、日本語母語話者はモーラで分節し（Cutler & Otake, 1994）、フランス語母語話者は音節で

分節し (Mehler et al., 1981)、英語母語話者は、強ストレスの前で分節する (Cutler & Norris, 1988; Cutler & Butterfield, 1992) といわれる。しかし、ストレスは音節に付与されるので、英語においても音節が重要であると考えられる。

　音韻論では、日本語も英語もともに音節の下位範疇としてモーラを持っており、両言語は同じ音節構造を持つという解釈がある (窪薗, 1995; 窪薗・太田, 1998)。しかし、日本語の音節や英語のモーラはアクセント規則、最小語規則、語形成過程など、比較的抽象的なレベルで規定される言語現象の一般化において必要であるが、語の分節やその長さなどの発話産出の表層に比較的近いレベルの言語現象において重要な役割を果たすのは、日本語ではモーラであり、英語では音節である (窪薗・太田, 1998)。

　日本人英語学習者が英語を発音する時に、日本語のモーラ単位である CV 構造を保つために日本語の母音を挿入したり、日本語的なモーラタイミングのリズムを用いるような現象が見られるのは、日本語の母語の音韻体系を英語の音韻体系に適用して発音しているからであると説明できる。この点からすると、英語を知覚する際にも、英語の音声を日本語の音韻体系にあてはめている可能性が考えられる。実際、Dupoux, Kakehi, Hirose, Pallier, and Mehler (1999) は、日本語母語話者が CC のような子音クラスターを知覚する時、子音間に存在しない母音が存在しているかのように知覚していることを実験で明らかにした。

　母語の音声知覚処理の方法を英語に対しても適用してしまう現象は、全体的音声処理機構と分析的音声処理機構の概念 (河野, 2001) を用いて説明できる。河野によれば、音声処理には、音声入力を 7 ± 2 の音節を限度とする長さで区切って直接的に記憶に格納する全体的音声処理機構と、その記憶に格納された音声の意味を分析する分析的音声処理機構があるという。まず、全体的音声処理機構で知覚され、次に分析的音声処理機構で処理が進むと考えられる。分析的音声処理機構では、母語の音韻体系を構築している。ある音声が知覚される時、効率的な音声知覚の方法 (母語の音韻体系の利用) が発見されると、全体的音声処理機構の「あるがままの」音声知覚方法が抑制され、自分が既に獲得している知覚方法、すなわち、母音の音韻体系に当ては

めて知覚される。従って、CV のモーラを母語とする日本語母語話者が、英語の CVC、あるいは CVCC の音節を知覚する時には、そのままの音節を知覚するのではなく、CVC(V) や CVC(V)C(V) というように母音を挿入して知覚していると想定される。

1.1.3　知覚単位を明らかにする意義

　英単語がどのように知覚され、どのように処理されるかという単語認知過程[4]を明らかにするには、その認識過程の最初の段階に現れる知覚単位を明らかにする必要がある。具体的には英語を聞いた時に、英語母語話者のように音節で分節するのか、それともモーラで分節するのか、あるいは音節・モーラを混合して分節するのかという問題に答えを見出そうとするものである。単語認知過程を表す単語知覚モデルのほとんどは、意味を介在させるレキシコンと、意味を介在させないプレレキシコンを区別して想定している。例えば、"basic" という単語を英語母語話者のように音節で分節すると /beɪ.sɪk/ と 2 つに分節することになる。もし、日本語母語話者がモーラを単位として分節すれば、/be.J.sɪ.Q.ku/[5] と 5 つに分節することになる。日本人英語学習者が 2 音節単語を 5 つに分節すると、どのような不都合があるのかを、知覚と産出に関して述べる。

　知覚については、次の 4 点が考えられる。

（1）　日本語モーラに当てはめるため、存在しない母音を挿入して知覚してしまい、プレレキシコンに、英語母語話者とは異なった単位でエントリーされることになる。
（2）　単語処理において、(1)で述べたように英語とは異なった単位でエントリーされているため、英単語の検索に時間がかかり、効率的ではないといえる。結果的には、プレレキシコンからレキシコンに間違った情報が伝わり、意味の誤りが生じる。
（3）　英語のストレスリズムを知覚できない。/beɪ.sɪk/ は 2 音節語であるが、それを /be.J.sɪ.Q.ku/ とモーラで知覚すると、本来の音節数以上の

音節に分かれていると知覚してしまうため、存在しない母音、あるいは子音にもストレスが付いていると誤って知覚する可能性がある。
（4）英単語の特徴であるストレスリズムに関しては、ストレスが付く音節は長く、付かない音節は短くなるが、その長さの違いの知覚が困難となる。

一方、産出においては、次の3点が考えられる。

（5）産出に使用するレキシコン内の単位がモーラであるため、子音クラスターの間や音節末子音の後に母音を挿入し、モーラの長さで発音してしまう。
（6）母音挿入が(5)のように起こることにより、挿入した母音上にもストレスを付与することになり、正しい位置にストレスを付与できない。
（7）(5)の長さと(6)のストレスに関係するが、英語のストレスリズムを実現できない。

以上のように、日本語母語話者が英単語を、モーラを単位として分節することは、その英語の聴解・発話に様々な問題を起こすことがわかる。英単語を母語話者のように音節で知覚することが、知覚・産出において重要であるといえる。

1.1.4　産出ではなく知覚を対象とする理由

近年、子どもの言語発達については、CHILDES[6]（MacWhinney, 2000a, 2000b）を始めとする、産出データを記述した膨大なデータを基に研究しようとする試みがなされている。フォスター＝コーエン（2001）は、子どもが持っている言語の知識（言語「能力」）を評定することは、その子がその言語を使用する技能（言語「運用」）を評定するのと違って非常に困難な仕事であると述べている。しかし、音声としては産出されないが、聞いた音声言語を理解する能力を測定するためには、その音声がどのように知覚され、処理され、理解に結び付くかというメカニズムを明らかにする必要があると考え

る。

　また、記憶研究から、知覚と産出が結び付いている可能性が指摘された。苧阪(2002)は、Paulesu, Frith, and Frackowiak (1993)のワーキングメモリ[7]内の下位構成要素である音韻ループの脳内機構を調べた実験を引用して、実際では発話していない場合においても、発話の実行に関わる領域や発話のプランニングに関わる部位に活性化が認められると述べている。Paulesu et al. は、実験参加者に、音韻的に類似していないアルファベット6文字の系列を1秒に1つの間隔で視覚的に提示して記憶させる実験を課し、その様子をPET(ポジトロン断層法：Positron Emission Tomography)を用いて測定した。その結果、脳内の言語をつかさどると考えられている領域と発話の実行に関わる部分が活性化されていることが明らかになった。音韻の保持に関係すると想定される脳内の場所は、ブロードマンの脳地図(Brodmann, 1909)(図1)の22野・42野・40野であり、発話に関係する場所としては、口や喉頭の運動野である4野・3野・2野・1野・6野である。すなわち、単語を音声的に知覚し、記憶しようとする時に、脳内では、発話に関する運動野にも活動が見られるということから、知覚と発話は相互に関連していると推測される。

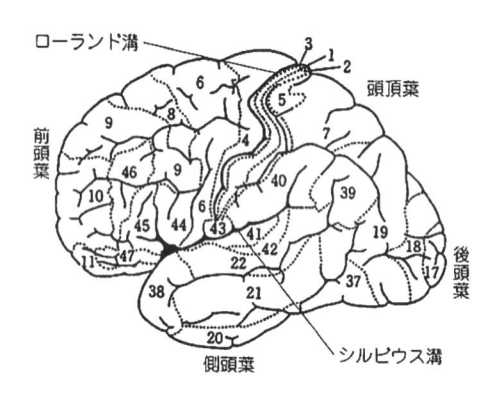

図1　ブロードマンの脳地図
注：苧阪(2002)p.125 の図引用。

1.1.5　大人と子どもの音声知覚の違い

　Cutler et al.(1992)は、大人と子どもの分節の違いを次のように述べている。大人は、一連の発話を聞く時に、適当な形に分節し、語彙表象(lexical representation)との一致を重要課題としている。しかし、幼児の場合は、レキシコン内に言語知識を蓄積させる必要から、一連の発話から意味のあるまとまりを取り出すという過程を踏む。フォスター=コーエン(2001)は、「ねえママ。"pizza"(ピザ)ってその名まえの中に"pee"(おしっこ)が入っているの知ってた？」(p.17)というエピソードを載せ、自分の息子が4歳の時に、単語をどのように細かい部分に分けているか述べている。さらに、フォスター=コーエンは、"checkers"の"er"や、"scissors"の"siz"などの例を挙げ、細かく分節された単位が形態素になる(checkersにおける"er")場合もあるが、ほとんどの場合、音節で分けていると述べている。また、筆者が教えている英会話クラスの中で、「ケンタッキーのフライドチキンがおいしい」というのを聞いて、小学1年生(6歳)が「せんたっきーのはおいしい！」と大きな声で言ったのを聞いたことがある。/keNtaQkiR/のリズムがそのまま保持され、/keN/、/taQ/、/kiR/の3つの大きな分節で分かれ、/keN/という音節内の/k/が/s/に置き換えられたことがわかる。以上のように、子どもの言語習得の過程には、単語をいくつかに分節して、レキシコンにすでに格納されている単位との照合を行うという過程を垣間見ることができる。

　英語母語話者は、英単語を聞いた時に、どのくらいの年齢で、どのような単位で分節を行うのだろうか。Mattys et al.(1999)は、生後9ヶ月の英語を母語とする乳児を対象に、CVCCVC構造の語彙内と語相互の音結合制約[8]を調べ、繋がって聞こえる語相互の間のどこに境界があるかは、ストレスや音結合制約の知識を手掛かりにしていることを明らかにした。このように、英語母語話者は、かなり早い段階でストレスや音結合制約の知識を基に、単語を音節単位で分節する能力を備えるといえる。

　一方、日本語母語話者は、日本語をモーラで知覚しているといわれるが、どの年齢でモーラ分節するようになるかについて、Inagaki, Hatano, and Otake(2000)が実証研究を行った。この研究では、4～6歳の日本語母語話者の子どもについて、かな文字習得の段階で、音声知覚の単位が、音節と

モーラがミックスした状態からモーラに変化したと結論付けられている。さらに、Inagaki et al. は、日本語母語話者の乳幼児は、かな文字学習前は、音節で分節していると仮定できると述べている。

以上のように、英語母語話者は生後9ヶ月くらいの早い時期から音結合の知識やストレスなどの音声情報を利用して音節で分節する。また、日本語母語話者は、日本語を最初は音節で分節していると仮定され、その後、かな文字を習得するにつれ、音節とモーラがミックスした状態から、5・6歳でほぼモーラで分節するというように、言語固有の音声単位を習得する（Inagaki et al., 2000）と考えられる。

ところで、音声の単位を明らかにするこれまでの研究は、新生児から5・6歳までの幼児・大人を対象とした研究ばかりであり、認知的にも大きな変化を迎える学齢期にある小学生（6歳～12歳）までを対象とした研究はほとんど行われていない。フォスター＝コーエン（2001）は、教育関係の文献で幼児以降の言語発達に焦点が向けられたのはごく最近であると述べ、その理由として、次の2点を挙げている。1つには、5歳くらいに達すると、ほぼ大人に匹敵する発話ができるようになり、それ以降に起こる発話の変化は遅々としたものであるという考え方があったことと、もう1つは、一般に学童期の子どもは幼児と違い、研究者がいると恥ずかしがって寡黙になり、データが採取しにくくなるということである。

音声の知覚の単位においては、日本語母語の小学生（6歳～12歳）は、かな文字の学習を通して、日本語の音声をモーラで捉えるようになると考えられるが、英語の音声を聞かせた場合に、日本語の音韻体系（モーラ）で知覚するのか、それとも英語の音韻体系（音節）に則して知覚しているのかについては解明されていない。

1.2　研究の目的と意義

本書は、日本国内で英語を学習している子ども（6歳～12歳）を対象に、音声知覚の単位を明らかにし、今後の英語学習の音声指導に役立てることを目指す基礎研究をまとめたものである。

1.2.1　リサーチクエスチョン

　本書のリサーチクエスチョンは次の3点である。

（1）日本人英語学習者（小学1年生～6年生）、日本人英語未学習者、及び英語母語話者は、英単語をモーラで知覚するか、あるいは英単語を構成する音節で知覚するか。
（2）日本人英語学習者（小学1年生～6年生）、日本人英語未学習者、及び英語母語話者において、分節に影響を与える音声情報は何か。
（3）日本人英語学習者（小学1年生～6年生）の個人要因として、英語学習開始年齢、発達年齢、経験年数（すなわち学習のインプット量）により、分節方法に違いがあるか。

　（1）について、日本人英語未学習者は日本語の母語の影響を受け、英単語をモーラで分節し、一方、英語母語話者は英単語を音節で分節すると考えられる。それらの2群に対して、小学生の日本人英語学習者は英単語をモーラで分節するか、音節で分節するかを明らかにする。
　（2）について、音声的には、分節に影響を与えると思われる主な要因は3つある。(a)母音の種類（Ladefoged, 1993; Treiman, Straub, & Lavery, 1994; 竹林, 1996）と子音の種類（Treiman et al., 1994）、(b)強弱ストレス（Mattys et al., 1999）、(c)音節の長さ（Arai & Greenberg, 1997）である。
　(a)については、英語母語話者がCVCVCのような2音節以上の単語を分節する時に、弛緩母音は、次にくる子音を引きつけ、CVC.VCで分節され、一方、緊張母音では、母音のすぐ後で分節され、CV.CVCとなる傾向が強い。また、母音に続く子音が阻害音（閉鎖音・摩擦音・破擦音）であれば、CV.CVCとなり、流音、鼻音であれば、CVC.VCとなるか、あるいは両音節的であるといわれる（Treiman & Danis, 1988）。このように、母音と子音の種類により、分節方法に違いが現れる。
　(b)のストレスに関して、2音節語において、第2音節にストレスが付帯する場合は、その直前で分節され、CV.CVCとなるが、第1音節にストレスが付帯される場合は、母音間に挟まれた子音が第1音節末になるか、第2

音節頭になるか、あるいは、両音節的(Kahn, 1980)になるかについて、実験結果に揺れが生じている(Treiman et al., 1994)。

(c)の音節の長さについては、特に、日本語のモーラは等時性を持つと考えられ、1960年代(Han, 1962)から現在に至るまで数多くの研究がある(Warner & Arai, 2001 に詳しい)。音声的には、各音素の長さ自体が異なっており、各モーラによっても長さは一様ではない。そこで、単語内で各モーラを同じ長さに保つための補償が生じるとする仮説があるが、十分な実験結果を得ていない。一方、英語においては、ストレス間の長さ(interstress interval、以下、ISI と表記)の等時性を明らかにしようとする実験が行われている。モーラの長さ及び ISI の長さに関する研究の多くは発話(産出)データから音声的な実体をとらえようとしているが、知覚における長さの影響を正確に実験したものは多くない(Mochizuki-Sudo & Kiritani, 1991)。

そこで、本書では要因(a)について、日本語の音韻体系は英語の音韻体系とは異なっており、かつ日本人英語学習者の英語の知覚単位に影響を与えると考えられるため、母音の種類と子音の種類の違いにより、分節方法に違いが生じるかを明らかにする。(b)のストレスについては、強ストレスを第2音節に付帯した場合は CV.CVC になることが明らかであるため、分節方法に揺れが見られる第1音節に焦点を当て、第1音節のみに強ストレスを付帯することにする。(c)の音節の長さについては、(a)、(b)や発話速度にも依存する。必要に応じて(a)、(b)に付随して検討することにする。

(3)について、英語学習開始年齢に関しては、第二言語(L2)として英語に接触する米国移住者の場合、英語母語話者のような発音を習得するには6歳以前の早い時期が有利であるという先行研究(Asher & Garcia, 1969; Oyama, 1976; Uematsu, 1997)がある。母語習得に関しても分節能力は生後8ヶ月くらいで獲得できる(Aslin, Saffran, & Newport, 1998; Johnson & Jusczyk, 2001; Saffran, Aslin, & Newport, 1996)ことを考えれば、より年少の子どもの方が有利であると考えられる。一方で、第二外国語(FL2)として習得している場合では、8歳以降に英語学習を開始した方が4歳で開始した場合よりも発音習得に有利であったという先行研究もある(Cenoz, 2003)。

第一外国語(FL1)として学習する日本人英語学習者の音素の発音に関して

は、9歳以前に学習を開始した方が、それ以降に学習を開始した場合よりも優位であった(西尾, 2000)。このように、英語に接する状況(L2・FL1・FL2)により、適切な英語開始年齢に違いが見られ、学習者にとってどの時期が適切かは明確ではない。

また、年齢要因については、開始年齢が問題になることがほとんどで、発達年齢に言及した研究はほとんど見られない。西尾(1998)は、XAB法[9]による音素同定実験を行い、小学3・4年生(9・10歳)は、小学1・2年生(7・8歳)より、同定実験の正解率が有意に高く、小学5・6年生(11・12歳)の結果は、小学3・4年生(9・10歳)と同じであったことから、9・10歳の発達年齢が音声知覚において敏感な時期であることを示唆している。

さらに、一般的にも考えられることではあるが、学習時間が長いほど音素知覚が優れていることを Flege and Frieda(1997)は、実証している。彼らの研究によると、英語学習経験が7年以上群と7ヶ月群では、7年以上群の方が音素知覚が優れていた。

しかし、英語学習経験に関しては、実際に学習した期間の長さが比較されるが、実際にどのような英語がインプットされているかという観点からは研究されていない。英語母語話者は、インプットの量、あるいはインプットの頻度により音結合制約の知識を習得し、その結果が分節に影響するという(Johnson & Jusczyk, 2001; Mattys et al., 1999)。このことから、日本で英語学習を行った場合、十分なインプットがあれば、日本人英語学習者も英語母語話者と同じような分節ができるようになる可能性がある。しかしながら、どのくらいのインプット量が、英語母語話者と同様の分節方法の習得につながるのかという研究は現在のところ存在しない。

従って、本書では、英語学習開始年齢・発達年齢・経験年数(インプット量)により、英語を学習している小学生の知覚単位にどのような違いが現れるかを総合的に論じる。

1.2.2 研究の枠組み

本研究では、前節で述べたリサーチクエスチョンに対する回答を得る方法として、オンライン法(on-line method[10])とオフライン法(off-line method[11])

の2種類の音声知覚実験を行う。

　オンライン実験により、分節に関する音声知覚処理の過程を調べ、オフライン実験により、音声知覚においてどのように認識して分節しているかが明らかになる。オフラインの実験は、聞いた単語を言いながら分節させる実験方法であるので、発話すなわち産出にも関連する音声知覚処理を明らかにすることになる(詳しくは、第7章参照)。

　なお、母音・子音の音声情報・個人の年齢要因・インプット量などの影響を取り入れた本書で仮定される音節分節知覚モデルは、以下の図2に示すとおりである(詳しくは、第5章参照)。

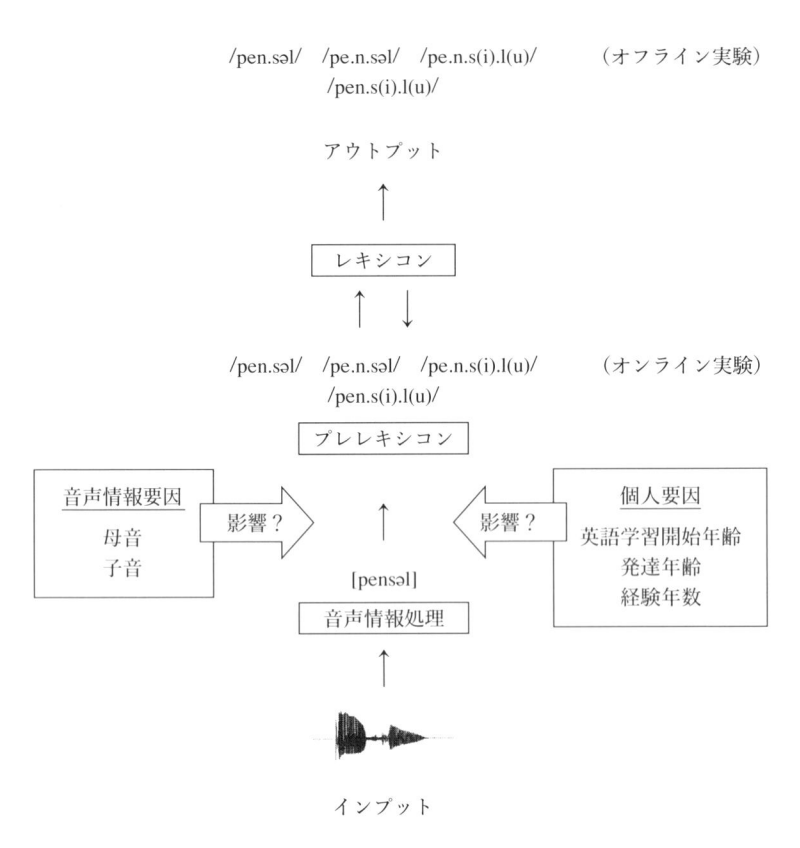

図2　音節分節知覚モデル

図2の音声処理のモデルは、Coleman (2002)、Cutler et al. (1992)、Dupoux et al. (1999)、Dupoux, Pallier, Kakehi, and Mehler (2001) を参考にしている。このモデルによれば、英語学習者は、単語を知覚する際に、まず、インプットされた"pencil"を音声として知覚し、次に、分析的段階に入り、音声情報処理を行う[12]。その後、プレレキシコンでは、単語をある単位で分節する処理を行い、その分節されたまとまりがレキシコンにアクセスし、意味との照合を行う。

　例えば、"pencil"という語の音声を知覚する時、英語母語話者が音節で知覚していれば /pen.səl/ と分節するが、日本語母語話者がモーラで知覚すれば、/pe.n.s(i).l(u)/ と分節すると仮定される。音節とモーラのミックスされた形であれば、/pen.s(i).l(u)/ か /pe.n.səl/ になると推測される。

1.3　本書の構成

　本書の構成は次のとおりである。この章では、本研究の背景・目的方法論の大枠について述べた。第2章では、日本語と英語の音節構造の違いを述べる。第3章では、音声をどのように分節するかという知覚単位の先行研究を概説する。第4章では、英語母語話者と日本語母語話者、さらに英語学習者の音声分節の習得についての先行研究を概説する。第5章では、今までの音声知覚モデルを概説し、主に Coleman (2002) の想定しているモデルから、本書で想定するモデルを提示する。第6章では、学習者の英語能力及びそれぞれのインプット量を測定し、実験材料を作成する方法について述べる。第7章では CVCVC 構造の語を用いた実験1 (オンライン法) と実験2 (オフライン法) から、日本人英語学習者、日本人英語未学習者、及び英語母語話者の知覚単位にどのような違いが見られるかを検証する。ここでは、母音、子音の種類という音声要因の影響、さらに、個人要因である英語学習開始年齢、発達年齢、及び経験年数の違い (インプット量) の影響を調べる。第8章では、CVCCVC 構造の語を用いて、第7章と同様の実験 (実験3、4) を行い、実験参加者3群間の違い、音声要因、及び個人要因をさらに詳しく述べる。最後に第9章では、本書のまとめと、本研究の教育的応用

の可能性と今後の課題について述べる。

注

1 日本語の音素表記については 2.1.3 を参照。撥音は /N/、促音は /Q/、引く音は /R/、二重母音の第 2 要素は /J/ で表す。
2 sub-lexicon (Mattys, Jusczyk, Luce, & Morgan, 1999) という言い方もあるが、レキシコン (lexicon) の前に処理されるという意味でプレレキシコン (pre-lexicon) と呼ぶ。
3 モーラとは、CV（C：子音、V：母音）を基本とする言語の構成単位である。詳しくは、2.2 を参照。
4 「単語認知過程とは、心内辞書に蓄えられている膨大な単語情報を有効に利用して、発話の流れの中に単語を認定する過程」（阿部・桃内・金子・李, 1994, p. 25) である。
5 日本語母語話者が英単語をモーラで分節し、さらに日本語のように知覚すれば、/beɪ.sɪk/ は、/be.J.si.Q.ku/ のように /ɪ/ は /i/ になる。また pencil /pen.səl/ は /pe.N.si.ru/ となる。しかし、本書では分節に焦点を当てるため、/ɪ/ が /i/、/n/ が /N/、/l/ が /r/ になるような音素の変換は行われないものとする。従って、それぞれ /be.J.sɪ.Q.ku/、/pe.n.s(i).l(u)/ と表記する。
6 MacWhinney を中心に、The National Institute of Child Health and Human Development と The National Science Foundation Linguistic Program の援助を受け、膨大な子どもの発話データベースを構築し、言語発達研究に役立てようというプロジェクト。
7 ワーキングメモリとは、Baddeley (1986) が、短期記憶の概念を発展させた記憶モデルである。判断、推理、言語処理などの高度な認知処理を行い、それを短期間の記憶として貯蔵する。このモデルは中央実行系 (central executive)、音韻ループ (phonological loop)、視覚空間的スケッチパット (visuo-spatial sketchpad) と呼ばれる 3 つの構成要素を持つ。中央実行系は、下位構成要素である音韻ループと視覚空間的スケッチパッドを管理制御している。音韻ループとは、言語的な処理に関わり、言語リハーサルを行い、記憶を保持する機能を持つ。視覚空間的スケッチパッドとは、視覚的情報の記憶を保持する機能を持つ。
8 ある言語において音素同士が結び付いて音節や語を形成する際に課せられる制約をいう。例えば、英語の語頭では、tr は許されるが、tl は許されないことなどである。太田 (1959)、竹林 (1996) を参照。

9 音素同定実験において ABX 法という実験方法が使われる。例えば、A 音 (rice)、B 音 (lice) を聞かせたのち、ターゲット X 音 (rice) を聞かせ、実験参加者にターゲット X 音が A 音と B 音のどちらと同じであるかを選ばせるという方法である。しかし、西尾 (1998) においては、実験参加者が子どもということで記憶の負担を軽減させるため、ターゲット X 音を先に聞かせたのち、A 音、B 音を聞かせるという方法を採用し、XAB 法と呼んでいる。

10 オンライン法 (on-line method) とは、実験参加者の心内で進行中の処理状況を直接的に反映する方法で、反応速度 (response measure) などで計測する (阿部・桃内・金子・李, 1994)。

11 オフライン法 (off-line method) とは、刺激が提示された後、一定の時間が経ってから実験参加者にその反応を求めるものである (阿部・桃内・金子・李, 1994)。

12 音声情報処理の段階で音素ごとの知覚処理が行われるかどうか問題があるところであるが、本書では分節される単位を中心に論ずるため、音素レベルの処理を設定しない (詳しくは 5.2.3 を参照)。

第 2 章
日本語と英語の音節構造

　本章では、まず、本書で使用する日本語と英語の発音表記と音素表記について説明する。次に、モーラ・音節とは何かを音韻論的・音声学的に述べるとともに、英語学習において音節を知覚することの重要性について述べる。

2.1　日本語と英語の音声体系

　初めに、英語と日本語の発音表記を母音・子音に分けて説明する。さらに、日本語の音素表記について述べる。

2.1.1　母音の発音表記

　Ladefoged (2001) は、日本語やスペイン語の母音は 5 つあるが、General American Pronunciation (一般米語発音、以下、GA と表記) では、単音節語に使われる母音は 14 または 15 あるという。一方、Received Pronunciation (容認発音、以下、RP と表記) の英語の母音は 20 あるという。例えば、RP では、merry、Mary、marry はすべて異なった母音として弁別されるが、多くの GA 話者はそれらの単語の r 音の前の母音は同じであるとして弁別できず、また、それらの母音を同じように発音する。

　本書の実験参加者は GA の発音教材を使用しているため、発音の表記・評価は GA を基本とする。GA の音声記号と音素記号は最新の発音辞書 (Wells, 2000) の GA を参考にするが、International Phonetic Alphabet (改訂版, 1996) (国際音声記号、以下、IPA と表記) を用いている Ladefoged (2001) の表記に従う。

　表 1 は、竹林 (1996) の母音の分類を基に、本書使用の音素と発音記号、

川越 (1999)、Wells (2000)、及び『ジーニアス英和辞典 (以下、『ジーニアス』と表記)』(1994 年改訂版) (小西, 1994) との発音表記の違いを示す。

　winter などの R 音性母音の表記は、川越 (1999) では [ɚ]、Wells (2000) では [ᵊr]、『ジーニアス』では [ər] を用いているが、本書では [ɚ] の表記を用いる。竹林 (1996)、Ladefoged (2001) によると、GA と RP の音声上の最大の相違点は「R を発音するかしないか」である。すなわち、GA は R を発音し、R 音性的発音になり、ir, er, ur は GA では [ɚ] または [ɝː] となるが、RP では R 音が消滅し、[əː] となる。RP では、bar は [bɑː] と発音し、GA では [bɑːr] となる。また RP では、pour は [pɔː] となり、GA では、[pɔːr] と発音する。上記の [ɝː]、[ɑːr]、[ɔːr] は R 音性長母音[1]の仲間に入れる。

　R 音性二重母音は、beer の [ɪɚ]、bear の [eɚ]、poor の [ʊɚ] であり、R 音性三重母音は、cure の [jʊɚ]、fire の [aɪɚ]、sour の [aʊɚ] を含む。

　竹林 (1996) は、母音の分類には 2 つの方法があるという。1 つはストレスの影響の如何による分け方で、もう 1 つは音節における音結合の違いによる分類である。ストレスを受けて一定の音色が現れる強母音 (strong vowel) と、常に弱い強勢を受けた音節にのみ現れる弱母音 (weak vowel) または弱化母音 (reduced vowel) がある。一方、1 つの音節の中で、bit の [ɪ] のように常に子音が後に続く母音があり、これは抑止母音 (checked vowel) と呼ばれる。これに対し、それ以外の母音は seat の [siːt] の [iː] のように子音が後続する場合と、see [siː] では、子音が後続せず母音だけで終わっている場合があるが、このような母音を開放母音 (free vowel) という。また、抑止母音及び開放母音と後続の子音のつながり方には大きな違いがあるという。例えば、sit [sɪt] などの抑止母音と子音の間には固い結合 (close combinaiton)[2] があり、日本人の耳には促音の「ッ」によう感じられ、実際に音声的にも声門閉鎖音 [ʔ] が介入し、後続の子音が長くなる。しかし、seat の [siːt] のように、開放母音と子音との間は緩い結合 (loose combination) が見られ、[ʔ] の介入が少なく、後続子音は短めである。このように強母音・弱母音の区別、また抑止母音・開放母音の区別は、音節を構成する子音と母音の音結合を考察する上で重要であると考え、これらの分類を使用する (竹林, 1996, p. 233 参照)。

　また、母音と音節における音結合の違いによる分け方において、Lade-

第 2 章　日本語と英語の音節構造　19

表 1　母音表

		語例	本書音素	本書IPA	川越	Wells	ジーニアス
弛緩母音（抑止母音）	短母音	bit	ɪ	ɪ	ɪ	ɪ	i
		bed	e	e	ɛ	e	e
		bat	æ	æ	æ	æ	æ
		butt	ʌ	ʌ	ʌ	ʌ	ʌ
		put	ʊ	ʊ	ʊ	ʊ	u
		hot	ɑ	ɑ	ɑː	ɑː	ɑ
		dog	ɔ	ɔ	ɔː	ɔː	ɔ(ː)
緊張母音（開放母音）	長母音	beat	iː	iː	iː	iː	iː
		balm	ɑː	ɑː	ɑː	ɑː	ɑː
		bought	ɔː	ɔː	ɔː	ɔː	ɔː
		boot	uː	uː	uː	uː	uː
	二重母音	bait	eɪ	eɪ	eɪ	eɪ	ei
		bite	aɪ	aɪ	aɪ	aɪ	ai
		soil	ɔɪ	ɔɪ	ɔɪ	ɔɪ	ɔi
		boat	oʊ	oʊ	oʊ	oʊ	ou
		out	aʊ	aʊ	aʊ	aʊ	au
		few	juː	juː	——	juː	juː
弱母音		happy	i	i		i	i
		about	ə	ə	ə	ə	ə
		influence	u	u	——	u	u
R音性母音		winter	ɚ	ɚ	ɚ	ᵊr	ər
R音性長母音		bird	ɝː	ɝː	ɝː	ɝː	əːr
		bar	ɑːr	ɑːr	ɑɚ	ɑːr	ɑːr
		pour	ɔːr	ɔːr	ɔɚ	ɔːr	ɔːr
R音性二重母音		beer	ɪɚ	ɪɚ	ɪɚ	ɪᵊr	iər
		bear	eɚ	eɚ	ɛɚ	eᵊr	eər
		poor	ʊɚ	ʊɚ	ʊɚ	ʊᵊr	uər
R音性三重母音		cure	jʊɚ	jʊɚ	——	jʊᵊr	juər
		fire	aɪɚ	aɪɚ	——	aɪᵊr	aiər
		sour	aʊɚ	aʊɚ	——	aʊᵊr	auər

注：川越(1999)の表に該当する発音記号がない場合 —— で表記している。

foged(1993)は弛緩母音(lax vowels)・緊張母音(tense vowels)という語を用いて説明している。bid、bed、bad、good、bud ような [ɪ, e, æ, ʌ, ʊ] は開音節には現れない。このような母音を弛緩母音と呼ぶ。[iː, ɑː, ɔː, uː, eɪ, aɪ, ɔɪ, oʊ, aʊ, ju] は緊張母音といい、開音節・閉音節の両方に現れる。

　竹林(1996)のいう開放母音と Ladefoged(1993)のいう緊張母音は対応している。両者の分類の大きな違いは、竹林の分類にある抑止母音の hot [ɑ] と dog [ɔ] の扱いである。Ladefoged では、hot [ɑː] と dog [ɔː] であり、短母音ではないと考えている。しかし、『ジーニアス』のように日本で一般的に使われている英和辞典では、hot は [ɑ] というように短母音であり、dog は [ɔ(ː)] というように短母音と長母音の両方を認めている。

　本書では、母音の長短の長さの違いが分節に影響を与えると考えられるため、hot は [ɑ] とし、dog [ɔ]³ であるというように短母音として扱う。本書では母音の分類として、弛緩母音・緊張母音を用いることにする。弛緩母音という場合は、Ladefoged の分類の [ɪ, e, æ, ʌ, ʊ] と短母音として扱う [ɑ] と [ɔ] を加え、抑止母音と同義であるとする。

　次に、日本語と英語の母音の違いを、図3に表す。川越(1999)によると日本語の母音は IPA の厳密な表記では次のようになるという。

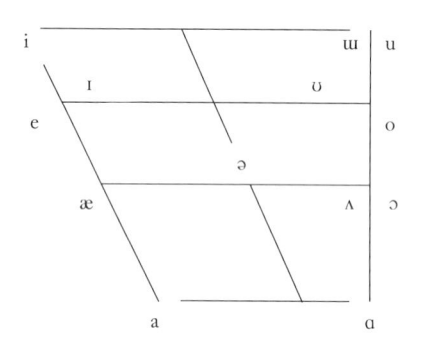

図3　日英の母音の違い

注：日本語母音は [a, i, ɯ, e, o] である。英語母音は、二重母音、三重母音を除く [i, ɪ, e, æ, ə, ʊ, u, ʌ, ɔ, ɑ] である。

ア　イ　ウ　エ　オ
　　　[a̠⁻　i̠⁻　ɯ⁺　e̠⁻　o̠ᶜ]

しかし、本書ではこのような精密な表記は用いず、[a, i, ɯ, e, o] と簡略表記する。

2.1.2　子音の発音表記

子音については、竹林(1996, p.189)の表記を参考に、表2の表記を使用する。この音声記号は音素記号と同じである。

表2　子音表

	両唇音	唇歯音	歯音	歯茎音	後部歯茎音	硬口蓋音	軟口蓋音	声門音
閉鎖音	p, b			t, d			k, g	
破擦音					tʃ, dʒ			
摩擦音		f, v	θ, ð	s, z	ʃ, ʒ			h
鼻音	m			n			ŋ	
側面音[4]				l				
接近音[5]	w			r		j		

2.1.3　日本語の音素表記

日本語の音素表記には、国際交流基金日本語国際センター (1995) の音素表記を使う。日本語は CV を基本とする自立拍と CVC または CVV を基本とする特殊拍がある。拍とはモーラのことである。特殊拍は「撥音」、「促音」、「引く音」であり、窪薗(1999a)の特殊拍の分類にある「二重母音の第2要素」を含むこととする。撥音は /riNgo/ (リンゴ) の /N/、促音は /saQporo/ (札幌) の /Q/、引く音は /toRkyoR/ (東京) の /R/、二重母音の第2要素は /kaJ/ (会、階) の /J/ と表記する。表3はモーラの音素表記である。

今後、発音表記に関しては、英語・日本語とも音素記号を使って / / で表すが、異音を示す場合や厳密な音声表記を必要とする場合、[ ] に入れた音声記号を使用する。

表3　日本語のモーラの音素表記

ア	イ	ウ	エ	オ	キャ	キュ	キョ
a	i	u	e	o	kja	kju	kjo
カ	キ	ク	ケ	コ	シャ	シュ	ショ
ka	ki	ku	ke	ko	sja	sju	sjo
サ	シ	ス	セ	ソ	チャ	チュ	チョ
sa	si	su	se	so	tja	tju	tjo
タ	チ	ツ	テ	ト	ニャ	ニュ	ニョ
ta	ti	tu	te	to	nja	nju	njo
ナ	ニ	ヌ	ネ	ノ	ヒャ	ヒュ	ヒョ
na	ni	nu	ne	no	hja	hju	hjo
ハ	ヒ	フ	ヘ	ホ	ミャ	ミュ	ミョ
ha	hi	hu	he	ho	mja	mju	mjo
マ	ミ	ム	メ	モ	リャ	リュ	リョ
ma	mi	mu	me	mo	rja	rju	rjo
ヤ		ユ		ヨ	ギャ	ギュ	ギョ
ya		yu		yo	gja	gju	gjo
ラ	リ	ル	レ	ロ	ジャ	ジュ	ジョ
ra	ri	ru	re	ro	zja	zju	zjo
ワ					ヂャ	ヂュ	ヂョ
wa					zja	zju	zjo
ガ	ギ	グ	ゲ	ゴ	ビャ	ビュ	ビョ
ga	gi	gu	ge	go	bja	bju	bjo
ザ	ジ	ズ	ゼ	ゾ	ピャ	ピュ	ピョ
za	zi	zu	ze	zo	pja	pju	pjo
ダ	ヂ	ヅ	デ	ド			
da	zi	zu	de	do			
バ	ビ	ブ	ベ	ボ			
ba	bi	bu	be	bo			
パ	ピ	プ	ペ	ポ			
pa	pi	pu	pe	po			

撥音　ン　N
促音　ッ　Q
引く音　ー　R
二重母音の第2要素　イ　J

2.2 日本語・英語の単語認識

　日本語はモーラ言語であるといわれる。Inagaki et al. (2000) は、モーラを次のように定義している。"The mora is a subsyllabic unit, which may be a vocalic nucleus, a nucleus preceded by a syllable onset, the postvocalic portion of a syllable (e.g., a coda), or an extended portion of the vowel. (p. 71)"

　窪薗・太田 (1998) は、モーラの機能としては、話し言葉のリズム単位、音韻的長さの単位、発話の分節単位があるという。これらを基に本書では、モーラを、「音節の下位単位であり、母音、子音＋母音、音節末子音を形成する撥音や促音、引き音、二重母音の第 2 要素であり、話し言葉のリズム単位、音韻的長さの単位、発話の分節単位」と定義する。

　英語は音節で構成されているといわれているが (音節の定義については 2.4.1 を参照)、日本語のモーラと同じように、話し言葉のリズムの単位、音韻的長さの単位、発話の分節単位と考えられるかどうか、日本語と英語を比較しながら検討していく。

　窪薗 (1995) は、英語の音韻単位が音節であり、日本語の音韻単位がモーラである可能性を、音楽の音符と歌詞の関係、英語の最小語 (語として成立する最小単位)、及び日本語の代用エラーや交換エラーから説明している。

　それによると、まず、日本語は「1 モーラ 1 音符」に分節され、「鞠と殿様」は図 4 のようになる。「てんてんてんまり」はミミレレミソラシというように、モーラを単位に分節している。

　一方、英語は「1 音節 1 音符」を単位とし、"Mary had a little lamb" の歌詞には以下のように音符が割り当てられる (図 5)。1 音節に 1 音符が当てられることから、分節の単位となっていることがわかる。

図 4　鞠と殿様

注：窪薗 (1995, p. 189) をもとに作成。

図 5　Mary had a little lamb
注：窪薗(1995, p. 189)をもとに作成。

　さらに、窪薗(1995)は、日本語においては、日本語の代用エラーや交換エラーを例にとり、日本語のエラーには、モーラ単位の代用・交換が見られると指摘している。

　代用エラーでは、「15 パーセント」が「15 パンセント」となる例がある。

/zju.R.go.pa.R.se.N.to[6]/ → /zju.R.go.pa.N.se.N.to/

　交換エラーでは、「のれんにうでおし［暖簾に腕押し］」が、「うでんにのれおし」となる例がある。

/no.re.N.ni.u.de.o.si/ → /u.de.N.ni.no.re.o.si/

　英語においては、窪薗(1995)は、音節が分節の単位となりえる例を挙げている。以下の(a)、(b)、(c)の例のように、短縮(clipping)などが行われた結果、許される最小語は、1つの音節である。(a)は、語頭部分が残され、(b)は、複合語の後半が残され、(c)は語の中間部分が残されている例である。産出される語が一音節語になる場合は(C)CV(V：緊張母音)か(C)CVC(V：弛緩母音または緊張母音)の音節構造を持つ。

(a)　lib.(e.ra.tion)　→　lib
(b)　(air).plane　→　plane
(c)　(in).flu.(en.za)　→　flu

　また、以下に挙げるような英語の言い間違いも、音節を単位としていると

いえる。(a)、(b) は単語内の音節の 1 つが脱落する例であり、(c)、(d)、(e)、(f) は 2 つの単語が混合した例である (Kubozono, 1985, p. 223)。

(a) Mor.ton and Broad.bend point → Mor.ton and Broad.point
(b) tre.men.dous.ly → tre.men.ly
(c) pop.u.la.tion/pol.lu.tion → pop.u.lu.tion
(d) pub.lic/pop.u.lar → pop.lic
(e) sur.vey/re.view → sur.view
(f) com.pli.cate/sim.pli.fy → com.pli.fy

　以上のように、日本語と英語における音符と歌詞の関係、代用エラー、交換エラー、短縮過程を見ていくと、日本語がモーラを、英語が音節を音韻の単位としていることを示唆しており、それぞれの言語の母語話者の直感にも合致している。Kubozono (1985) がいうように、英語の場合、短縮過程や英語の言い間違いにおいて、音節は単なる言語構造ではなく、発話産出の真の行動上の単位 (a real behavioral unit in speech production) であるといえる。日本語では、このような発話産出の真の行動上の単位としてはモーラが考えられる。従って、日本語ではモーラ、英語では音節が分節の単位となり、音韻的な長さを決め、またリズムを作り出すと考えてよいといえる。
　次に、日本語と英語の構造について述べる。

2.3　日本語の語構造

　前節では、日本語はモーラ言語であるという点を強調したが、一方で、日本語は音節とモーラの二重構造を持つ (窪薗, 1995) ともいわれる。本節では、モーラの音声的特徴とその役割を検証する。さらに、日本語における音節の役割を論じる。

2.3.1　音節とモーラの二重構造

　日本語はモーラと音節で構成されている (窪薗, 1995)。モーラは V・CV

を単位とする自立拍と、/N/・/Q/・/R/・/J/ の特殊拍がある。音節は(C)V・(C)VN・(C)VQ・(C)VR・(C)VJ である。例えば、「むらさき」は4音節4モーラであるが、「さっぽろ」は3音節4モーラ、「とうきょう」は2音節4モーラというように音節とモーラは数に違いがある。

むらさき	/mu.ra.sa.ki/	4音節、4モーラ		
さっぽろ	/saQ.po.ro/	3音節、	/sa.Q.po.ro/	4モーラ
とうきょう	/toR.kyoR/	2音節、	/to.R.kyo.R/	4モーラ

　自立拍と特殊拍とはどう違うかについて、窪薗(1999a)は、現代日本語の歌謡100曲を資料に、特殊拍に独立した音符が与えられるかどうかで、特殊拍の自立性を検討している。そこでは、1モーラに1音符が与えられている場合、自立性が高いと判断されている。自立性には、(a)音声的な長さを測る単位(つまりリズム単位)としての自立性、(b)アクセント規則などにおける音韻的な長さの単位としての自立性、及び(c)語や発話の分節単位としての自立性の3種類がある(窪薗・太田, 1998)。

　窪薗(1999a)は、自立性のうちの(c)の分節単位としての自立性について分析している。分析結果を見ると(表4)、特殊拍の588例中、1音符に1モーラを与える例は386例(66%)あり、1音符に2モーラを与える例は202例(34%)ある。この数値からは、特殊拍は自立性が低いとはいえないが、特殊拍の種類によって自立性に大きな違いが見られることがわかる。1音符1

表4　特殊拍の自立性

特殊拍	1音符=1モーラ	1音符=2モーラ	計
/J/	158　(94%)	10　(6%)	168
/R/	96　(70%)	41　(30%)	137
/N/	104　(51%)	101　(49%)	205
/Q/	28　(36%)	50　(64%)	78
計	386　(66%)	202　(34%)	588

注：窪薗(1999a, p.247)の表をもとに作成。

モーラである特殊拍は、自立性の高い方から順に、/J/ (94%)、/R/ (70%)、/N/ (51%)、/Q/ (36%) である。従って、/J/ と /R/ は分節単位としての自立性が高く、/N/ や /Q/ のように子音性が高くなると自立性が低くなるといえる。窪薗はこの理由を「音色」と「聞こえ度」(sonority)から説明している。/J/ を含む二重母音は /R/ を含む長母音よりも大きな音色の違いを含んでいる。また、聞こえ度は、阻害音 /Q/ より鼻音 /N/ の方が高く、また、母音性のモーラ /J/ と /R/ も子音性モーラ /N/、/Q/ より高いといえる。

一方、Kubozono (1985) は、言い間違い (speech error) の分析から、同じ音節内で隣接する音(例えば、母音とその直後の要素)の間の聞こえ度の差により、それらの音の連続が 1 つの音節を構成する「安定性」に違いが見られることを指摘している。聞こえ度の差が大きいほど、その音連続が 1 つの音節を構成する可能性が高くなるという。例えば、聞こえ度の差は /CVQ/ < /CVN/ < /CVJ/ < /CVR/ という順で大きくなるので、/CVQ/、/CVN/ は、/CVJ/ や /CVR/ に比べて音節として安定しており、言い換えれば、/Q/ は /CVQ/、/N/ は /CVN/ という音節を構成しやすく、/Q/ と /N/ は自立性が低いといえる。同様に、/CVJ/ と /CVR/ は音節として安定性が低いが、/J/ と /R/ は自立性が高いといえる。

窪薗 (1999a) は、/J/ > /R/ > /N/ > /Q/ の順で自立性が高いと述べているが、Kubozono (1985) は、/J/ の方が、/R/ より安定性の高い音節を形成すると説明している。すなわち、自立性は低いといえる。窪薗と Kubozono では、/J/ と /R/ の自立性と、これらを含む音節の安定性に関して、順位に矛盾が生じている。

したがって、安定性と自立性を総合すると、例えば、英語から取り入れた外来語の分節で /J/ や /R/ の含まれる場合は、先行する母音と /J/ や /R/ は分節されやすく、1 音節が 2 モーラであると知覚される可能性が高い。一方、/N/ と /Q/ は 1 音節内に存在するものとして知覚され、分節されない可能性があるといえる。

実際の英語に当てはめると、図 6 のようになる。

つまり、特殊拍の中でも、happy「ハッピー」の「ッ」のような、促音は自立性が低く、すなわち、1 つの単位を持ちにくく、(C) VQ は音節として

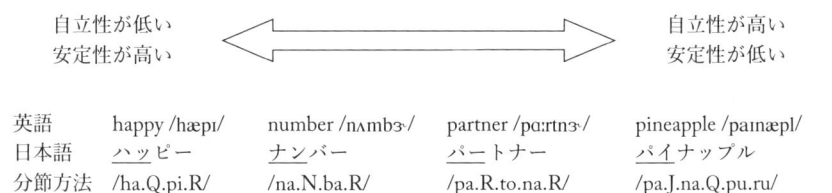

	自立性が低い 安定性が高い	⟵⟶		自立性が高い 安定性が低い
英語	happy /hæpɪ/	number /nʌmbɚ/	partner /pɑːrtnɚ/	pineapple /paɪnæpl/
日本語	ハッピー	ナンバー	パートナー	パイナップル
分節方法	/ha.Q.pi.R/	/na.N.ba.R/	/pa.R.to.na.R/	/pa.J.na.Q.pu.ru/

図6　自立性と安定性

安定している。一方、「パイナップル」の「イ」の二重母音の第2要素、あるいは、partner「パートナー」の「ー」は自立性が強く、(C) VJ、(C) VRは音節として安定性が低いために、/pa.J/ と /pa.R/ は2モーラで分節されやすいということである。従って、日本人が英単語を聞く時に外来語にすれば、二重母音の第2要素と引く音は、撥音・促音より1モーラを与えやすいといえる。happy の /hæp/ のように母音の次が無声阻害音の時、日本語の音韻体系で知覚している場合、/haQpu/ と促音として知覚したとしても、促音の自立性が低く、音節としての安定性が高いため、CVC と知覚する可能性が考えられる。また、number の /nʌm/ のように、母音の次が鼻音の場合は、日本語では /naN/ と撥音になるが、CVC の音節で知覚する可能性がある。しかしながら、/paɪ/ の二重母音、/pɑːr/ の長母音の場合は、その後半部分 /ɪ/, /ː/ の自立性が高く、安定性が低いため、/ɪ/ と /ː/ を1モーラに知覚すると想定される。すなわち、英単語において、日本語の音韻体系に当てはめてカタカナ表記した時に特殊拍を持つものであっても、撥音と促音は1モーラ分の長さをもって知覚されないが、二重母音の後半部と長母音は1モーラ分の長さを持って知覚される可能性がある。

2.3.2　モーラの音声実態

　モーラが一定の長さを持つものなのかという問題については音声実験が行われている。日本語のモーラについてのここ40年余りの研究を Warner and Arai (2001) が概説している。古くは Han (1962) の研究があり、日本語では特殊拍も含め、1モーラの長さは等しい（等時性）と指摘されてきた。しかし、単音レベルでは、/s, p, t, k, a/ は長く、/r, i, u/ などは短いというように、

その長さに違いがあるので、1モーラの長さを等しくするために必然的に長い子音 /p/ の後の /a/ は短めに、短い子音 /r/ の後の /a/ は長くなる。つまり、/pa/ と /ra/ がほぼ同じ長さに調整される（補償作用）傾向があることから、モーラ[7]の特徴は等時性と補償性であるとしてきた。

その後、Han (1992)、Homma (1981)、Port, Dalby, and O'Dell (1987) が、モーラの等時性と補償性を明らかにしている。Homma は、特殊拍について、/papa/ と /paQpa/ では、2：3の長さになると報告している。Han は、/supai/ と /suppai/[8] において、/p/ の無声閉鎖音と /pp/ の重複子音の長さを日本語母語話者とアメリカ人で比較した結果、アメリカ人は長さにばらつきが見られたが、日本人は1.0：2.8の長さでほぼ一定であった。Port et al. は、/ka/、/kaku/、/kakusi/、/kakusido/、/kakusigoto/、/kakusidokoro/ の長さを測定すると、1モーラ加えるごとに一定の割合で長さが伸びるという正の相関関係が現れるという。しかし、母音の無声化が起こっても、単語の長さと拍数の間にある相関関係に変化はない。このように、彼らは音声実験によってモーラの等時性と補償性を明らかにしている。

一方、等時性を否定する研究結果もある。その一例として、Arai and Greenberg (1997) によると、モーラの長さは /CjV/[9] (141.8ms) ＞ /CV/ (130.3ms) ＞ /Q/ (123.7ms) ＞ /N/ (75.4ms) ＞ /V/[10] (72.3ms) の順で長い。同様に、Beckman (1982) は、Han (1992) や Homma (1981) の実験を否定する実験結果を出し、日本語の等時性と補償性に疑問を提示している。

他方、Port, Al-Ani, and Maeda (1980) は、/basa/、/bata/、/bada/、/bara/ の各単音の長さと単語全体の長さを調べたところ、/s, t, d, r/ などの子音の長さにあわせ、前後の母音 /a/ の長さが変化し、その結果、異なる子音を持つこれらの語をほぼ同じ長さに保つことが観察されたという。そこでは、隣接した母音と子音の長さが補完し合い、同拍数の語の長さが一定になるように調整される長さの補正（temporal compensation）が行われた。Han (1962) の補償作用の意味は各モーラの長さを一定にするために1モーラ内で長さの補正が行われるというものであるが、Port et al. では、単語内であればモーラの単位を越えて長さの補正が行われるということである。つまり、日本語のモーラは、複数の音節にまたがる大きな単位、つまり語レベルで考えるべき

であると主張している。よって、この研究が正しいとすると、日本語は各モーラが等しい長さになるという意味で等時性である (Han, 1962) というわけではなく、隣接するモーラの音の長さを調整しあって等時性を達成するという意味で、語レベルでモーラリズムが存在すると思われる。

　Tajima and Erickson (2001) は、モーラ数が増えると音声的な長さも長くなるが、そのうち日本語母語話者の知覚に影響を与えるのは、モーラ数であり、音声的な実際の長さは影響しないと述べている。この研究に基づけば、モーラは物理的音声としては常に同じ長さではないが、日本語ではモーラが知覚の単位となっていることがわかる。

2.3.3　なぜ等時性を感じるか

　2.3.2 で述べたように音声的な実態として、各モーラが同じ長さであるとはいえないにもかかわらず、日本語母語話者は、各モーラがあたかも同じ長さで存在し、それが単語を構成する 1 つの単位となっていると感じている。その理由は、1 つには、日本語の音節構造は 90％以上が開音節であり、撥音や促音によって閉音節が生じる割合は 1 割にも満たず (窪薗, 1995)、さらに、日本語単語は CV 構造が全体の約 75％ と多いためである (Arai & Greenberg, 1997)。

　また、/kaRta/、/kaQta/、/kaNta/ は /kata/ より、明らかに長く、意味も違うため、引く音・促音・撥音は 1 つの単位として捉えられると考えられる。さらに、Beckman (1982) が指摘するように、モーラの長さが等しいと一般に信じられているのは、日本語の仮名による表記法に根ざしているともいえる。かな学習が /Q/ を除く特殊拍において 1 モーラと知覚させていることを証明した実験 (Inagaki et al., 2000) から、かな文字学習がモーラ知覚に影響を与えるといえる。以上のことが、日本語母語話者が、音声的には等時性が見られないモーラを等時であると知覚する原因になっていると思われる。

2.3.4　日本語において音節が果たす役割

　英語の "pencil" は /pen.səl/ と 2 音節になり、第 1 音節がストレスを担う。英語の場合は音節がストレス付与の単位となっていると考えられる。日

本語において、モーラがある一定の長さを感じる単位であるとするならば、日本語の音節はどのような役割を担っているのだろうか。英語と同じように、アクセント付与の単位として、音節が考えられるかどうかを検証する。

現代東京語のアクセントには次のような特徴がある（国際交流基金日本語国際センター, 1995, pp. 96–99）。

（1） 第1モーラ[11]と第2モーラは必ず高さが異なる。第1モーラが高ければ、第2モーラは低くなり、第1モーラが低ければ、第2モーラは高くなる。
（2） 語の中で高い部分は1箇所であり、下がり目が1箇所しかない場合を起伏型といい、その部分の位置により頭高型、中高型、尾高型という3種類がある。下がり目がなく助詞などに続く場合は、平板型という。
（3） 語または文節の下がり目がどこにあるか、あるいは下がり目がないのかが意味の識別に関係する。

（1）は語（または文節）の最初を示し、（2）は語（または文節）のまとまりを示すという統語機能を持つといわれる。（3）は、/aˋme/（雨）と/ameˋ/（飴）や/aˋki/（秋）、/akiˋ/（飽き）、/aki/（空き）などの同音異義語の区別に大切な識別機能があるといわれる。

日本語アクセントの音声学的特徴は「高さ（ピッチ）」であり、英語のアクセントの特徴は、「強さ」「高さ」「長さ」である（窪薗, 1995）。McCawley (1968) によれば、日本語の「高さ」の配置はモーラごとに付与されるH（高）・L（低）の2つのトーンで表され、アクセント型はアクセント核[12]の有無と位置で表される。すなわち、アクセント核がある場合、起伏型になり、無い場合は平板型になる。窪薗によれば、アクセント核が置かれたモーラとその直後のモーラとの間で急激なピッチ下降が起こる。これらのことからは、アクセント核の付与はモーラを単位として行われるといえる。

しかし、「イノチ（命）」「オトコ（男）」「ココロ（心）」「サクラ（桜）」のようなCVCVCVの構造を持つ語の場合は、/iˋ.no.ti/（頭高型）、/o.to.koˋ/（尾高

型)、/ko.koʼ.ro/(中高型)、/sa.ku.ra/(平板型)というように、アクセントの付与位置はモーラと音節が一致しているため、アクセントの付与位置は、モーラが単位ではなく音節が単位であるともいうことができる。また、4モーラ語以上の名詞は、「シラユキ(白雪)」/shi.raʼ.yu.ki/、「ハルガスミ(春霞)」/ha.ruʼ.ga.su.mi/ のように終わりから3つ目のモーラまでが高い中高型(○○ʼ○○)が多いが、「ゲンカン(玄関)」/geʼ.N.ka.N/、「ブッキョウ(仏教)」/buʼ.Q.kyo.R/ のように、終わりから3つ目のモーラが特殊拍である場合は、アクセントの下がり目は起こりにくく、1モーラ前にずれる(国際交流基金日本語国際センター, 1995)。すなわち、特殊拍はアクセント核を担えないといえる。このように、従来のモーラがアクセント核を担うという解釈では、語の構造として音節とモーラが一致する場合や特殊拍がアクセント核を担えないことに対する合理的な説明が困難である。

そこで、日本語のアクセント核の位置を決定する音節の役割を論じている窪薗・本間(2002, pp.36–39)を考察する。窪薗・本間は、東京方言の外来語のアクセント付与について以下のように説明している。

東京方言の外来語を、以下の(a)、(b)の例[13]のようにモーラで分節すると、語末から3モーラ目にアクセント核を置くといえる。

(a) カナダ /kaʼ.na.da/[14]、オーストラリア /o.R.su.to.raʼ.ri.a/、ピアニスト /pi.a.niʼ.su.to/、
(b) デンマーク /de.N.maʼ.R.ku/、ドイツ /doʼ.i.tu/、パトカー /pa.toʼ.ka.R/、スカンク /su.kaʼ.N.ku/

音節で数えてみると、(a)は後ろから3音節目であり、(b)は /deN.maʼ.R.ku/、/doʼ.i.tu/、/pa.toʼ.kaR/、/su.kaʼN.ku/ となり、後ろから2音節目にアクセントが置かれている。ここでは、音節はアクセント付与には関係しないように見受けられる。

次に(c)の例を見てみよう。

(c) ワシントン /wa.siʼ.N.to.N/、スウェーデン /su.eʼ.R.de.N/、サイパン /saʼ.

i.pa.N/、アッサム /aˋ.Q.sa.mu/、アルゼンチン /a.ru.zeˋ.N.ti.N/、シャンプー /sjaˋ.N.pu.R/

　(c) の例では、後ろから4モーラ目にアクセントが付与され、前述の (a)、(b) の例と整合しないことになる。(c) の例では後ろから3番目のモーラは特殊拍である。では、音節構造を見てみると、ワシントン /wa.siˋN.toN/、スウェーデン /su.eˋR.deN/、サイパン /saˋi.paN/、アッサム /aˋQ.sa.mu/、アルゼンチン /a.ru.zeˋN.tiN/、シャンプー /sjaˋN.puR/ というように、特殊拍はアクセント核と同じ音節を構成していることがわかる。

　(c) の例では、アクセント核の位置は後ろから4つ目のモーラであるが、特殊拍を含む音節の中にアクセント核が付与されるといえる。従って、語末から3つ目のモーラが特殊拍である場合は、アクセント核が直前の自立モーラに移動するといえる。(a)、(b)、及び (c) の例において、アクセント規則を過不足なくまとめると「語末から数えて3つ目のモーラを含む音節にアクセント（核）を置く[15]」（窪薗・本間, 2002, p.38）ということになる。このように、日本語のアクセント核の位置を決定する際には、モーラだけでなく音節も重要な役割を担っているといえる。

2.4　英語の語構造

　今まで、日本語のモーラと音節の構造と役割を述べてきたが、次に、英単語はどのように構成され、どのような特徴を有しているか詳しく述べる。

2.4.1　英語の音節構造

　音節の定義は一様ではなく、御園 (2001) は、音声学者によるさまざまな音節定義を Arnauld and Lancelot (1660)[16] から Wells (2000) に至るまで歴史的に概説し、そこから、音節定義の主な方向性として、以下の4種類に要約している（御園, 2001 を参照）。

（1）聞こえ度による定義：音節とは "a peak of sonority"、つまり聞こえの

頂点が1つだけある領域を示す。しかし、spy /spaɪ/ のように単音節語でありながら /s/ が /p/ より聞こえが高く、聞こえのピークの峰が2つできてしまうという例があり、聞こえ度だけでは完全には説明できないという欠点がある。

（2） 卓立による定義：卓立は聞こえ度の頂点のみではなく、長さ、強勢、抑揚なども関係する。これは、spy /spaɪ/ の /s/ に聞こえの峰があったとしても、/aɪ/ の方が長さ、強さがあるので /s/ だけで音節は構成されないという考えで、(1)の聞こえ度による定義の欠点を補っている。

（3） 胸拍筋運動による定義：胸拍 (chest pulse) 運動、すなわち肺から空気を押し出す肋間筋収縮運動によって音節を客観的に定義する。

（4） 生成音韻論的見地からの定義：音節構造は3つの構成要素、すなわち頭子音群 (onset)、脚韻 (rhyme)、音節核 (nucleus) から成るという。

　本書では、音声知覚を扱うという観点から、(1) 聞こえ度の定義、(2) 卓立による定義と、日本語母語話者の英語音声知覚であるということで、(4) の生成音韻論的見地からの定義を取り入れ、音節を以下のように考える。

　音節は、聞こえの頂点が卓立する母音または母音に相当（成節子音を含む）する音をもち、(C) V (C) のように、母音と直前または直後あるいはその両方に子音を従えた音の単位である。音節構造は頭子音群 (onset)、脚韻 (rhyme)、音節核 (nucleus) で構成され、音韻的な制約[17]に従うと定義される。

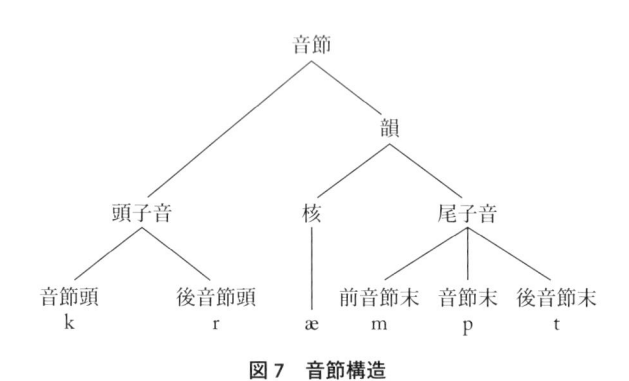

```
                    音節
                   /    \
                  /      韻
                 /      /  \
                /      /    \
             頭子音   核    尾子音
             /  \     |     /   \
          音節頭 後音節頭  前音節末 音節末 後音節末
            k     r    æ     m      p     t
```

図7　音節構造

次に、本書の音節の定義の要素である音韻論的な音節構造、聞こえ度、音韻的な制約、卓立(特にストレス)について述べる。

Roach(1983)によると、英単語の1つである cramped /kræmpt/ の音節構造は図7のようになる。音節は頭子音と韻に分かれる。頭子音は音節頭と後音節頭に分かれる。韻は核となる母音と尾子音に分かれ、尾子音は前音節末・音節末・後音節末に分かれる。

2.4.2　音節を構成する要件

ここでは、音節を構成する要素として、聞こえ度の階層、音結合制約、音節主音的子音について説明する。

2.4.2.1　聞こえ度の階層

英単語は音節で構成されているが、音節は通常聞こえ度の高い母音を核(中心)にして、その前後を聞こえ度の低い子音で構成し、なだらかな山型の聞こえを持つまとまりであると考えられている。このような音節構造に対して、Selkirk(1984)は、聞こえ度の指数(Sonority Index = SI)(表5)を次のよう

表5　聞こえ度の指数

	音声	聞こえ度の指数(SI)
母音	a	10
	e, o	9
	i, u	8
流音	r	7
	l	6
鼻子音	m, n	5
無声摩擦音	s	4
有声摩擦音	v, z, ð	3
無声摩擦音	f, θ	2
有声閉鎖音	b, d, g	1
無声閉鎖音	p, t, k	0.5

注：Selkirk(1984, p.112)から引用。

に仮定している。この表で提示されている「音声」は主要な音素を列挙しており、「聞こえ度の指数」も絶対的なものではなく、それぞれの音素の関係が重要である。例えば、/r/ と /l/ は 8(/i, u/)から 5(/m, n/)までの間に入るということである。音節内は聞こえ度の指数の高い母音(SI は 8 以上)を核とし、その核の前後に聞こえの低い子音(SI は 7 以下)がつながり、なだらかな山を形成する。

しかし、核になる母音の前後の子音は、聞こえ度の指数が低いからといってどの子音がきてもよいわけではなく、頭子音の制約や尾子音の制約が加わる。

2.4.2.2　子音クラスターの音結合制約

（1）　頭子音の制約

　　Roca and Johnson(1999)によると、子音のクラスターとしては、/pl/、/bl/、/fl/、/pr/、/br/ などがあるが、頭子音として /pl/ は許されるが、/lp/ という結合は許されない。それを決定するのは、聞こえ度と聞こえ度の配置(Sonority Sequence)、聞こえ度の距離(Sonority Distance)である。例えば、/pl/ は、聞こえ度(表5)では 0.5、6 になり、母音のあるピークまで上がり続ける。一方、/lp/ は、6、0.5 で、聞こえ度が母音の前で下がり、なだらかな山を形成できないので、頭子音 /lp/ という子音クラスターは形成できない。

（2）　OCP(義務曲線原理：Obligatory Contour Principle)

　　Roca and Johnson(1999)によると、OCP とは、調音点に関して同じ弁別素性を持つものは、隣接して 1 つの音節を構成することを禁止する制約である。例えば、/tl/、/dl/、/θl/、/ðl/ は頭子音群には現れない。聞こえ度(表5)によると、それらの子音クラスターは阻害音＋流音であり、それぞれの差が、0.5－6＝－5.5、1－6＝－5、2－6＝－4、3－6＝－3 であることから、聞こえ度に関しては、音節を構成することに問題ない。しかし、各子音クラスターを構成する子音のどちらも［＋舌頂性］を持つため、OCP の制約にかかる。よって、調音点に関して同じ

弁別素性を持つものは頭子音群を構成できないといえる。

（3） 尾子音(Coda)の制約
Roca and Johnson (1999) は、尾子音は以下のような制約を持つと説明している。

① 流音 /l/ と R 音性母音 /ɝ/ /ɚ/ は尾子音部の左側に位置する[18]。
kelt /kelt/、bird /bɜːd/
② 鼻音が尾子音部の左側にくる場合、調音点の同化から、その右側は /p, t, k/ のうち、鼻音と同じ調音点を持つ音になる。
camp /kæmp/、print /prɪnt/、think /θɪŋk/
③ 尾子音部の両方が閉鎖音であれば、右側にくるものは舌頂性をもつ。
akt /ækt/、kept /kept/

このように、母音の前後の聞こえ度の指数に差が見られても、音結合の制約により、すべての音の組み合わせが許されているわけではない。

2.4.2.3 音節主音的子音

子音でありながら、鼻音・流音は音節核のような働きをする場合がある。以下の単語は C(C)VCC であり、母音の次の子音群は尾子音であると推定されるが、実際は聞こえ度の配列により、/m, n/ などの鼻音、/r, l/ などの流音は音節主音となり核部を構成する。例えば prism /prɪzm/ であれば、/prɪ/ で /ɪ/ をピークになだらかな山を作り、/z/ で下がるが、/m/ でまた上昇する。このような聞こえの山を作るため、尾子音の音節末に現れる鼻音・流音は音節核となると考えられる。このような子音は、音節主音的子音または成節子音 と呼ばれる。例としては、prism /prɪzm/、button /bʌtn/、thicken /θɪkn/、sickle /sɪkl/、funnel /fʌnl/ などがある。

本書では、音節主音的子音の前に弱母音が挿入された /əm/、/əl/ の表記を用い、prism /prɪzəm/、button /bʌtən/、thicken /θɪkən/、sickle /sɪkəl/、funnel /fʌnəl/ という C(C)VCVC 構造として捉える。

2.4.3　英語のストレス

　英語のストレスの位置は、日本語のアクセントの位置と同様に、語によって決まっている。英語のストレス核は、第1強ストレス・第2強ストレス・弱ストレスをもち、単語内の各音節のストレスは、強―弱、または弱―強で現れる。

　英語のストレスの機能には、日本語のアクセントと同様に、頂点表示機能（culminative function）と弁別機能（distinctive function）[19]がある（窪薗, 1995）。頂点表示機能は「語アクセント[20]は語にひとつ」（窪薗, 1995, p.27）という原則により、語アクセントの置かれた分節が他の音節より際立つことで語のまとまりをつける。弁別機能は、/ɪmˈpɔːrt/（輸出する）と /ˈɪmpɔːrt/（輸出）のようにストレスの位置により、語を区別する機能である。しかし、柴田・柴田（1990）によると、アクセントのみによって弁別される語の確率は、日本語の13.57%に対し、英語は0.47%と極めて低い。

　英語では、ストレスを付与する位置を決定するストレス規則が複雑である。以下、窪薗・太田（1998）によるストレス規則を概説する。英語には祖先から受け継いだゲルマン系語彙とラテン語・フランス語から借用したロマンス系の語彙がある。ゲルマン系語彙は語頭に語ストレスを付与し、ロマンス系語彙であるラテン語は語末から数えて一定の位置にストレスを付与する。

　ゲルマン系語彙では、father /fɑːrðɚ/、mother /mʌðɚ/、heaven /ˈhevən/ のように接頭辞を持たない語は語頭音節に強ストレスが置かれ、today /təˈdeɪ/、beside /bɪˈsaɪd/、forget /fəˈget/ のような接頭辞で始まる語は、その接辞の次にくる音節に強ストレスが置かれる。

　一方、ラテン語のストレス規則に従うロマンス系語彙は、agenda /ə.ˈdʒen.də/、appendix /ə.ˈpen.dɪks/、horizon /hə.ˈraɪ.zən/ のように語末から2つ目の音節（penult）が重音節[21]であれば、その音節にストレスを付与し、America /ə.ˈmer.ɪ.kə/、radio /ˈreɪ.di.oʊ/、balcony /ˈbæl.kə.ni/ のように語末から2つ目の音節が軽音節であれば、その前の音節（antepenult）にストレスを付与する。

　要約すると、英語のストレスは音節に付与され、語末から数えて第2音節が重音節か軽音節かどうかでストレス付与の位置が決められるというよう

に、その音構造もストレスに影響を与えることがわかる。

2.4.4 音節の長さ

Ladefoged (2001) によると、音節の長さは、音節内の音素の長さ、音節内の母音や子音の種類、ストレスの有無や音節数によってもまた異なるという。母音に関しては、緊張母音の heed /i/ は弛緩母音である hid /ɪ/ より長い。尾子音に関しては、Ben＞bend＞bent のように、鼻音の場合が一番長く、次に有声子音、最後に無声子音の順番である。さらに、ストレスが付帯する母音の方が、ストレスが付帯しない母音より長い。また、wit＞witty＞wittily のように、1つの単語の音節の数によって、音節が少ない単語内の母音は長く、逆に、音節数が多い単語内の母音は短くなり、各単語の長さを同じにしようとする。

関連して、Lehiste (1972) は、stick、sleep、shade などの 1 音節語に -y、-er、-ing などの接尾語及び短い文を加えると、もとの語の部分が短くなることを報告している。例えば、stick をもとの語とすれば、stick (401.55ms)、sticky (312.80ms)、sticker (302.50ms)、sticking (295.45ms) であり、文になるとさらに短くなり、the stick was discarded (245.10ms) である。つまり、ストレスリズムの英語では音節数が増加して発音が長くなるにつれ、もとの語の長さが圧縮 (compression) される。この現象は、前段落で述べたように、音節内の母音の長さを調整するためと考えられる。

Arai and Greenberg (1997) は、日本語母語話者には好きなテーマを、英語母語話者にはあらかじめ指定したトピックを、それぞれ電話で話させ、日本語の音節の長さと英語の音節の長さを分析している。英語の音節の平均長は 190ms であり、60％が 106ms から 260ms までと幅がある。一方、日本語の音節平均長は 166ms であり、標準偏差は 73 と極めて小さい。従って、日本語では音節数の増加につれて語の長さが一定の割合で伸びていくといえる。英語でも音節数と語の長さには正の相関が見られたが、その傾向は日本語と比較すると低い。また、英語では ISI を等間隔に保とうとする現象が見られた。なお、Nakatani, O'Connor, and Aston (1981) の実験結果からも、Arai and Greenberg と同様な結果が得られている。

このことから、英語では、母音の長さを調整することで音節の長さの補正が行われるといえる。日本語のモーラのように、モーラ数の増加に伴って単語の長さが規則的に長くなることはない。また、単語内の強ストレスを持つ音節は長く、弱ストレスあるいは無ストレスを持つ音節は短くなり、文レベルになると、ISI の長さを一定にしようとする。一方、日本語母語話者は日本語の音声を、単語内で子音と母音の長さを調節しながら、緩やかに単語のモーラの長さを一定に保とうとする。このような日本語と英語の違いから、日本語母語話者が英語を発音する時には、どの音節も等時(モーラ)的に発音してしまい、英語のストレスによる音節の長さを実現できないことが説明できる。

2.5　日本語と英語の音節構造の共通点と相違点

　日本語は音節とモーラで構成され、英語は音節で構成されていることを 2.2 から 2.4 で説明し、話し言葉のリズム・音韻的長さ・発話の分節単位などの発話産出の表層に比較的近いレベルの言語現象において、日本語ではモーラが、英語では音節が重要な役割を果たしていることを述べた。ここでは、音節量(syllable weight)の観点から、英語の構造を音節とモーラで捉え、日本語・英語はともに同じ構造を持つという立場に立って分析する。

　音節量とは、Ewen and Hulst(2001)によると、音節中で強勢に関係する単位であり、窪薗・太田(1998)によると、音節内で一定の重さ・長さを持っている単位であり、この重さと長さは同義であるという。従って、本書において、音節量とは、「音節内で一定の重さ・長さを持ち、強勢に関係する単位である」と定義する。

　具体的には、短母音と尾子音が 1 の重さ・長さを持つ 1 モーラであり、長母音・二重母音が 2 の重さ・長さを持つ 2 モーラを有するとされる(窪薗・太田, 1998)。音節量という概念を取り入れない場合は長母音・二重母音はともに V で表されるが、音節量という概念では、長母音・二重母音どちらも VV で表される。

　図 8 に示すように、従来においても、長母音・二重母音を VV で表記し、

(C)V は軽音節として、(C)VV・(C)VC は重音節として音節の重さ・長さを示すことは可能であった（窪薗・太田, 1998, pp. 48, 49 の図に加筆）。これによると、CVV と CVC はともに重音節であるとして説明は可能であるが、構造の共通性を十分説明できないという欠点があった。

一方、図9に示すように、音節量の概念を取り入れ、音節の下位構造にモーラを置くと、CVV・CVC はともに2モーラの重さ・長さを持つ構造であるといえる。例えば、日本語の CVV である「パイ」/pai/ と CVC である「万」/maN/ はともに2モーラであり、英語の CVV である pie /paɪ/ と CVC である man /mæn/ も2モーラであるというように、これらの4例はすべて同じ2モーラを持つという共通性を説明できる。これにより、日本語も英語もともに音節とモーラに基づく共通の構造を持つと見なせることから、両言語における音節とモーラの役割の違いを明らかにすることができる。

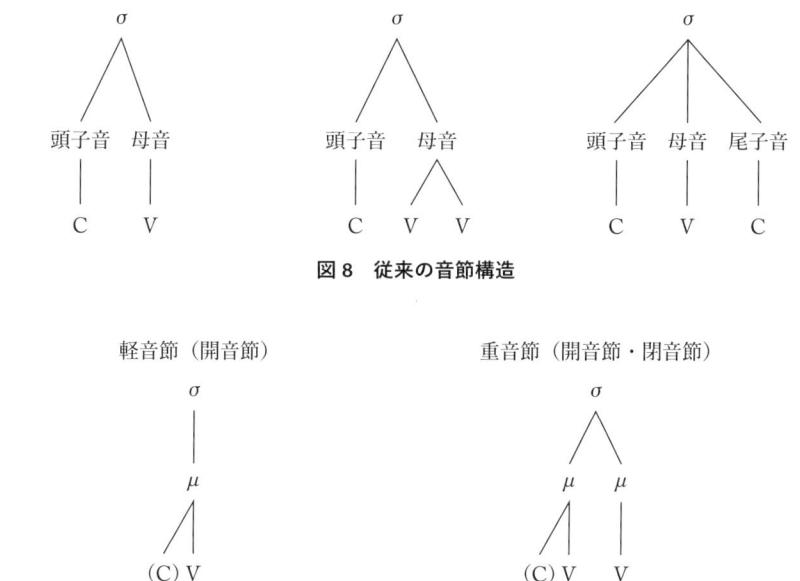

図8　従来の音節構造

図9　音節量を取り入れた音節構造

次に、日本語と英語において音節とモーラが具体的にどのような役割を担っているかを、まず、日本語のアクセント規則と英語のストレス規則から見ていこう。

日本語のアクセント規則においては、2.3.4で示したとおり、「カナダ」/ka`.na.da/ のように後ろから3モーラ目にアクセントを置くが、「ワシントン」/wa.si`.N.to.n/ のように語末から3モーラ目が特殊拍である場合は、アクセントを担うことができず、前のモーラに譲るという現象が見られる。これを音節で語構造を見ていくと、「カナダ」は /ka`.na.da/ であり、「ワシントン」は /wa.si`N.ton/ であり、アクセントを担うのは語末から数えて3つ目のモーラを含む音節であることがわかる。このように、日本語のアクセント規則においてストレスを担うのは音節であるが、ストレスの位置を決定するのはモーラであるといえる。

英語におけるストレス規則においては、2.4.3において音節が重要であることを述べたが、次に、英語のストレス規則においても、モーラも重要な役割を担っているかどうかを、窪薗・本間 (2002)、窪薗・太田 (1998) から概説する。

英語はラテン語やその子孫であるフランス語から大量な語彙を借用した結果、ラテン語アクセント規則の影響を受け、英語のストレス規則においても、語末の音節からアクセント位置を数える。2.4.3で説明したように、(a) のように語末から数えて2つ目の音節 (penult) が重音節であれば、その音節にストレスを付与し、(b) のように語末から2つ目の音節が軽音節であれば、その前の音節、すなわち3つ目の音節 (antepenult) にストレスを置く。

(a)　agenda /ə.ˈdʒen.də/、appedix /ə.ˈpen.dɪks/、horizon /hə.ˈraɪ.zən/
(b)　America /ə.ˈmer.ɪ.kə/、radio /ˈreɪ.di.oʊ/、balcony /ˈbæl.kə.ni/

ストレスを付帯される音節が後ろから2つ目か3つ目かの決定にモーラが関係しているかどうか、(a)と(b)をモーラで分節してみる。

(a')　agenda /ə.ˈdʒe.n.də/、appedix /ə.ˈpe.n.dɪ.ks/、horizon /hə.ˈra.ɪ.zə.n/

（b'）　America /ə.ˈme.rɪ.kə/、radio /ˈreɪ.di.oʊ/、balcony /ˈbæl.kə.ni/

　(a')と(b')のように、後ろから3つ目のモーラを含む音節にストレスが付帯していることがわかる。従って、日本語のアクセント規則と同様に、英語のストレスは音節に付与されるが、位置の決定にはモーラが関係するといえる。

　次に、単語を構成できる最小の単位である最小語条件について述べる。窪薗(1995)によれば、日本語[22]も英語も最小2モーラの長さを持つ。日本語の場合、ストライキはスト /suto/ と短縮され、最小語としては、2モーラの長さを持つ。また、英語の場合の professional は /prə.ˈfeʃ.nəl/ であり、最初の音節が最小語になるとすれば、/prə/ であり、1モーラである（窪薗・太田, 1998）。実際には /proʊ/ のように、/ə/ を2重母音として CCVV の2モーラにしている。よって、日本語も英語も最小語の条件は2モーラの長さであるといえる。

					音節	モーラ
ストライキ	→	スト	/suto/	CVCV	/su.to/	/su.to/
チョコレート	→	チョコ	/tjoko/	CVCV	/tjo.ko/	/tjo.ko/
professional	→	pro	/proʊ/	CCVV	/proʊ/	/pro.ʊ/
professor	→	prof	/prɔf/	CCVC	/prɔf/	/prɔ.f/

　日本語における外来語の短縮などの語形成過程では、最小語条件と重複するが、2モーラ以上の長さを持つ必要がある。さらに、短縮語の場合は2音節以上であるという制限を持つ。例えば、ダイヤモンドはダイヤになるが、/dai.ya/ の2音節であり、/da.i.ya/ の3モーラである。外来語の短縮は「2モーラから4モーラ」であり、「2音節以上」であるという制約を受ける（窪薗・太田, 1998）。

				音節	モーラ
オペレーション	→	オペ	/ope/	VCV	/o.pe/	/o.pe/

テレビジョン → テレビ　/terebi/　CVCVCV　/te.re.bi/　/te.re.bi/
ダイヤモンド → ダイヤ　/daiya/　CVVCV　/dai.ya/　/da.i.ya/
リハビリテーション → リハビリ　/rihabiri/　CVCVCVCV　/ri.ha.bi.ri/　/ri.ha.bi.ri/

　また、英語における短縮語形成などの語形成過程では、元の語から1音節か2音節を残して短縮語が形成されるが、これも最小語条件で述べたように、「2モーラ以上」の長さを持たなくてはならない(窪薗・太田, 1998)。例えば、influenza /ɪnfluenzə/ おいては、flu の元の発音は /flu/ であり、1モーラの長さしか持たないため、/u/ を長母音化することによって /fluː/ とし、2モーラの長さを得る。

　　　　　　　　　　　　　　　　　　　　音節　　モーラ
examination /ɪgzæmɪneɪʃən/ → exam /ɪgzæm/　VCCVC　/ɪg.zæm/　/ɪg.zæ.m/
airplane　/eɚ.pleɪn/　→ plane /pleɪn/　CCVVC　/pleɪn/　/ple.ɪ.n/
influenza　/ɪnfluenzə/　→ flu /fluː/　CCVV　/fluː/　/flu.ː/

日本語と英語のモーラと音節の役割をまとめると表6のようになる。

表6　日本語と英語におけるモーラと音節の役割

現象	日本語	英語
話し言葉のリズム	モーラ	音節
音韻的長さの単位	モーラ	音節
発話の分節単位	モーラ	音節
語アクセント	音節、モーラ	音節、モーラ
最小語条件	2モーラ以上	2モーラ以上
語形成過程 (外来語の短縮・英単語短縮)	2モーラから4モーラ、 2音節以上	2モーラ以上、 1音節か2音節

　この表でわかるように、日本語母語話者は、日本語ではリズム・音韻的長さ・発話の分節などの表層レベルではモーラを単位としている。一方、英語母語話者は、表層レベルでは音節を単位としている。しかし、日本語では語

アクセントや語形成過程において音節が重要な役割を持っている一方で、英語では語アクセント・最小語条件・語形成過程において・モーラも欠かすことができない単位である。窪薗（1995）、窪薗・本間（2002）、窪薗・太田（1998）の一連の研究は、英語は音節構造を持つ言語であり、日本語はモーラ言語であるとする従来の考えに対して、むしろ音節とモーラは二者択一的なものではなく、両方とも重要な役割をもち、両者は共存するものであるという理論を展開している。音節構造を音節量で捉えると、最小語条件において1モーラ語を不適とする制約が日本語・英語にかかる。また語形成過程においても、日本語も英語も2モーラ以上が必要であるという制約がかかる。さらに、アクセントの付与は語末から数えて3つ目のモーラを含む音節に付与されるというルールも適用される。そのように両言語の共通性を述べ、さらには言語の普遍性も示唆しているという点で、音節量という概念を導入した功績は大きい。

　しかしながら、抽象的な概念である音節とモーラは日本語・英語のいずれの言語においても両立しうると考えるが、日本語と英語において、音節とモーラが同等の機能を果たしているとは思えない。これは、日本語母語話者は、日本語ではリズム・音韻的長さ・発話の分節などの表層レベルではモーラを単位とし、英語では音節を単位としていることから、日本語ではモーラを単位として分節し、英語では音節を単位として分節しているといえる。このことを単音節語である英語 pen と日本語の外来語「ペン」の構造を例に、図10 で表し、以下に説明する。

$$\sigma$$

英語　　"pen"　　　p　e　n
日本語　「ペン」　　p　e　N

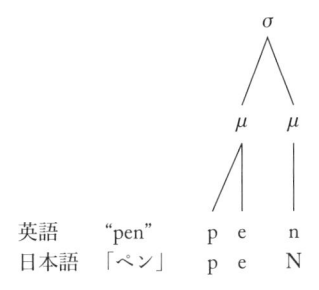

図 10　英語と日本語の音節構造

同じ音節構造を持つと仮定されながら、英語の pen では、モーラ自体が少なくとも表面的には言語学的に意味のある機能を果たすとは思えないが、日本語では、/pe.N/ と分節された各モーラが音韻的に重要な役割を担う。従って、日本語・英語はともに音節もモーラも持つ言語であるとする立場からは、日本語と英語の特殊性は音節で区切る言語なのか、それともモーラで区切る言語なのかということに帰着する。

　また、英語におけるストレス規則の解釈に、音節とモーラの両方が重要であると述べたが、ストレスの位置を決定するためには、まず英単語を音節に分節する必要があるため、どのように音節で分節するかが重要であるといえる。例えば、balcony /bælkəni/ を、CVC.CV.CV と音節で分節し、さらにモーラで分節すると CV.C.CV.CV となり、/ˈbæl.kə.ni/ というように語末から数え3つ目のモーラを含む音節 /bæl/ にストレスが付くと考えられる。一方、Wells (2000) は、balcony を CVCC.VC.V /ˈbælk.ən.i/ と音節で分節している。この分節の場合、モーラで分節すると、CV.C (C).V.C.V となり、後ろから3つ目のモーラを含む音節は /ən/ ということになり、その音節にストレスが付帯することになる。それに伴って母音も変化し、/bəlk.ˈʌn.i/ のように発音されることになる。同様に、balcony を仮に CVC.CVC.V /bæl.kən.i/ と分節すると考えると、語末から数えて3つ目のモーラを含む音節は /kən/ になり、ここにストレスが付帯する。発音はやはり /bəl.ˈkʌn.i/ となる。英語のストレス規則の適用に関して、多音節語においては、特に音節とモーラを決定するにあたり、まずどこで分節して音節と見なすかということが重要であるといえる。

　これまで説明した現象は発話産出の事実を音韻論的に分析して明らかになったものである。しかし、これらの音韻論的分析には、どのような音声的事実があるのだろうか。また、その音声的な事実をどのように知覚しているのであろうか。実は、そのような視点の研究は多くはない。音声の知覚レベルにおいても、日本語はモーラを、英語は音節を単位としているといえるであろうか。次の第3章では、音声の知覚の単位について、日本語と英語の実験研究を中心に論ずることにする。

注

1 竹林 (1996) は bird の [ɚː] を R 音性母音に位置付けているが、本書では R 音性長母音に位置付ける。

2 「固い結合」、「緩い結合」は、Jespersen (1926) が、Lehrbuch der Phonetik. 4th ed. Berlin: Teubner で述べている (竹林, 1996, p. 227 参照)。英語訳の close combination、loose combinaiton は、原語では、fester Anschluss、loser Anschluss となり、これを竹林が訳したものである。

3 日本人英語学習者が学習している CD の音声を分析した結果、hot や dog は、balm や bought とは異なり、明らかに [ɑ]、[ɔ] と短く発音しているため、[ɑː] と [ɔː] とは別に扱う (詳しくは、6.5.1 を参照)。

4 [l] は Ladefoged (2001, p. 48) では接近音 (approximant) に分類されているが、IPA (改訂版, 1996) では側面接近音 (lateral approximant) に分類されているため、本書では側面音という竹林 (1996) の表記を使う。

5 竹林 (1996) は、[j, r, w] を接近音としてひとまとまりにしているが、本書では、調音点により区別する。

6 窪薗 (1995) は音節で分節しているが、モーラの方が理解しやすいと筆者が考え、モーラで分節することにする。窪薗は、日本語の音声表記にはローマ字を使用しているが、本書では、特に断わりがなければ音素または音声記号を使う。

7 Han (1962) は、モーラではなく、"Onsetsu"（音節）という言葉を "a sound-unit in Japanese" (Han, 1962, p. 74) の意味で使用している。Han のいう音節は、本書のモーラと同義であると考える。

8 本書の音素表記では、/suQpai/ となる。

9 /CjV/ は /kja/ などの拗音を含むモーラを表す。

10 /V/ は /a/ などの短母音を表し、引く音の /R/ を含む。

11 国際交流基金日本語国際センター (1995) では拍と呼んでいるが、本書ではモーラと言い換える。

12 アクセント核とは、前述のアクセントの特徴で述べた語中の「高い部分」(国際交流基金日本語国際センター, 1995) と同義である。

13 語例は窪薗・本間 (2002) と、窪薗 (1995) から引用している。シャンプー、サッカー、チーター、ナイターのような国名以外でも同様である。

14 窪薗・本間 (2002) は音節で区切っているが、本書ではモーラで区切る。

15 2 音節 2 モーラ語であるチリ /ti.ri/ などは、後ろから数えて最大 2 つ目のモーラにアクセントがくる。また、「フランス」、「イギリス」、「イタリア」、「ポルトガル」は、

語の途中でピッチが上がらず、平板式アクセントである。窪薗(1999b)によると、日本語(東京方言)の語彙の約半分は平板式アクセントを持つといわれる。外来語の場合、英語などは本来アクセントを持っているため、外来語として取り入れられた後もアクセントの特徴をもっているのが普通であり、全体の外来語のうち平板式は10%程度と低い。しかし、最近、平板式アクセントの外来語が増えてきていると指摘される。タイプとしては2つあり、「アメリカ」「フランス」など日本に定着してきた外来語は平板化する傾向を示す。「イギリス」「イタリア」「ポルトガル」などもその平板化の例であろう。もう1つのタイプは、「アリゾナ」「アイダホ」のような語末が、VまたはCVのような軽音節の連続で終わる4モーラ語は平板化しやすい傾向にあるといえる。/a.ri.zo.na/ は V.CV.CV.CV であり、/ai.da.ho/ は VV.CV.CV のように語末が軽音節の連続である(詳しくは、窪薗, 1999b, pp. 205–208 参照)。

16　御園(2001, p. 20)を参照。
17　ここでいう音韻的な制約とは Maximal Onset や音結合制約などの制約である。詳しくは 3.3.1 を参照。
18　Roca and Johnson (1999) では [ɹ] は尾子音部の左側にくるという説明であるが、本書では米語を基準としているので、R 音性母音 /ɝː/ /ɚ/ に置き換えて説明している。
19　日本語のアクセントの役割として統語的機能と識別機能があると述べたが、これらは頂点表示機能と弁別機能と同義である(2.3.4 参照)。
20　窪薗(1995)、窪薗・太田(1998)では日本語・英語ともにアクセントという言葉を用いているが、本書では、日本語はアクセント、英語はストレスを用いる。窪薗らからの引用文中の英語における「アクセント」は、「ストレス」に置き換えている。
21　重音節とは、(C)VC または、V が長母音か二重母音である(C)V の音節のことである。
22　日本語には「手・目・木」などのように1モーラの語彙(その大半が和語)があり、すべての語が2モーラではなく、最小語の条件は緩やかに適用されると考えられる(窪薗, 1995)。

第 3 章
音声知覚単位

　第2章では、モーラ言語といわれる日本語とストレス言語であるといわれる英語の相違と共通性を音韻論的に概説した。そこでは、産出におけるリズム・音韻的長さ・分節の単位として、日本語ではモーラで分節し、英語では音節で分節すると述べた。それでは、音声知覚の単位としても、同様に日本語はモーラで、英語は音節で分節すると考えられるだろうか。例えば、2.5で述べたように、英単語 pen /pen/ は1音節2モーラである。英語母語話者が単語を音節で区切るとすれば、/pen/ はひとまとまりにして知覚すると推測される。しかし、日本語母語話者がその英単語をモーラで知覚したならば /pen/ は /pe/・/n/ のように2つのモーラに分節して知覚すると推測される。

　本章では、日本語と英語の知覚に関して、どのようなまとまりに分節するか、すなわち知覚単位についての先行研究を概説し、英語を知覚する際に、その知覚単位で分節する重要性及びその分節規則について論ずる。

3.1　音素・音節・モーラ・リズム

　語の分節方法には、/p/・/e/・/n/ のような音素分節、/pen/ のような音節分節、/pe/・/n/ のようなモーラ分節があり、句や文のレベルでは、モーラとストレスを中心としたリズム分節が考えられる。この節では、音素・音節・モーラ・リズムが音声の知覚単位であるかどうか、また、それらが言語によって異なっているかについて、先行研究を概観する。

3.1.1 音素・音節・モーラ単位

英語においては、音素ではなく音節が単位として考えられる現象が見られる。御園 (2001) によると、sat /sæt/ と sad /sæd/ の /æ/ を比較すると、有声子音が後続する sad の /æ/ の方が sat の /æ/ より長めになるが、末尾子音は、無声子音の /t/ の方が /d/ より長くなるため、相対的には両語の長さは同じになるという。これは、「長さ定量[1] (duration quantum)」(Catford, 1977, p. 197, 201) の現象であり、音素のみを単位として 1 音ずつ発話しているわけではなく、/æ/ の 1 音素を発音する時にその後続の音素も合わせて発音しているために生じる現象である。このように、御園は音素よりも大きい単位が発話単位になっている可能性を指摘している。

Cutler et al. (1986) によれば、タッピングタスク (tapping task) において、幼少の子どもは単語内の音節数をタップすることが可能であるが、音素の数を確認することはできない (Liberman, Shankweiler, Fisher, and Carter, 1974) という。さらに、Cutler et al. は、Morais, Cary, Alegria, and Bertelson (1979) の研究を例に、文盲の大人も文字を学習する前の子どもと同じように音素を認識できないことから、音素の識別能力は、認知的に発達すれば自然に習得されるものではなく、アルファベットの識字をきっかけとして発達し始め、またこれにより促進されるものであるが、音節を認識する能力は識字に依存しないという。Savin and Bever (1970) は、無意味語の音節のリストから、音節の最初の音素を取り出させる、または音節自体を取り出させる実験を行った。その結果、音素はそれ自体が直接的に知覚されているのではなく、音節を分析的に知覚させる時初めて知覚されると結論付けている。これらのことから、英語の発話を知覚する時、音素だけが分析的に知覚されるわけではなく、その前後も含めたかたまりとしての音節を知覚していると想定される。

さらに、メタ言語タスク (metalinguistic tasks) といい、音声を知覚した後に、判断させるようなオフラインの実験において、英語母語話者の分節単位が音節であることが明らかにされている。Treiman and Danis (1988)、Treiman and Zukowaski (1990) は、大人の英語母語話者が発話された英単語の音節の境界を判断できることから、音節で分節していると述べている。2 つの単語が同じかどうか判断させるタスク (word pair comparison tasks) では、5

歳の幼稚園入園前の幼児でも、2つの英単語の始めか終わりに同じ音節が存在するかどうか識別できる (Treiman & Zukowski, 1991)。Bruck, Treiman, and Caravolas (1995) は、2つの無意味語を聞かせ、同じ音が入っていたら yes のキーを押させ、その反応時間を測定する非語比較タスク (nonword comparison tasks) を行った。この実験単語の例として、/mæknɪpt/ と /mækbɑrs/ のように第1音節に、/mæk/ の音節全部が入っているペアと、/flɪgmɪl/ と /flɪkboz/ のように /flɪg/ と /flɪk/ の音節内に一部共通する部分 /flɪ/ が入っているものがある。それぞれのペアの反応時間を比較すると、音節全部が入ったペアの反応時間が、音節内に一部が入ったペアより短かったことから、音節が単位であることを明らかにした。さらに、この実験では、大人の英語話者だけでなく、子どもの英語話者でも同様の結果が得られたと述べている。

一方、Mehler et al. (1981)、Cutler et al. (1986) は、オンライン実験であるモニタリングテクニック (monitoring technique) を使い、知覚単位を明らかにしようという研究を行っている。モニタリングテクニックとは、まず刺激を聞き、次にターゲット単語を聞いた後、その刺激がターゲット単語の中に入っていたと思えばボタンを押し、その間の反応時間を測るという実験方法である。刺激が、CV と CVC であり、ターゲット単語が CV.CVC と CVC.CVC である場合、これらの刺激に対して、同じ音節構造をもつターゲット単語の方がそうでないターゲット単語より、反応時間が短いと仮定している。例えば、刺激が pa の時、ターゲット単語 palace の方が palmier より反応時間が短ければ、pa.lace と分節されるとし、刺激が pal の時、palmier の方が palace より反応時間が短ければ、pal.mier と分節されていると仮定している。

Mehler et al. (1981) によると、フランス語母語話者を対象にフランス語を知覚させた時、刺激とターゲット単語の音節構造が一致した場合に反応時間が短くなったことから、フランス語話者は音節で知覚していると結論付けられた。しかし、Cutler et al. (1986) では、Mehler et al. (1981) と同様な実験を行った結果、英語母語話者の場合は英語を知覚する際に刺激の CV と CVC との間における反応時間に差が見られなかったことから、英語母語話者は音

声を知覚する際に音節を単位としていないと見なされた。Cutler et al. は、同じ実験をフランス語母語話者に対し行った結果、フランス語母語話者は、フランス語あるいは英語に対しても、刺激とターゲット単語の音節構造が一致した場合は反応時間が短かったことから、フランス語母語話者が英語に対しても母語の分節と同様の方法を取ることを明らかにした。従って、Cutler et al. は、音声の知覚単位として、フランス語母語話者は音節であり、英語母語話者はストレスが関係するのではないかと推測している。さらに、分節の仕方は1つではなく、言語的な相違に起因していると示唆している。

　次に、日本語母語話者の音声知覚について述べる。Cutler and Otake(1994)は日本語と英語の単語からターゲット音素を取り出すという6つの音素探索実験(phoneme detection experiments)を行った結果、日本語話者は日本語でも英語でも、モーラを構成しないターゲット音素よりモーラを構成しているターゲット音素の検索時間が短くかつ正確であったことから、日本語母語話者はモーラを単位として知覚していると結論付けている。

　また、大竹・山本(2001)は、日本語と英語のそれぞれのモノリンガルと日英語バイリンガルによるオフライン実験により、連続音声の分節には1つの普遍的な方法が用いられるのではなく、言語により異なった方略があり、モノリンガルは母語で用いる分節すなわちモーラによる分節の方略を母語以外の外国語に対しても適用する (Cutler et al., 1986; Otake, Hatano, Cutler, & Mehler, 1993; Otake, Hatano, & Yoneyame, 1996)と述べている。

　さらに、(C)Vのモーラである音節構造が知覚に大きく影響しているという結果もある。Kashino, van Wieringen, and Pols(1992)は、子音クラスターや音節末子音が存在するオランダ語母語話者と、それらが存在しない日本語母語話者の知覚に関する実験を行った。VCVとCVの刺激の知覚に対しては、両者とも差が見られなかった。しかし、VCCV及びVCの刺激を聞かせた結果、日本語母語話者はオランダ語母語話者に較べて子音クラスターや音節末子音が知覚しにくくなった。すなわち、音声の知覚は音素のみを順に処理するボトムアップ過程ではなく、音素情報が統合された言語の音節構造により影響を受けるといえる。この結果は、日本語の音声知覚単位は音素より大きいことを示唆している。さらに、Dupoux et al.(1999)は、日本語母語

話者とフランス語母語話者を対象に実験を行い、VCCV の刺激に対して、フランス語母語話者は CC の間に母音が挿入されているとは知覚しないが、日本語母語話者はそこに存在しない母音が挿入されていると知覚するという事実を明らかにしている。

　一方、日本語の音韻処理は音素であると結論付けている研究がある。玉岡・タフト（1994）は、36 人の大学生に、カタカナ表記の外来語である「カメラ」/kamera/ と擬似単語である「コメラ」/komera/、「ソメラ」/somera/、「ソキラ」/sokira/ を使い、これらの語をコンピュータ画面に提示し、それが実際の言葉であるかどうかの語彙正誤判断課題を課し、正誤判断と反応時間を記録した。もし、カタカナの単位である拍[2] が処理単位であれば、「コメラ」と「ソメラ」の反応時間は同じになり、「ソキラ」との反応時間が異なるはずである。結果は、「コメラ」の反応時間は平均 770ms、「ソメラ」は 735ms、「ソキラ」は 720ms であり、「カメラ」と音素が 1 つ異なる「コメラ」では反応時間が遅くなったため、音韻処理の最小単位は拍ではなく音素であると結論付けている。しかし、選択された語彙については再考する必要があると思われる。この実験で使われている「ソメラ」と「ソキラ」はどちらも有意味語であるとは判断されないが、「コメラ」の場合は「コメ（米）」という有意味語を含むとも考えられるため、語彙であるか語彙でないかの判断が遅れたのではないかとも考えられる。

　日本語母語話者の音声知覚の単位は音素であるという実験結果（玉岡・タフト, 1994）も見られるが、ほとんどの実験結果から、日本語母語話者はモーラを単位として知覚しているといえる。

　フランス語のように音節の境界がはっきりしている言語の母語話者は音節で分節し、日本語母語話者はモーラで分節するというように、言語によって知覚単位が異なっていると考えられる。さらに、外国語を知覚する際も、モノリンガルは母語の分節単位で知覚する傾向があり、さらにはバイリンガルであっても優勢な言語の知覚方法に従うといえる。一方、英語母語話者は実験方法により知覚単位が音節とストレスのどちらが関係するか判断がつきかねる結果となった。オフラインの実験では音節が知覚単位であると考えられるが、オンライン実験では音節が知覚単位であるとはいえず、ストレスリズ

ムが影響する可能性が指摘された（Cutler et al., 1986）。次に、リズムが知覚単位であるかどうかについて考察する。

3.1.2　リズム単位

　前節では、英語母語話者の分節にリズムが関係する可能性を述べたが、英語だけでなく、他の言語においても、分節の仕方は各言語の持つ固有のリズムによって異なるという考え方がある(Cutler et al., 1992)。リズムとは、「音が構成される一定の構造が規則的に繰り返されることによって生ずる感覚」（荒木, 1999）である。Pike (1943) の分類によると、言語は音節リズム (syllable-timed rhythm) とストレスリズム (stress-timed rhythm) に分かれる。

　音節リズムは、日本語・フランス語などに見られ、音節やモーラごとの長さを一定に保とうとする。ストレスリズムは、英語・ドイツ語などで、音節ごとの長さを調整しながら強勢の等時性を保とうとし、強勢音節と無強勢音節の組み合わせによって「韻脚」(stress foot) と呼ばれるリズム単位が作られる(窪薗, 1995)。

　本書では、フランス語は音節リズム、日本語はモーラリズムであるとし、区別して扱うこととする。

3.1.2.1　日本語のリズム

　日本語のモーラリズムに関しては、以下の4つの考え方がある。

(1) モーラ理論では、各モーラを等時の単位として捉え、語のモーラの数が増えれば、語もそれに比例して長くなる。実際、1モーラ加えるごとに一定の割合で語の長さが伸びることが明らかにされている (Han, 1992; Homma, 1981; Port et al., 1987)。しかし、音響的には /a/ や /s/ は長く、/r/ は短いというように音素自体のもともとの長さは異なっている。たとえ1つ1つの長さが異なっていても、モーラの数が同じ語は同じ長さで統一されるという補償作用があると考えられている(2.3.2 参照)。

(2) 別宮(1977)は、日本語のリズムは2モーラ[3]がひとまとまりで発

音されると述べている。例えば、4モーラ語の「手袋」は /tebu.kuro/、「歯並び」は /hana.rabi/ と2モーラが1単位である。3モーラ語の「子ども」は /kodo.mo○/、「背中」は /sena.ka○/（○はポーズを表す）と分節する。このように3モーラ語のリズムも2モーラ＋1モーラ＋○となり、2モーラが1単位である。漢字の構成としては、「手袋」は「手」と「袋」であり、意味的にも「歯並び」は、「歯」と「並び」のように分けられるはずであるが、音声としての分節は /te.bukuro/ や /ha.narabi/ ではない。別宮は、このように、日本語の単語は、意味や漢字で分節されるのではなく、2モーラが1単位になり分節され、リズムが作られているという。

（3） 土岐・村田（1989）は、日本語のリズムの基本は、単音節（C）Vであれば2つ、長音節すなわち特殊拍であれば1つで2モーラ分をひとまとまりとするという。日本語学習者のリズムの学習については、長音節では手拍子を（tan）と打ち、単音節では（ta）と打つというように指導する方法を提案している。例えば、「こんにちは」であれば、/koN.nichi.wa/（tan tan ta）と2モーラ分をひとまとまりに手拍子を打って指導するのが、日本語のリズム習得のために現実的方法であると、土岐・村田は、述べている。

（4） 上村（1998）によれば、（C）VCVや（C）V（N, Q, R, J）は2モーラであり、リズムユニットは2であり、（C）Vは1モーラで、リズムユニットは1である。「さかな」は /saka.na/ であり、「さとう」は /sa.toR/ の2種類のリズムになるという。

以上のように、リズムの単位としては、（C）Vの1モーラを1つの単位とする（上村, 1998）か、2モーラをひとかたまりで1つの単位として考えるか（別宮, 1977; 土岐・村田, 1989; 上村, 1998）という違いはあるが、リズムの最小単位としてはモーラを想定している点では共通している。

3.1.2.2　英語のリズム

　英語のリズムは強弱のリズムである。英語の連続した発話において、強ストレスの間の長さを一定[4]にしようとする働きが生じることはよく知られており、ISIが知覚には重要であるともいわれる。Mochizuki-Sudo and Kiritani (1991) は、アメリカ人と日本人のISIの持続時間を知覚と産出において測定した。その結果、アメリカ人と英語に習熟している日本人は、音節が増えると、ストレス母音を短縮することにより、ISIの持続時間をコントロールして産出する。未習熟日本人学習者は、ストレス母音の長さの短縮に対する知覚がアメリカ人より鈍い。この結果から、ISIは、アメリカ人にとっては、産出及び知覚の１つの単位であるが、未習熟日本人学習者はその単位を利用していないという。単語が連続して発音される時、英語ではISIが等間隔になるように働き、その強ストレスの前が切れるように聞こえ、１つの知覚単位を作り出していることは理解できる。

　本書で検討しようとしている単語内での分節に関しては、強音節・ストレス付帯の音節が注目される。Cutler and Norris (1988) は、mintayfのように第２音節の母音を /eɪ/ という強母音にした強―強リズムの無意味語と、mintefのように第２音節の母音を /ə/ に置き換えた強―弱リズムの無意味語を使用して、ターゲット音 "mint" の有無に関する知覚実験を行った結果、強弱リズムのある mintef の方が、強―強リズムの mintayf より容易に知覚できた。聞き手は強―弱リズムの場合に、/mɪnt.əf/ と分節している可能性があり、一方、強―強リズムの場合は、mintayfを /mɪn.teɪf/ のように、後ろの強母音に /t/ が引きつけられ、その前に境界があると知覚するためにターゲット音 "mint" の知覚が困難であったと、Cutler and Norris は解釈している。その結果から、連続する発話を分節する際に強音節の前で分節するという結論が導き出される。

　Cutler and Butterfield (1992) は、強弱のリズムを持つ英語の文の聞き間違いの例と知覚実験から、文内における強音節と弱音節の役割を明らかにしている。聞き間違いについては、"Con'duct a'scents up'hill." を "The 'doctor 'sends her 'bill." と聞き誤るような例を 310 例調べ分析している。さらに、実験環境で２種類のリズム（強―弱―強―弱―強―弱）（弱―強―弱―強―弱―

強）の発話を聞かせ、誤知覚（聞き間違い）を調べることにより、知覚の単位を明らかにしている。これは、rhythmic segmentation hypothesis といい、弱音節の前より強音節の前の方が語境界があると捉えやすくなるというものである。強音節前で語境界が作られることにより、内容語を作り出し、弱音節前の語境界では機能語を作り出すという。このことから、Cutler and Butterfield は、英語の知覚は強音節のようなリズムを単位としていると主張する。

以上のことから、英語文は一定の ISI ごとに現れる強音節が知覚され (Mochizuki-Sudo and Kiritani, 1991)、さらに、強音節の前に語境界があり、その強音節から始まる語は内容語として、弱音節から始まる語は機能語として知覚される (Cutler and Butterfield, 1992)。単語内でも、強音節の前で分節するといえる (Cutler and Norris, 1988) ことから、ストレス付帯の音節が単語の分節に重要な影響を与えているといえる。

さらに、Cutler et al. (1992) は、フランス語母語話者が CVC 刺激の時、CVC.CVC 単語の CVC の音節を単位として捉えるため反応時間が短く、CV 刺激の時には CV.CVC 単語の CV の音節を単位として捉えるため反応時間が短くなるという実験結果から、フランス語母語話者においては音節が処理単位であると結論付けている。一方、英語母語話者では CVC 刺激と CV 刺激による反応時間の差が見られないため、英語母語話者は知覚単位として音節を用いていないと結論付けている。しかし、実験結果を詳細に見ていくと、統計的に有意差が出るような反応時間の差は表れていないが、CVCCVC・CVCVC はともに、CVC 刺激の方が CV 刺激よりも反応時間がわずかながら短いという結果になっている。実験単語は、CVCVC 単語として balance、CVCCVC 単語として balcony を用いており、第 1 音節の CVC の音節末子音が流音となっている。Cutler et al. も指摘しているように、CVCVC の母音に挟まれた流音は両音節化しやすく (Kahn, 1980)、英語の場合、CV.CVC または CVC.VC、あるいは CVC.CVC と分節する可能性がある。従って、Cutler et al. の実験からは、英語母語話者の場合、ストレス情報が分節に大きく影響すると考えられるが、だからといって音節が分節に役立たないとはいえない。多音節単語の知覚において、強音節の前が切れるように聞こえるということは、ストレスが音節に付帯していることを考えれ

ば、音節が 1 つの単位として機能しているということになる。

3.2 音節の重要性

ここでは、英語を音節単位で知覚することの重要性を、韻律やリズム・メンタルレキシコン・読み能力との関係から述べる。

3.2.1 韻律及びリズムの関係

3.1.2.2 で述べたように、いくつかの異なる言語の研究により、分節の単位がリズムの単位と関係することが明らかにされてきている。もっとも、一連の発話を分節する時に、フランス語は音節リズム (Mehler et al., 1981)、日本語はモーラリズム (Otake et al., 1993)、英語はストレスリズム (Cutler & Butterfield, 1992) というように、それぞれの言語はその言語固有のリズムを利用する (Cutler & Mehler, 1993)。しかし、英語では強弱のストレスさえ分かれば正しく分節できるというわけではなく、音節構造を知ることが必要である。音節構造を理解し、発話情報の中から音節という単位を知覚する必要性があるのは、音節がより大きなまとまりとしての韻律とリズムを構成するユニットである (Selkirk, 1984) からである。

Tajima and Erickson (2001) は、音節は語構成において重要であり、音節構造は言語により制約を受けるが、これは母語話者の非明示的な言語知識の部分であるという。例えば、日本語の音節は、CVCV という CV のモーラを基本構造にしており、子音のクラスターと尾子音の制約を受ける (Katayama, 1998)。これに対して、英語の場合は V・CV・CVC・CCVC など多様な音節構造を持ち、音節を基本的な単位としている。

Tajima and Erickson (2001) が述べているように、日本語話者が英語の音節を適切に知覚できないなら、上位レベルの韻律やリズムの知覚も適切に行えないということであり、さらに、韻律やリズムの産出にも大きく影響を与えることになる。

3.2.2　メンタルレキシコンの関係

聞き手は、一連の発話を小さな単位に分節することにより理解し、その小さな単位はメンタルレキシコンでの単語検索の際に利用されると考えられている (Tajima, 2002)。Cutler et al. (1992) のモデルによると、インプットされた発話を分析する際に、重要な中間段階としてプレレキシコンがある。これは、発話の音声を解釈し、レキシコンにアクセスするための構成材料を蓄えている場所でもあり、英語の場合は音節が、また日本語ではモーラが格納されていると考えられる。聞き手は、プレレキシコンに格納されている構成材料を単位として、レキシコンと照合し、意味理解していると考えられる。従って、日本語母語話者が、英語母語話者のように英語を音節で知覚できていれば、単語を検索する際に照合する部品の数が少なくて済み、かつ、アクセスに要する時間が短く、より効率的であるといえる。逆に、日本語母語話者が英語をモーラで分節しているならば、レキシコンへの検索に時間がかかり、さらには誤った照合をしてしまう可能性がある。

3.2.3　読み習得の関係

フォスター=コーエン（2001）によれば、流暢に文字を読める子どもは、単に単語を音に分ける（字と音を結び付ける）方法を会得しているだけでなく、音節に分ける方法も把握しており、各音節に分け読むことができる。フォスター=コーエンは、息子が 3 歳 6 ヶ月の時「エル、エ、ファントって綴ればエリファントになるんだよね。（El-e-phant spells elephant, right?）」（p.242）と言ったことを記述している。さらに、フォスター=コーエンは、言語の音節構造に早くから気付く能力を持った子どもは後に上手な読み手になることが多く、個々の音を意識するよりも音節を意識する能力の方が先に発達するのかもしれないと述べている。上手な読み手となる子どもの方が、後に、より小さい構成素から単語を組み立てる学習法（ボトムアップ学習）を急速に身につけるのは確かである。しかし、単語全体をかたまりとして捉えるトップダウン式もある程度存在すると、フォスター=コーエンはいう。さらに、英語母語話者の識字学習において、音声と文字の対応を学ぶフォニックスというボトムアップ式の方法とホールワードというトップダウン式の方法がとも

に効果があるといわれる。

　Fallows (1981)、Treiman and Zukowaski (1990) は、bubble の bb のような複子音文字が音節に及ぼす影響を述べている。Fallows の実験では、実験参加者に実験単語のスペルを回答させたところ、after を aftter というように母音間の子音が複子音のスペルであると回答している場合は、子音が両音節的であると捉え、aft.ter と分節し、知覚している。Treiman and Zukowaski は、goblet /gɔblət/ の /ɔ/ のように第1音節核が短母音でストレスが付帯する単語は、第1音節核が長母音でストレスなしの単語に比べて、gobblet のような綴りの誤りが25%あり、これは比較的多いと報告している。このように、文字が音節構造に影響を与える場合もある。

　以上述べてきたように、音節はストレスを担い、リズムにも関与し、メンタルレキシコンへのアクセスの単位にもなっており、読み能力の向上に役立つことは明らかである。

　これまでの研究を総合的に判断すると、音節が英語の単語を構成し、ストレスとリズムに影響を与え、単語の意味検索や読み習得にも影響を与えると考えられることから、日本人英語学習者が英語を音節で知覚する必要があるといえる。

3.3　音声を分節する規則

　英語の単音節には V、CV、CVC、CCVC、CCCVC、CVCC、CCVCC、CCVCCC、及び CCVCCCC というパターンがあり、これらはそれぞれ1つのまとまりとして知覚されると推測される。ここでは多音節語を個々の音節に分節する基準について述べる。

3.3.1　多音節語の分節

　本節では、多音節語がどのような規則で分節されるかを、先行研究を基に概説する。分節の理論を、主に音韻的理論、音響的理論、音結合制約、形態素分節の4つに分類する。

（1） 音韻的理論

音韻的理論に該当する規則は以下の4つである。

①最大音節頭子音の原則(Maximal Syllable Onset Principle)

音節の頭子音は、該当言語の基本的な音節構造の原則に従う形で最大になる(Selkirk, 1982)。(Maximal Syllable Onset Principle は以下、Maximal Onset と略記する。)

例：classic /klæ.sɪk/、celebrate /se.lə.breɪt/

classic /klæsɪk/ の母音に挟まれた /s/ は、第1音節末か第2音節頭のどちらに入るかは、音節の頭子音は最大にするという原則から、/klæs.ɪk/ ではなく、/klæ.sɪk/ である。同様に celebrate /seləbreɪt/ の /br/ は、第2音節の頭子音となり、/se.lə.breɪt/ と分節される。

②ストレスと子音の関係

音節境界にある子音は、2つの音節のうち、より強いストレスを持つ音節に組み込まれる(Wells, 1990)。Wells は次の5つのストレスレベルを設定している。レベル1は第1強ストレス、レベル2は第1強ストレスの前にある第2強ストレス、レベル3は第1強ストレスの後ろの第3ストレス、レベル4は無ストレスであるが完全母音、レベル5は弱母音である。

例：classic /klæs.ɪk/、substitution-product /sʌb.stɪ.ˈtjuː.ʃ.ən prɑd.ʌkt/
　　carpeting /kɑː.p.ɪt.ɪŋ/

classic /klæsɪk/ は、1・5のストレスレベルに分類されるため、/klæs.ɪk/ と分節される。substitution-product は、2・5・1・5・3・4のストレスレベルに分類され、/sʌb.stɪ.ˈtjuː.ʃ.ən prɑd.ʌkt/ に音節化される。/tjuː.ʃ/ のようにストレスレベル1の場合を始めとし、より強いストレスレベルに前後の子音が引き付けられる。さらに、carpeting は、1・5・5のストレスレベル

であり、隣接する音節のストレスレベルが同じである時は、子音は左側の音節に組み込まれる。従って、carpeting は、/kɑːˈp.ɪt.ɪŋ/ と分節され、/t/ は左の音節に組み込まれる。

③両音節性（ambisyllabicity）
VCV の場合の C は第1音節末子音でもあり、第2音節頭子音にも成り得るという両音節性を有する（Kahn, 1980）。

例：classic /ˈklæs.sɪk/、happy /ˈhæp.pi/、butter /ˈbʌt.tɚ/、Mary /ˈmer.ri/、planet /ˈplæn.nət/

例えば、classic /ˈklæsɪk/ の VCV の C である /s/ は、第1音節末でもあり、第2音節頭でもあり、/ˈklæs.sɪk/ と分節される。Kahn は、両音節性の生じやすい環境を次のようにまとめている。'VCV（C は1つかそれ以上）で後ろの母音が弱母音の場合である。また、発話速度が普通ないし速めの場合や、happy の /p/ のように帯気音でない /p, t, k/ の場合は、/ˈhæp.pi/ と両音節になる。さらに、米語発音によると、butter の /t/ は弾き音になる場合もあるが、この場合も、[ˈbʌt.tɚ] のように両音節になる。また、/r/ や /m, n/ に関しても、Mary /ˈmerɪ/ は /ˈmer.ri/ となり、planet /ˈplænət/ は /ˈplæn.nət/ となる。一方、後ろの母音にストレスが付帯する場合は母音間の子音は後続の音節の頭子音となり、V.ˈCV となるため、両音節にはならない。

④再音節化（resyllablification）
単語を認識して処理する基底レベルと発話などに表れる表層レベルを想定した場合、両レベルにおいて音節の分け方は異なる（Selkirk, 1982）。

例：classic /ˈklæsɪk/　　/klæ.sɪk/（基底レベル）→ /klæs.ɪk/（表層レベル）
　　lemon /ˈlemən/　　/le.mən/（基底レベル）→ /lem.ən/（表層レベル）
　　happy /ˈhæpi/　　　/hæ.pi/（基底レベル）→ /hæp.i/（表層レベル）

classic /klæsɪk/ は、基底レベルでは Maximal Onset に従い /klæ.sɪk/ となり、表層レベルでは /klæs.ɪk/ になる。lemon /lemən/ で音節の作り方を詳しく説明する。まず、母音 /e/、/ə/ は音節の核になり、母音の左側の子音 /l/、/m/ は左側から順に右側の母音に加わえられる。その後、右側の子音 /n/ が左側の母音 /ə/ に付加される。これが基底レベルの /le.mən/ になる。しかし、以下に述べる (3) 音結合制約⑪の弛緩母音＋子音のルールが適用される。すなわち、/le/ のように弛緩母音が語末にくる単語は存在しないので、表層レベルでは /m/ は前の音節末になり、/lem.ən/ となる。また、(2) 音響的理論⑥の音響的情報を適用し、/p, t, k/ が帯気音であれば、それらは音節の頭子音と考えられ、無気音であれば音節末と考えられる。例えば、happy /hæpi/ は /hæ.pi/（基底レベル）と分節されたのち、/p/ は無気音であるため表層レベルでは /hæp.i/ と分節される。このように、Selkirk は、Kahn (1980) の両音節性を認めず、基底レベルでは Maximal Onset により /le.mən/、/hæ.pi/ に分節された後、音結合制約や音響的特徴などから再音節化が行われ、表層レベルでは /lem.ən/、/hæp.i/ と分節されると論じている。

(2) 音響的理論

音響的理論としては、聞こえ度・音響的情報・発話速度が考えられる。

⑤聞こえ度 (sonority)

音節は、聞こえ度の最も高い核を中心にして、音節の周縁にいくに従い聞こえ度が低くなるように構成されている (Selkirk, 1984)（詳しくは、2.4.2.1 を参照）。

例：classic /klæsɪk/   /k/   /l/   /æ/   /s/   /ɪ/   /k/
　　 聞こえ度の指数　　0.5　6　10　4　8　0.5

例は、聞こえ度の数値を classic /klæsɪk/ に当てはめたものである。指数 10 という聞こえの高い /æ/ の前後を /k/（指数 0.5）、/l/（指数 6）/s/（指数 4）

という聞こえの低い子音がつながり、なだらかな聞こえの山を形成している。さらに指数 8 の /ɪ/ の前は /s/（指数 4）、後ろは /k/（指数 0.5）であり、こちらもなだらかな聞こえの山を形成している。従って、classic は 2 つのなだらかな山を形成していることから、2 音節であることがわかる。しかしながら、/s/ が第 1 音節末子音になるのか、第 2 音節の頭子音になるのかについては、聞こえ度の情報だけでは決定できない。

⑥音響的情報（acoustic/phonetic cues）
/p, t, k/ が帯気音であれば、それらは音節の頭子音と考えられる（Kahn, 1980; Selkirk, 1982）。

　例：pumpkin /pʌm.pkɪn/、hotel /hoʊ.tel/、apply /ə.plaɪ/、actress /æk.trəs/
　　　classic /klæs.ɪk/（帯気音のルールの適応外）

例えば、pumpkin /pʌmpkɪn/ の場合、/p/ が帯気音であれば、/pʌm.pkɪn/ となり、/p/ が無気音であれば /pʌmp.kɪn/ と分節される。また、Selkirk は /p, t, k/ の帯気音の出現する環境を次の 4 つに指定している。

（a）　語頭であること：Toronto
（b）　強ストレス音節の初頭（s が先行する場合を除く）：hotel
（c）　共鳴音＋強勢母音の前
　　　（s が先行する場合、あるいは tl の場合を除く）：apply
（d）　共鳴音＋弱母音の前
　　　（s が先行する場合、あるいは tl の場合を除く）：actress

従って、例えば、happy の /p/ は、上記の Selkirk の指定する帯気の環境ではないため、帯気しないと考えられ、/hæp.i/ と分節される。また、/t/ が声門音であれば、それは音節の末子音と考えられる。従って、仮に atlas が [æʔləs] と発音されれば、[æʔ.ləs] と分節される。このように、異音によって音節が異なると考えられる。なお、classic は Selkirk のいう帯気音

ルールの適応外であるため、/klæs.ɪk/ と分節する。

⑦発話速度(speaking rate)
発話速度が遅い場合には Maximal Onset に従い、普通かあるいは速い場合には母音の間の子音は両音節性を持つ(Kahn, 1980)。

　　例：classic /klæsɪk/　　/klæ.sɪk/（遅い）　/klæs.sɪk/（普通かあるいは速い）
　　　　hammer /hæmɚ/　　/hæ.mɚ/（遅い）　/hæm.mɚ/（普通かあるいは速い）

例えば、hammer は、遅い速度の発話は Maximal Onset に従って /hæ.mɚ/ になるが、普通かあるいは速い速度の時は /m/ は両音節性を持ち、第1音節末子音でもあり、第2音節の頭子音でもあるため /hæm.mɚ/ になる。

(3) 音結合制約

音結合制約の知識も分節方法に影響を与える (Mattys et al., 1999; Johnson and Jusczyk, 2001)。音結合制約に基づく分節のルールとして、以下の3ルール⑧⑨⑩がある。

⑧音結合制約違反(illegality principle[5])
英単語に適用される音結合制約は音節構造においても犯してはならない (Selkirk, 1982)。

　　例：timber /tɪmbɚ/　　/tɪ.mbɚ/（語頭 /mb/ はない）→ /tɪm.bɚ/
　　　　classic /klæsɪk/　　/klæ.sɪk/（語頭 /sɪ/ はある、sick /sɪck/）
　　　　　　　　　　　　　/klæs.ɪk/（語頭 /ɪk/ はある、ikky /ɪki/）

例えば、語頭の /tl/ という音結合は英単語には認められないため、atlas は /æ.tləs/ と分節できず、/æt.ləs/ となる。timber /tɪmbɚ/ では、/mb/ で始まる単語は存在せず、音結合制約違反であるため、/tɪm.bɚ/ になる。一方、classic の場合は、/sɪ/ /ɪk/ の両方の音結合で始まる単語があるため、

/klæ.sɪk/、/klæs.ɪk/ の分節が可能である。

⑨義務曲線原理（OCP, obligatory contour principle）
同一の調音点を持つ子音の連続あるいは隣接を禁じる（Roca & Johnson, 1999）。

 例：atlas /ætləs/   /æ.tləs/（/t/、/l/ はともに舌頂性）→ /æt.ləs/
   classic /klæsɪk/   /klæ.sɪk/ /klæs.ɪk/（/s/、/ɪ/ ともに制約なし）

Roca and Johnson によると、/tl/、/dl/、/θl/、/ðl/ では、どの 2 音も coronal（舌頂性を有する）であり連続できないと考えられる。(obligatory contour principle は、以下、OCP と略記する。）例えば、/tl/ という連続音は OCP 違反となり、atlas は /æ.tləs/ と分節できず、/æt.ləs/ となる。一方、classic の場合は、/s/、/ɪ/ の 2 音は OCP 違反ではないため、/klæ.sɪk/、/klæs.ɪk/ の分節が可能である。

⑩英単語の始まり方または終わり方に違反するものは、音節の始まり方または終わり方にも違反する（Anderson & Jones, 1974; Kahn, 1980; Selkirk, 1982）。

 例：finger /fɪŋgɚ/   /fɪŋ.gɚ/（/ŋ/ で始まる単語なし）
   classic /klæsɪk/   /klæ.sɪk/ /klæs.ɪk/（/s/、/ɪ/ で始まる単語あり）

例えば、finger /fɪŋgɚ/ は、/ŋ/ が単語の始めにくることはないため、第 2 音節の頭子音ではなく、第 1 音節の尾子音となり、/fɪŋ.gɚ/ と分節される。一方、classic /klæsɪk/ は、/s/（sleep など多数）、/ɪ/（is など）で始まる単語が存在するため、/klæ.sɪk/、/klæs.ɪk/ のどちらの分節も可能である。

⑪母音の種類と子音の関係（弛緩母音＋子音、緊張母音±子音）
弛緩母音＋子音のルールでは、弛緩母音は後続する子音を引き付ける。

緊張母音±子音のルールでは、緊張母音は子音を引き付けない場合も許される。(Kahn, 1980; Ladefoged, 1993; 竹林, 1996)。

例：lemon /lemən/　　/le.ən/　→　/lem.ən/
　　　　　　　　　　　　　　　(/e/ の弛緩母音は子音を引きつける)
　　classic /klæsɪk/　/klæ.sɪk/ → /klæs.ɪk/
　　　　　　　　　　　　　　　(/æ/ の弛緩母音は子音を引きつける)
　　legal /liː.gəl/　 /liːg.əl/ /liː.gəl/ (/iː/ の緊張母音は±子音を許す)

弛緩母音＋子音のルールでは、弛緩母音は後続する子音を引き付ける。緊張母音±子音のルールでは、緊張母音は子音を引き付けない場合も許される。(Kahn, 1980; Ladefoged, 1993; 竹林, 1996)。このルールは、⑩の規則にも関係するが、基本的考え方は、弛緩母音で終わる単語は存在しないが、緊張母音で終わる単語は存在するということである。具体的には、lemon を /le.mən/ と分節すると、/e/ というように弛緩母音で終わる単語は存在しないことから、/lem.ən/ と分節される。また、classic /klæsɪk/ の /æ/ は弛緩母音であるので子音を引きつける結果、/klæs.ɪk/ と分節される。一方、legal では /liː.gəl/ と分節した場合、lee /liː/、pea /piː/、tea /tiː/ のような語が存在するため、緊張母音の後が分節されることが許される。また league /liːg/ という単語も存在するので、/liːg.əl/ という分節も可能である。

(4) 形態素分節
⑫単語の中で、子音はそれが帰属する形態素内の音節に組み込まれる (Wells, 1990)。

例：bowman　　bow ＋ man　　/baʊ.mən/
　　slowness　slow ＋ ness　/sloʊ.nəs/
　　bigger　　big ＋ (g)er　/bɪg.ɚ/
　　horses　　horse ＋ s　　/hɔːs.ɪz/

putting　　　put + (t)ing　　/pʊt.ɪŋ/
classic　　　class + ic　　　/klæs.ɪk/

例えば、bowman は名詞＋名詞 /baʊ.mən/、slowness は /sloʊ.nəs/、bigger は /bɪg.ɚ/、horses は /hɔːs.ɪz/、putting は /pʊt.ɪŋ/ になり、/baʊm.ən/、/sloʊn.əs/、/bɪ.gɚ/、/hɔː.sɪz/、/pʊ.tɪŋ/ とはならない。Selkirk (1982) も、lifted は lift と過去形 ed の形態素により分節され /lɪft.ɪd/ になるという。

以上の 12 の分節ルールを classic /klæsɪk/ を例に表にすると以下のようになる。

表 7　分節ルール表

(1) 音韻的理論	① Maxmal Onset	klæ.sɪk	
	② ストレスと子音	klæs.ɪk	
	③ 両音節性	klæs.sɪk	
	④ 再音節化	klæ.sɪk (基底レベル)	klæs.ɪk (表層レベル)
(2) 音響的理論	⑤ 聞こえ度	klæ.sɪk	klæs.ɪk
	⑥ 音響的情報	klæs.ɪk	
	⑦ 発話速度	klæ.sɪk (遅い)	klæs.ɪk (早い)
(3) 音結合制約	⑧ 音結合制約違反	klæs.ɪk	
	⑨ 義務曲線原理	klæ.sɪk (違反しない)	klæs.ɪk (違反しない)
	⑩ 英単語と音節の類似	klæs.ɪk	
	⑪ 母音の種類と子音の関係	klæs.ɪk	
(4) 形態素分節	⑫ 形態素分節	klæs.ɪk	

しかし、①から⑫のルールにおいては相矛盾する主張が見られる多音節語は音節の切れ目がどこにあると考えられるか。次に、traffic を例にとって考察する (図 11)。

/træfɪk/ を /træ.fɪk/ と分節すれば、①の Maximal Onset に合致して、/f/ は

第 3 章　音声知覚単位　69

traffic

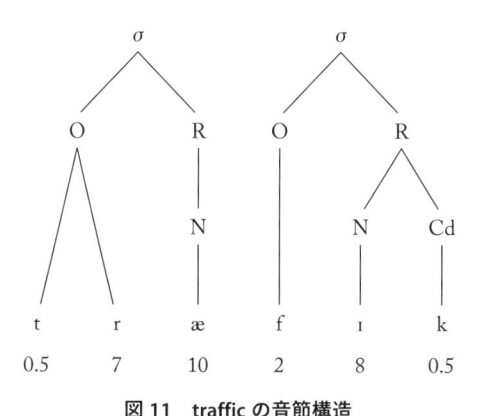

```
         σ                    σ
        / \                  / \
       O   R                O   R
      / \  |                |  / \
     /   \ N                N    Cd
     t   r æ                f ɪ   k
    0.5  7 10               2 8  0.5
```

図 11　traffic の音節構造

注：σ = 音節、O = Onset 頭子音、R = Rhyme 韻、N = Nucleus 核、Cd = Coda 尾子音。0.5、7、10、2、8、0.5 は 2.4.2.1 の表 5 の聞こえ度の指数（Selkirk, 1984）から導き出された指標である。

第 2 音節の頭子音になる。⑤の聞こえ度から考えると、/træ/ は 0.5、7、10 で、/fɪk/ は 2、8、0.5 であるので、第 2 音節は聞こえの山を構成しているが、第 1 音節にはピークからの下降が構成されない。また、/æ/ は弛緩母音であり、⑪の弛緩母音＋子音のルールに従えば、/træf.ɪk/ となるはずである。Roca and Johnson（1999）は、Minimal Onset Satisfaction[6] という規則を適用し、/f/ は第 2 音節の頭子音になり、tra.ffic と分節されるとしている。このように、①から⑫までの規則には相反するものもあり、どの分節規則を適用するかという一様な規定がないといえる。

3.3.2　分節の仕方の問題点

①から⑫までの分節規則はどのように適応されているか、また、その問題点について述べる。

3.3.2.1　Maximal Onset は有効か

VCV のように母音に挟まれた子音が、第 1 音節と第 2 音節のどちらに属するかについては明確なルールがないといえる。例えば、city /sɪti/ の /t/

は、①の Maximal Onset のルールに従えば、/sɪ.ti/ となり、/t/ は第 2 音節頭であるはずである。しかし、Wells (1990, 2000) は、/t/ が帯気であるか無気であるかのように、ある音素の異音により分節の振舞いが異なるという。この⑥の音響的情報のルールによれば、/t/ は帯気音ではないため、/sɪ.ti/ とは分節できず、/sɪt.i/ となるという。さらに、/ɪ/ が弛緩母音であるため、⑪の弛緩母音＋子音のルールに従えば、/sɪt.i/ になるはずである (④の再音節化も参照)。しかし、③の両音節性のルールによれば、/t/ は第 1 音節と第 2 音節の両方にまたがるため、/sɪt.ti/ と分節される。しかし、西尾のパイロットスタディ[7]によれば、英語母語話者 2 名は rabbit を /ræ.bɪt/ と分節し、③④⑧⑪のルールには従わず、①の Maximal Onset のルールに従っていた。このような例もあるが、Maximal Onset の規則を優先させて母音間の子音を音節の頭子音に配置すると他のルールとの矛盾が生じる場合がある。

3.3.2.2　母音・子音・ストレスの関係

　母音と子音の種類とストレスの関係も明確ではない。⑪のルールは、弛緩母音は後続する子音を引き付け、緊張母音は音節末になる場合も許されるというものである。②のストレスのルールでは、強ストレスは前後の子音を引き付けるというものである。例えば carpeting は、②に従えば、/kɑːp.ɪt.ɪŋ/ と分節される (Wells, 1990)。demon /diːmən/ も /diːm.ən/ となるはずである。しかし、⑪の緊張母音±子音のルールを適用すると、/kɑː/、/diː/ の緊張母音は音節末が許されるため、/kɑː.pɪt.ɪŋ/、/diː.mən/ も可能である。このように、母音・子音・ストレスとの関係について矛盾が生じている。

3.3.2.3　両音節性を認めるか

　⑦の発話速度に関しては、遅い速度の発話と通常あるいは速い速度の発話では異なった分節が行われる。遅い速度の発話では、①の Maxmal Onset により、demote は /dɪ.moʊt/、lemon は /le.mən/ になる。しかし、速いか、または通常の速度の発話では、/dɪm.moʊt/ と /lem.mən/ のように、/m/ は第 1 音節にも、第 2 音節にも属するという両音節性を持つ。また /p, t, k/ が帯気音になる場合は、これらの子音は音節頭に配置され、音節末にならないた

め、両音節性を認めるならば、これらの音は帯気音であってはならない。

　前節で述べた city のように、/sɪ.ti/ と分節した場合、⑪の弛緩母音の次に子音がくるべきというルールに違反し、また単語として存在しない音結合は音節としても存在しないという⑩の規則にも違反する。このような規則間の矛盾は、両音節性を用い説明できる。しかし、Selkirk(1982)は、Kahn(1980)の両音節性を認めない立場をとっている。Selkirk は、③の再分節化 (resyllabification) において、基底レベル (an underlying, deep level) と表層レベル (a surface, phonetic level) の 2 つのレベルを想定し、基底レベルでは、例えば、/dɪ.moʊt/、/le.mən/ であるものが、表層レベルでは、/dɪ.moʊt/、/lem.ən/ のように再分節化されると説明している。

3.3.2.4　聞こえ度と音結合制約の関係

　理想的な音節は聞こえの低い子音から聞こえの高い母音まで上昇し、音節の終わりに下降する。しかし、street などのような st で始まる語の場合、st は頭子音クラスターを形成している。聞こえ度の指数 (表 5) によれば、s は t より聞こえが高く、st に移行する時に一旦聞こえが下降するため、そのような語は聞こえ度に基づく音節構造を持たない。窪薗・太田 (1998) のいうように、street の /s/ は /t/ よりも聞こえ度が高いが音節を構成せず、/s/ は例外として存在していないかのように振舞う。一方、/tl/、/dl/、/θl/、/ðl/ は、聞こえ度配置では阻害音＋流音であるため、聞こえは上昇するが、これはどちらも舌頂性をもち、調音点を同じにするため、⑨の OCP の制約を受け、頭子音を構成できない。従って、atlas、athlete は /æt.ləs/、/æθ.liːt/ に分節される。また、⑥のように発音も関係し、atlas の /t/ を [ʔ] のように発音すると、/tl/ の間が切れているように聞こえ、at.las [æʔ.ləs] と分節される (Roca & Johnson, 1999; Smith & Pitt, 1999)。

3.4　規則が相反する時の優先順位

　多音節を分節しようとする際、以上に述べた 12 の規則が相反する場合が多い。その時に、どの規則を適用するか、それぞれの規則に優先順位がある

かについて検討するにあたり、Fallows (1981)、Smith and Pitt (1999)、Treiman and Danis (1988)、Treiman et al. (1994)、Treiman and Zukowaski (1990)の実験結果を基に概説する。

　Fallows (1981) は、音節化4原則として、(a) 分節音連続制約[8] (restrictions on segment sequences)、(b) Maximal Onset、(c) ストレス (stress)、(d) 両音節性 (ambisyllabicity) を挙げ、米語母語話者の子どもを対象に、この4つのルールに従って音節化されているかについての実験を行った。読み書きもできる9・10歳の13名をグループ1、読み書きは十分ではないが、話す・聞く能力は十分ある4・5歳の10名をグループ2として、子どもにとって親密性のある2音節語71単語を実験材料に、単語を実験者が言ったのち、単語の始めの（あるいは終わりの）部分を2回繰り返して言わせる実験である。例えば、chipmunk と実験者が言ったのち、子どもが chipchipmunk と言えば、chip.munk と分節していると考えるのである。

　その結果、例えば、evening の /vn/ が音結合制約を受け、/iːvn.ŋ/ ではなく、/iːv.nɪŋ/ に分節されるというように、(a) の分節音連続制約を適用する例が98%に上った。さらに、Santa /sæntə/ のように、弛緩母音の次に子音がくる場合に、弛緩母音＋子音の結合を適用した例が81%に達した。(b) Maximal Onset は71%に適用され、そのうち第2音節にストレスが付帯する場合、94%に適用されV.ʹCVと分節するが、第1音節にストレスがある場合は、ʹV.CVとなるのは66%であった。(c) のストレスに関しては、第2音節にストレスがある単語の場合、CV.ʹCVCと分節した例は93%、第1音節にストレスがある場合、ʹCVC.VCと分節した例は55%であった。(d) の両音節性は22%に適用された。例えば、seven は、Maximal Onset によれば /se.vən/ と分節するが、弛緩母音＋子音の規則では、/sev.ən/ となる。この Maximal Onset と弛緩母音＋子音の規則のように2つの規則が相反する時に、両ルールを満足させる方法として両音節性が生じ、/sev.vən/ となると Fallows (1981) は述べている。母音間の子音の種類により両音節性の適用に差が見られ、47%が流音 (liquids) と鼻音 (nasals) で起こる。以上のことから、Fallows は以下のように結論付ける。音結合制約が音節を決定する例は極めて多く（98%）、また、ストレス付帯の第2音節は Maximal Onset を適用し

(94%)、ストレス付帯の弛緩母音が後の子音を引きつけ音節を構成する例も多い(85%)。CVCVC のように、2 つの音節で中央の子音を分ける時は、第 2 音節の Maximal Onset を落として、第 1 音節に子音を譲る CVC.VC のような分節が起る場合もある一方で、両音節性が生じる場合もある。以上の 4 原則はいろいろな場面で組み合わせて適用されるが、(a) の分節音連続制約が、音節化において、優先順位が高いことは間違いない。

　Treiman and Danis(1988)は、分節に与える綴りの影響とストレス・母音・子音の影響を検証している。米国人大学生を対象に、有意味英単語を使い、2 種類の実験を行った。それらは、実験者が grandfather と言い、father grand というように単語を 2 つに分節し、逆に言わせたのち、さらにその単語のスペルを言わせるという実験と、le/mon、lem/on と書かれた単語のどちらかに○をするという実験であり、その結果を考察した。

　(a) seven の v のように、1 文字でも 25％は 2 音節にまたがる(両音節性)が、butter の tt のように子音が 2 つの文字で表される時は、2 音節にまたがり、両音節性には綴りの影響が見られる。(b) device、canoe のような第 2 音節にストレスが付帯する場合は、子音が 1 文字であっても、72％から 93％の間で、その子音は、第 2 音節頭になる。(c) 母音間の子音が、流音・鼻音の場合は、ストレスの位置に関係なく両音節的になるか、第 1 音節末になる。これは、Fallows(1981) の流音・鼻音は他の子音に比べて両音節化しやすいという結果と同じである。(d) ˈVCV では、C は第 1 音節末かあるいは両音節的になり、ˈVC.V、ˈVC.CV になる。また第 1 音節の母音が短母音の方が、長母音に比べて子音を引き付け(弛緩母音＋子音の適用)、ˈVC.V になりやすい。(e) 母音と子音間に交互作用[9]が見られる。交互作用が見られるということは、第 1 音節の母音が短母音で、次の子音が流音・鼻音の場合は CVC.VC になるか、CVC.CVC のように両音節的に分節されるが、阻害音の時は CV.CVC になるということである。一方、第 1 音節母音が長母音の時は、どの子音でも CV.CVC になる(緊張母音±子音のルールの適用)傾向が強い。

　Fallows(1981)、Treiman and Danis(1988) の実験では、有意味語を使っているため、分節される際に何らかの意味的な影響を受けていることも考えら

れる。また、音節構造が CVCVC や CVCCVC であり、統一されておらず、すべての音節構造をまとめて分析しているという問題がある。

　次に述べる Treiman and Zukowaski(1990) は、VCCV 構造の有意味語を使い、英語母語話者の大学生を対象に、Treiman and Danis(1988) と同様の実験と綴りのエラー分析を行った。これによって、(a) 規則性 (legality)[10]、(b) ストレス、(c) 母音の長さ、(d) Maximal Onset、(e) 聞こえ度曲線 (sonority contour) のそれぞれの規則が相反する時どのような順序で適用されるのかを検証している。

　(a) /tl/ のように音結合制約により単語の語頭でも語末でも存在しない場合、例えば atlases という単語であれば、/t.l/ と分節され、ほぼ実験単語の 99%に規則性が適用された。(b) ストレスが付く母音は子音を引き付けるので、第 2 音節にストレスが付く場合、母音間の子音は第 2 音節頭になる場合が全単語の 99%に適用された。例えば、/nt/ は /tent/ のように単語末にくることができるため、pontoon の場合、/nt/ は音節末にくることは可能であるが、この単語は第 2 音節にストレスが付いているため /n.t/ と分節された。(c) ストレス付帯の短母音が子音を引きつけて VC.C になる場合が 78%以上である一方、長母音や二重母音の場合はストレス付帯であるかないかに関わらず VC.C は 49%以下であり、母音の長さが分節に関係した。(d) Maximal Onset は第 2 音節にストレスが付帯する時に 93%が有効で、第 1 音節にストレスが付帯する場合は 85%が有効であった。(e) 聞こえ度の適用は 69%から 85%であった。Madrid を Mad.rid と分節するのは 15%であるが、Ma.drid と分節する場合は 85%である。一方、estate は es.tate と分節する場合が 69%であり、e.state と分節するのは 29%である。音節を構成するにはなだらかな聞こえの上昇が理想であるため、/dr/ の子音クラスターは選択されるが、/st/ という聞こえ度違反になるものは /s.t/ と分節された。

　ストレスと聞こえ度は関係があり、ストレス付帯の母音は子音を引き付け、聞こえのなだらかな上昇・下降の現象を実現する。Maximal Onset と聞こえ度が対立する場合は、聞こえ度が優先される。例えば、Maximal Onset を適用すると、pontiff /pɒntɪf/ は /pə.ntɪf/ になるが、/pə/ と /ntɪf/ は両方ともなだらかな聞こえにならないため、/pən.tɪf/ になる。

Treiman et al. (1994) は、CVCVC の無意味語を材料に、メタ言語的タスク (metalinguistic tasks) を使い、ストレス・母音・母音間の子音の違いにより分節方法に違いが見られるかを明らかにしようとした。50 人の米国人大学生を対象に、語頭の子音を /v, k, tʃ, w, j, f/、語末の子音を /d, g, p, s, t, θ/、第 1 音節の無ストレス母音を /ə, o, i/、第 2 音節のストレス付帯母音を /e, u, aɪ/、母音間の子音を流音 /r, l/、鼻音 /m, n/、阻害音 /b, z/ として、CVCVC の 180 語の無意味刺激語を作成した。/vəˈrud/ と /tʃiˈlep/ のペアのように子音のタイプは同じであるが、それ以外はすべて異なるペアを聞かせ、その後すぐにリピートさせ、スピーチエラーを分析した。その結果、/vəˈlep, tʃiˈrud/ は前半の CV と後半の CVC が入れ替わっていたため、CV.CVC と分節されたと考えられる。一方 /vəˈrep, tʃiˈlud/ は CVC.VC で分節されたと考えられる。流音・鼻音ともに CV.CVC と CVC.VC の分節に差が見られないが、阻害音に関しては、CV.CVC の方が CVC.VC より多かった。

次に CVCVC においては、第 1 音節母音が弛緩母音の場合、次の子音が鼻音・流音の時は前の母音に引きつけられる。一方、阻害音であれば、第 2 音節の頭にくる。両音節的な CVC.CVC の応答は少なかった。また、第 1 音節母音を緊張母音にした場合、次にくる子音の種類に関わらず CV.CVC が CVC.VC より有意に高かったが、特に阻害音の方がその傾向が強かった。

Smith and Pitt (1999) は、音韻知識 (phonological knowledge) である音結合制約と Maximal Onset が相反する結果をもたらす条件の単語を分節する際、どちらの規則を適用するか、また、それらの音韻知識と形態素知識 (morphological knowledge) のどちらの知識が音節に影響を与えているかを検証している。彼らは $C_1V_1C_2C_3V_2C_4(C)$ 構造で V_1 にストレスのついた無意味語を作成して音素探索実験を行った。音素探索実験とは、コンピュータの画面上に探索する C_2 の文字を提示したのち、ターゲット語を聞かせ、そのターゲット語の中に C_2 が知覚できた段階でコンピュータのキーを押させ、その反応時間を測定するというものである。米国人大学生を 3 群に分け、各群は "onset induction condition"、"CVC-CVC coda induction condition"、"cue-conflict condition" のそれぞれの誘導条件 (induction condition) を与えられ

る。各群によってターゲット語の CVC.CVC と CV.CCVC の頻度は異なっている。"onset induction condition" の実験参加者については、単語構成が CV.CCVC 対 CVC.CVC ＝ 8：2 であり、8割の CV.CCVC の音節構造を聞いているために、その音節構造が活性化している。従って、ターゲット語が mi.graine である方が、CVC.CVC の音節構造を持つ mig.net であるよりも、探索する音素 /g/ に対する反応は早いと予想される。その実験結果は、予想どおり CV.CCVC の方が反応が早かった。CVC.CVC の "coda induction condition" はその逆で単語構成が CV.CCVC 対 CVC.CVC ＝ 2：8 であるため、mig.net の方が mi.graine より反応が早いはずである。その実験結果は、CVC.CVC の方が反応が早かった。"cue-conflict condition" では、音結合違反によれば /fʌt.ləm/ になり、Maximal Onset によれば /fʌ.tləm/ になるような音結合制約と Maximal Onset が相反する条件の単語を作成する。この両規則が対立する条件において、/fʌt.ləm/ のような分節が見られたことから、音結合制約が Maximal Onset よりも優先されると結論付けられた。また、同様の方法で、dancer を /dæn.sɚ/ か /dæns.ɚ/ かのように、音韻知識と形態素知識のどちらが優先するかを調べたところ、音韻知識が形態素知識より優先することが明らかにされた。従って、言語処理においては、音結合制約→Maximal Onset →形態素知識という順に規則が適用される。例えば、voltage であれば、プレレキシコンの段階で、音結合制約により vol.tage と分節が行われ、次にレキシコンの段階で形態素的に volt.age と分節される。

　以上の 5 つの実験結果は次の点で共通している。ストレス・母音の種類・子音の種類の関係では、CVCVC の場合はストレスが第 1 音節母音に付帯し、第 1 音節母音が弛緩母音で次にくる子音が阻害音であれば CV.CVC となる傾向があり、その子音が流音・鼻音の時は第 1 音節末 CVC.VC になるか、あるいは両音節的 CV（C）.（C）VC になる。従って、ストレスの位置や母音の次の子音の種類により、弛緩母音＋子音のルールのように音結合制約に合致する場合としない場合が生じる。

　音結合制約・聞こえ度・Maximal Onset・形態素による分節の規則が相反する時は、まず、音結合制約を適用し、次に聞こえ度、Maximal Onset、最後に形態素による分節の規則を適用させる。なお、ストレスに関しては、第

2音節にストレスが付帯する時は Maximal Onset を実現しやすくなるといえる。

3.5 音結合制約の優位性

　Cutting and Day (1975) でも音結合制約の優位性が明らかにされた。例えば、pay と lay をそれぞれの耳から同時に聞かせると、play と聞こえ、lpay とはならなかった。音節頭の pl は音結合としては規則的であるが、lp は音結合違反である。また、Massaro and Cohen (1983)、Pitt (1998) は、音結合知識が音素のカテゴリー化に影響を与えるかどうかを検証している。/r, l/ を音節頭のクラスターの中に入れ込む時、/t/ の次には /r/ が入る。/tr/ は音結合規則に合うが、/tl/ は音結合の規則に反するからである。同様に、/s/ の次には /l/ が入るが、/r/ は入らない。これも、/sl/ は音結合規則に適合するが、/sr/ は規則違反になるからである。さらに、Halle, Segui, Frauenfelder, and Meunier (1998) は、フランス語母語話者も、フランス語において音結合規則違反の音節頭のクラスターである /dl/、/tl/ を聞くと、それぞれ規則的な /gl/、/kl/ に置き換えて聞くということを明らかにしている。

　さらに、Friederici and Wessels (1993)、Jusczyk, Friederici, Wessels, Svenkerud, and Jusczyk (1993) は、乳幼児でも音結合制約に合致した音声により強く反応することを明らかにした。

　全体的な結論としては、音結合制約により、まず、分節の境界が決定された後、Maximal Onset により音韻的に、さらに分節境界が決定されるといえる。これらはプレレキシコンで処理され、形態素はレキシコンで処理されると推測[11]される。ここで注目すべきことは、3.4 で述べた先行研究では、多音節語の CVCVC と CVCCVC において、それぞれの音節構造の違いが分節に影響していると考えられる点である。$C_1V_1C_2V_2C_3$ の音節構造の場合は、ストレスと母音の関係から V_1 が弛緩母音で、ストレスが付帯する場合、C_2 が流音・鼻音の時は ˈCVC.VC になるか両音節的になる傾向が強いが、阻害音の時は ˈCV.CVC となる傾向が強い。また、V_1 が緊張母音の場合は ˈCV.CVC という傾向が強い。CVCCVC の場合は、音結合制約に違反し

ない形で分節するが、CVC.CVC と分節される場合が一般的であるといえる。

3.6　幼児の規則の適用

　Smith and Pitt (1999) の大人の米語母語話者を対象とした実験によると、CV.CCVC と CVC.CVC の無意味語の出現頻度を変えて聞かせた場合、出現頻度の高い音節構造を持つターゲット語の方が、音素探索実験において反応時間が短いことが明らかになり、音節構造の出現頻度の高さが分節に影響することが明らかにされた。

　一方、幼児の場合は、統計的頻度の高い音節の情報 (statistical cues) と韻律的情報 (prosodic cues) が異なっている場合にどの情報を優先するのかは大人と異なっており、まず、韻律的情報が統計的頻度の高い音節の情報より優先する。

　Jusczyk, Houston, and Newsome (1999) は、生後 7.5 ヶ月の米国人乳児を対象に、第 1 音節にストレスを持つ 2 音節単語を一連の発話から単語として知覚できるかを"首振り実験"(headturn performance) によって検証した。その結果、乳児は第 1 音節にストレスを持つ単語をまとまりとして知覚しており、単語として知覚できることを明らかにした。しかし、第 2 音節にストレスを持つ単語を知覚することは困難であった。従って、7.5 ヶ月齢児は強ストレスの始まりを語の始まりであると認識しているといえる。

　一方、Saffran et al. (1996) は、8 ヶ月齢児が、2 分間音声を聞いただけで、連続した音声から単語のような単位に分節できたと報告し、出現頻度の組み合わせ情報を分節に利用していることを明らかにしている。Aslin et al. (1998) は、乳児が単語の境界を知覚するメカニズムは、ある音素と音素の繋がらない可能性すなわち音結合の可能性が低いという情報を使い、音素と音素が繋がらないので音節の境界線があると認識すると述べている。さらに、Johnson and Jusczyk (2001) の実験によると、8 ヶ月齢児は、pa、bi などのように統計的頻度の高い音節 (statistical cues) を、連続する発話から分節できた。このことから、8 ヶ月齢児が頻度情報を利用していることがわかる。

Johnson and Jusczyk (2001) は、強弱というストレス情報と統計的頻度の高い音節の情報の 2 つの情報が相反する場合、8 ヶ月齢児が、どちらの情報を分節に利用するかを明らかにした。その結果、統計的頻度の高い音節の情報より、ストレス情報を優先した。さらに、調音結合の情報と統計的頻度の高い音節の情報とを比較すると、調音結合の情報を優先した。それらの実験結果から、8 ヶ月齢児は、統計的頻度の高い音節の情報を利用することはできるが、両情報が相反する場合は、統計的頻度の高い音節の情報よりも、ストレスや調音結合の情報が分節の際に優先的に利用されるといえる。なぜ、乳児は強弱ストレス情報を先に身に付けるのかについて、Johnson and Jusczyk は次のように説明している。乳児は、自分の名前、ニックネーム、愛称あるいは doggie、mommy、daddy などの単語を、生まれてすぐに耳にするようになる。このような単語はすべて強弱パターンのストレスであるため、強弱のストレスパターンが刷り込まれるのである。

Mattys et al. (1999) は、9 ヶ月齢児の発話における単語の分節について、音結合制約と韻律情報 (prosodic pattern) の 2 つの情報の役割を検証した。そこで、CVC.CVC の 2 音節の音節構造を持つ人工語を作成した。CC の音結合は、単語内での音結合頻度は高いが単語間での頻度が低いものと、単語間での音結合頻度は高いが単語内での頻度が低いもの 2 パターンである。その結果、強弱ストレス単語は、単語内の方が単語間よりもよく知覚できる。逆に、弱強のストレスパターンでは、単語間の方がよりよく知覚される。従って、音結合制約の頻度が同じであれば、強弱のストレスパターンは 1 つの単語として知覚されやすく、弱強のストレスパターンでは、強ストレスの前で分節されているように知覚されやすいということである。また、強弱ストレス情報は、音結合情報より、分節に影響するといえる。

ストレス情報と音結合の頻度情報の関係について、強ストレス情報は語の始まりの情報を与え、音結合の頻度が低い場合は語間の境界の情報を与える (Aslin et al., 1998)。いずれにしても、それらは語の境界を示す (Jusczyk et al., 1999) ものであるといえる。

生後 10.5 ヶ月になると、乳児は弱強ストレスの 2 音節単語を一連のセンテンスから分節することができるようになるという報告がある (Jusczyk et al., 1999)。この実験結果によると、例えば、guitar is と taris の音響的違いを聞き取り、guitar is が 2 つの単語であると認識された。

　英語母語話者の乳児の分節においては、生後約 8 ヶ月という早い時期から、ストレスのような韻律情報や頻度情報を利用するようになるといえる。しかし、韻律情報と頻度情報が相反する場合は、韻律情報を優先させる。

　3.3 で述べたように、多音節の分節には様々な規則があり、大人の場合は、まず音結合制約を優先し、聞こえ度、Maximal Onset を適用し、最後に形態素規則を適用する。乳児の場合は、まずストレスのような韻律情報を優先するという点で大人とは異なる。

注

1　この長さ定量の考え方は、2.4.4 で述べた音節内の長さの補正の考え方と同じである。
2　ここではモーラと同じ意味である。
3　別宮(1977)は、本書で使う「モーラ」の意味で「音節」という語を使っているが、本書ではすべて「モーラ」と言い換える。
4　Ramus, Nespor, and Mehler (1999) は、ISI の実際の長さはまったく等時的であるとはいえないため、母音と子音の長さの割合を測定して、ストレス言語・音節言語・モーラ言語といわれるリズムの違いを測定する方法もあると述べている。
5　illegality principle は音結合制約違反をしてはならないという原則のことである。
6　Minimal Onset Satisfaction とは、母音に挟まれた子音は尾子音を構成するよりも、最小限度の頭子音を構成する方を優先するという規則である(Roca & Johnson, 1999)。
7　rabbit /ræbɪt/、purple /pɜːpəl/、pencil /pensəl/、sankaku /saNkaku/ の 4 単語について、英語母語話者 2 名と、7 歳から 14 歳までの英語学習経験者 14 名を対象に、タッピングタスク(音声を聞き、分節に合わせ机を叩く)を行い、また、実際に存在する 4 単語を発話させ、その分節ごとの持続時間を測定した。
8　音結合制約と同じ意味である。
9　2 つ以上の要因が組み合わさったことにより、特別の作用を与えた場合、この作用を交互作用と呼ぶ(芝・渡部・石塚、1984、参照)。
10　音結合制約と同義である。

11 形態素がレキシコンで処理されるかプレレキシコンで処理されるかについては議論がある。形態素がレキシコンであるという先行研究としては、Cole, Beauvillain, and Segui (1989)、Fowler, Napps, and Feldman (1985)、Marslen-Wilson, Tyler, Waksler, and Older (1994) がある。一方、形態素がプレレキシコンであるという先行研究は、Taft (1981)、Taft (1985)、Taft and Forster (1975)、Taft, Hambly, and Kinoshita (1986) がある。ここでは、形態素はレキシコンであると仮定しているが、本書ではこれ以上は言及しない。

第4章
音声分節の習得

　第3章では音節に分節する規則について概説したが、本章では、英語母語話者・日本語母語話者の母語の音節構造の習得と、英語学習者の音節構造の習得について述べる。

4.1　英語母語話者の音声習得

　Mattys et al. (1999) は、乳幼児が単語内あるいは単語間のどこに境界があるか、すなわち、どこで分節するかを知覚する時に用いる潜在的な鍵になる情報 (the potential cues to word boundaries) として、次の4点を挙げている。(a) 異音のバリエーションの情報 (allophonic variations)、(b) 韻律情報、(c) 分布規則の情報 (distributional regularities)、(d) 音結合制約情報である。これらの情報が発達段階に応じて利用できるようになり、単語間の分節及び単語内すなわち音節の分節ができるようになると考えられる。

　(b) の韻律に関わる音声的な違いには、生まれてからかなり早い時期に敏感になる。例えば、生後4日目のフランス語を母語とする乳児は、ロシア語とフランス語の弁別ができた (Mehler, Jusczyk, Lambertz, Halsted, Bertoncini, & Amiel-Tison, 1988)。また、生後5日目のフランス語母語乳児は、ストレスリズムである英語とモーラリズムである日本語を区別し、ストレスリズムである英語・オランダ語と、音節リズムであるスペイン語・イタリア語も区別することができた。すなわち、それらは異なる言語リズムの弁別が可能であった (Nazzi, Bertoncini, & Mehler, 1998) ことを示す。また、米語を母語とする2ヶ月齢児が他の言語から母語を弁別できた (Mehler et al., 1988)。生後6ヶ月くらいまでは、韻律情報を利用して言語間のリズムの違いがわ

かるようになり、さらには他の言語と母語とを区別し、母語の方をより好んで聞くという傾向を示す。

　生後6ヶ月になると、音素を聞き分けられるようになり、母語の典型的な音声領域における母音体系の内部構造を構築していると考えられる。その一方で、母語でない音声対立に対しての敏感性は衰える (Werker & Tees, 1983)。

　生後6ヶ月から7.5ヶ月の間に、一連の発話から、例えばcupのような単音節語を分離できるようになる (Jusczyk & Aslin, 1995)。7.5ヶ月齢児は単語の分節に、強弱ストレスを利用する (Jusczyk et al., 1999)。

　8ヶ月齢児は、(c)の分布規則の情報と(d)の音結合制約の情報を利用して、発話を分節する。単語内で隣接する音節にまたがる音連続の出現頻度は高く、一方、単語の境界で隣接する音節にまたがる音連続の出現頻度の可能性は低い (Saffran et al., 1996; Aslin et al., 1998)。この情報を用いて、単語間の音響的ヒントを除いた一連の発話から、単語内の境界か単語間の境界かを判別していることが明らかになった。Anderson-Hsieh and Koehler (1988) も、8ヶ月齢児が、統計的出現頻度の高い音節 (statistical cues) を用いて、連続する発話を音節に分節できることを、首振り実験で明らかにしている。

　アメリカ英語母語話者とオランダ語母語話者である9ヶ月齢児はどちらも(a)の異音のバリエーションの情報と(d)の音結合制約の情報を使い、母語の単語を知覚できた。英語とオランダ語は、ともに強弱ストレスとストレスタイムリズムを持ち、同じような韻律の特徴を持つ。しかし、[r]は英語とオランダ語では音が違い、また音結合としては、英語では音節末に[d]を許すが、オランダ語では違反となる。オランダ語では、[kn]、[zw]が音節頭で可能だが、英語では不可能という特徴を持つ。それらの特徴を利用し、韻律情報が同じである英語とオランダ語を区別できた (Jusczyk et al., 1993)。

　また、Mattys et al. (1999) は、9ヶ月齢児を対象に、CVCCVCの2音節の強弱ストレスのある語のうち、語中の出現頻度の高い子音クラスターを、語間の出現頻度の高い子音クラスターより知覚できているという。しかし、Mattys et al. の実験では、9ヶ月齢児では、単語の境界の鍵として、音結合制約や異音制約より韻律情報をより優先的に利用するしていることを明らか

にしている。一方、9ヶ月齢児はリズムと音結合の両方の情報を統合して使えるという実験結果もある（Morgan & Saffran, 1995）。また、生後 9 ヶ月以降の乳児は、自然な発話である "Did you / spill your cereal?" と、人工的に動詞の後にポーズを置いた不自然な発話である "Did you spill / your cereal?" の両センテンスでは、前者を好んでより長く聞いている。このことから、生後 9 ヶ月くらいになると、一連の発話から単語を分節するだけではなく、文を主語と述語に分節し、この分節に韻律情報を利用していることが明らかにされた（Jusczyk, Hirsh-Pasek, Kemler Nelson, Kennedy, Woodward, & Piwoz, 1992）。

Friederici and Wessels (1993) は、生後 4.5 ヶ月、6 ヶ月、9 ヶ月のオランダ語母語乳児を対象に、同じ分節音で順番を変えた単音節のペアを使って、音結合制約が単語の分節に影響するかを実験した。例えば、/br/ の音結合は語頭にくるが語末にはこないという制約がかかる。/br/ を語頭にすると /bref/ となり、語末にすると /febr/ という単語になるが、音結合の規則を単語の分節に利用していれば、/bref/ は知覚できるが、/febr/ は知覚できないことになる。その結果、4.5 ヶ月齢児と 6 ヶ月齢児は、音結合制約の違いによる聞き方の差は見られなかった。一方、9 ヶ月齢児は、許容される /bref/ を好んで長く聞いていたが、/febr/ を長く聞くということはなかった。このことから、9 ヶ月齢児は音結合の規則を単語の語頭であるかどうかのシグナルとして利用していることが明らかにされた。

また、7.5 ヶ月齢児は弱強単語を一連の発話から分節することができず、guitar is を taris と分節していたが、10.5 ヶ月齢児は一連の発話から弱強ストレス単語を分離することができるようになった。弱強の 2 音節単語で頻度が同じであっても guitar is の r と i の間の 57.5ms のポーズという音響的情報を聞き取って分節できた。その結果、乳児は一連の発話を単語に分節する時に、ストレスに加えて音響情報を頼りにするようになることがわかる（Jusczyk et al., 1999）。

ここまでの先行研究をまとめると、生後 4 日目から 6 ヶ月頃までは、言語のリズムの違いに敏感であり、韻律情報を利用して母語を選んで聞く。7.5 ヶ月齢児は強弱ストレスなどの韻律情報を使い、一連の発話を単語に分

節することができるようになり、生後 8 ヶ月くらいから、音結合制約、頻度の高い音連続の情報から、発話を分節するようになる。生後 9 ヶ月くらいでは、異音の情報や音結合の情報を利用している。韻律情報と、音結合の情報が異なる場合は、韻律情報を優先するが、そのころになると、韻律情報・異音情報・音結合情報・頻度情報を統合的に利用することができるようになると考えられる。さらには、10.5 ヶ月齢児は、それ以前は分離が困難であった弱強ストレスの単語を一連の発話から分離できるようになる。

　これまでは、一連の発話をどのような情報を使って単語に分節できるようになるかを述べてきたが、強弱のストレス・音結合・頻度はすべて単語内の音節を基にしている。従って、生後 1 年足らずで、音節が単語を構成していることを認識していることになる。

　生後 1 年以内の乳児を対象とした実験は首振り実験が主であるが、単語内の音節を分節できるかどうかを確認するために、Fallows (1981) は、米語を母語とする 4・5 歳の子どもと 9・10 歳の子どもの 2 群に対して認識的な音節分析実験を行った。その結果、母語話者の特徴を次のようにまとめている。4・5 歳の子どもは単語内の音節を音韻的単位として認識し、分離できる。また、Maximal Onset を理解し、CV.CVC と分節し、ストレス音節にある弛緩母音が次の子音を引き付けて CVC.VC と分節するということがわかっている。また、音結合制約についても理解している。従って、音節についての知識やその操作については、5 歳までに習得しているといえる。年少と年長の子どもの違いについては、4・5 歳の子どもは、9・10 歳の子どもと同様に、ストレス音節を CV.CVC に分離できるが、無ストレスでは、年長の子どもは母音に挟まれた子音を両音節的、すなわち CVC.CVC のように分節する場合があるのに対して、年少の子どもは両音節的には分節しないという点が特徴的である。

4.2　音節構造の習得

　音節構造の習得過程を明らかにした先行研究については、オランダ語に関する研究 (Levelt, Schiller, & Levelt, 1999/2000) のみであるが、オランダ語・

英語はともにストレス言語であるという特徴を持つことから、類似していると仮定した上で、Levelt et al. の研究について述べる。彼らは、Fikkert(1994) と Levelt(1994)[1] によって収集されたデータを使い、12 名のオランダ語母語話者の 1 歳から 1 歳 11 ヶ月の幼児の音節構造の習得過程を、6 ヶ月から 13 ヶ月に渡り 2 週間ごとに、Optimality Theory[2] の観点から分析している。それによると、12 名全員が CV → CVC → V → VC という習得順序をたどり、その次の段階として、9 名は CVCC → VCC → CCV → CCVC と習得し（グループ A）、他の 3 名は CCV → CCVC → CVCC → VCC という習得順序をたどり（グループ B）、そして、全員が CCVCC の音節構造を最後に習得する。まず最初に CV を習得することから、CV は普遍的に無標であり、核となる音節であると考えられる。このデータはオランダ語母語話者によるものであるが、英語・日本語はもちろんのこと、どの言語においても CV は無標であるといえよう。

```
                  ┌→ グループ A  9 名：CVCC→VCC→CCV→CCVC ┐
CV→CVC→V→VC →┤                                              ├→ CCVCC
                  └→ グループ B  3 名：CCV→CCVC→CVCC→VCC ┘
```

さらに、出現頻度の高い音節から順に習得されることから、音節の発達にはインプットの頻度が関係していると推測される。また、グループ A とグループ B に分かれるのは、頻度情報が異なっているからではないかと、Levelt et al.(1999/2000) は考えている。

これらは、オランダ語母語話者のデータだけではあるが、CV から CVC へと、無標の音節からより制約のかかる音節に向かって習得が進み、また、頻度の高い音節構造から習得されるものと考えられる。

4.3　日本語母語話者の音声習得

一方、日本語母語話者を対象とした母語の知覚実験は多くはないが、日本語の音声的特徴に対する知覚能力は以下のような段階を踏んで備わるように

なると考えられる。

　河野(2001)は、乳幼児の非母語音声の弁別能力の発達的変化を、年少群(6〜8ヶ月齢児)と年長群(10〜12ヶ月齢児)に分けて、R-L(ra-la)・W-Y(wa-ya)の刺激を弁別させる実験を行って検証している。その結果、年少群はR-L・W-Yの弁別ができるが、年長群はW-Yの弁別が可能な時も不可能な時もある一方、R-Lの弁別はできないという結果であった。それは、生後4〜6ヶ月以内の乳幼児は母語にない音声でも聞き分けられるという結果(Werker & Tees, 1983)を支持している。また、麦谷・林・桐谷(2002)も、生後8ヶ月以前は普遍的な音声(global and universal sounds)を知覚できるが、それ以降、母語に特有な知覚に変わると述べている。河野は、この年齢の違いによる知覚の違いを、全体的処理機構と分析的処理機構の違いであると説明している。6〜8ヶ月齢児は、1.5〜2.0秒ほど記憶が保持される直接記憶という全体的音声処理機構を使い、/r, l/に重み付けをすることなくあるがままに聞く。一方、10〜12ヶ月齢児は分析的音声処理機構を使い、日本語などの音韻組織に従った音声識別ルールに従い、日本語の音韻的区別に関する音韻特徴に注意を払う。従って、日本語においては/r, l/の音韻的区別がないため、年長群(10〜12ヶ月齢児)は/r, l/の弁別が困難になると考えられる。

　麦谷・林・桐谷(2002)は、関東方言を養育環境とする乳児の、関東方言と関西方言における方言音声選好の手がかりとなる音響特徴を検討した。7ヶ月齢児群と8ヶ月齢児群では、8ヶ月齢児群が母語である関東方言を長く好んで聞くことが明らかになった。音声分析を行うと、関東方言と関西方言は、(a)1発話の長さが関東の方が長い、(b)関西方言のピッチが高い、(c)関東方言の子音の長さが長い、(d)関東方言の母音の無声化が多いなどの韻律情報の違いが方言の知覚の鍵になるといえる。このように、日本語の韻律情報についても生後8ヶ月というかなり早い段階で母語方言を優先的に知覚する能力が備わるといえる。

　林(2003)は、乳児における言語のリズム構造の知覚と獲得について以下のように述べている。日本人乳幼児のリズムの知覚に関する実験結果によると、生後8〜10ヶ月の日本人乳児は、(a)特殊モーラを語中に含む無意味な

2音節3モーラ語(例:「パンパ」)を自立モーラのみの3音節3モーラ語(例:「パパパ」)よりも有意に長く聴取すること、(b)同じ2音節3モーラ語であっても、特殊拍が語中にある(例:「パンパ」)の方が、語尾にある(例:「パパン」)より有意に長く聴取すること、(c)さらにこの傾向は4～6ヶ月齢児では見られないことが明らかにされた。実験前に行われた日本人の乳児を持つ母親に対する質問調査では、母親が知っている育児語のうち85%が3モーラまたは4モーラであり、さらに3モーラ語の80%が語中に特殊モーラを含むものであった(例:「ねんね」、「くっく」)。従って、生後8ヶ月頃の日本語母語乳児は、音節数の違いに注目するだけでなく、音節数、モーラ数が同じであっても、特殊拍の位置にも注目できるということである。すなわち、母親の育児語を通してインプットされる特殊拍を含むモーラの構造に対して、生後8ヶ月くらいから感受性が高まるといえる。

　伊藤・辰巳(1997)は、3歳から6歳までの日本人保育園児に対して、特殊拍の分節に関する実験を行った。例えば、スイカの絵を提示し「スイカ[3]」といい、次に「スカ」といい、それぞれに対しておかしいかどうか尋ねるという特殊拍省略語課題である。おかしいと答えた場合はその理由を言語化させた。その結果、聴覚的に提示された特殊拍が省略された「スカ」をおかしいと自覚的に捉える幼児は、4歳では4割未満、5歳では6～7割、6歳では9割以上となった。しかし、理由を的確に言語化できる幼児は5歳でも4割に達しなかった。これに対し、「スイカ」の絵を見せ、次にモーラごとに区切った発音の例を示し、モーラで分節させて言わせる課題においては、自覚的に分節できる幼児は、促音の場合を除き、3歳では30%前後であるが、4歳ですでに100%分節できることが明らかにされた。「スイカ」、「リンゴ」、「ボウシ」は4歳以上ではほぼ100%で分節できるが、「ハッパ」は3歳で20%、4歳で40%、5歳で70%、6歳で80%が分節できるのみであり、促音を間に挟む語の分節は困難である。文字との関係においては、文字の読みができる幼児は4歳から5歳にかけて著しく増加するが、発話において特殊拍を自覚的にモーラに分節できない幼児は文字の読みもできない傾向が認められた。

　Inagaki et al.(2000)は、子どもの分節単位がかな文字の読み習得に応じて

モーラになるかどうかを調べるため、3つの実験を行った。最初の2つの実験では、4〜6歳の子どもが /CVN/、/CVQ/、/CVR/ の音声を聞いた時にモーラに分けるか音節に分けるかを調べた。第3の実験は、語頭にターゲット CVN を置き、それらのターゲットがあるかを判断させ、正解率と反応時間を調べた。その結果、子どもたちの音声知覚の単位は、CVQ を除き、仮名の習得に応じて、音節とモーラがミックスされた分節からモーラ分節になっていくことがわかった。

以上のように、日本語を母語とする乳幼児は、生後8ヶ月以前は、/r, l/ のような母音にはない音素の弁別が可能であるが、その後、日本語において弁別する必要がない音素の弁別能力が低下する。さらに、母語のモーラリズムを獲得したり、身近な方言に対する好みが表れる。さらに、CV あるいは /N/、/Q/、/R/ に1文字をあてるかな文字を学習することで、音節分節からモーラ分節に移行することがわかった。

4.4　英語学習者の音節習得

4.1 から 4.3 まで、英語母語話者と日本語母語話者の音声の習得について述べ、その中で分節の習得にも触れたが、ここでは、日本人英語学習者の英語音節の習得について述べる。

Erickson, Akahane-Yamada, Tajima, and Matsumoto (1999) は、以下の3点についての音節知覚実験を行った。(a) 日本語を母語とする聞き手は英語の音節知覚が困難か、(b) どのような要因が日本語母語話者の英語音節知覚に影響しているか、(c) 音響的長さと音韻的長さ（借用語にした時のモーラ数）が英語の音節知覚に影響するかについて、275個の英単語を日本語母語話者15名と英語母語話者5名に聞かせ、音節の数を数え、その該当するキーボードを押させるという実験を行った。その結果は、英語母語話者の正解率は98％であり、日本語母語話者は57％であった。日本語母語話者は、3音節までの単語を実際より長く数え、4音節以上であれば実際より少なく数えるというように音節の数に影響され、音節数が多くなるほど正解率が落ちた。また、母音のタイプによっても音節数の認識が困難であった。まず、短母音

＋子音（katta などのように促音化として捉えられるもの）がもっとも困難で、次に、二重母音、長母音、短母音という順である。さらに、頭子音また尾子音のクラスターの大きさにより、困難さに違いが見られる。頭子音クラスターの場合は 1＜0＜2＜3 の順に、子音の数が多くなるほど困難である。尾子音クラスターの場合は、0＝3＜1＜2 であり、尾子音が 0 個と 3 個の場合は一番知覚しやすく、2 個の場合に一番知覚しにくいことが分かった。

　大竹・山本（2001）は、日本語と英語の各モノリンガルと日英語バイリンガルを対象に、分節の仕方の違いを調べた。「ぶらんこ」のような日本語材料と、できるだけ日本語と同じ構造をもつ英語材料を使い、日本語モノリンガルの大学生 20 名を対象に、単語の音声を聞かせて、ローマ字表記された日本語と、アルファベット表記された英語の単語の、2 つ目の音のかたまりの終わりに斜線を引かせる（toma/to）という実験を行った。また、英語母語話者と英語圏滞在平均 9 年の日本人大学生のバイリンガルそれぞれを対象に同じ実験を行った。その結果、日本語母語話者は日本語も英語もモーラで、英語母語話者は音節で認識し、一方、日英語バイリンガルは、英語に対しては英語のモノリンガルと同様に音節で、日本語に対してはモーラと音節で認識することが明らかにされた。英語を音節で捉えるかどうかは、実験参加者の英語圏の滞在期間に左右される。短期滞在グループ（10 名、平均 5.7 年）では、音節分節とモーラ分節に差が見られず、長期滞在グループ（10 名、平均 12.3 年）は音節で捉えるようになっている。

　日英語バイリンガルがなぜ日本語をモーラと音節が混在する形で認識したかについて、大竹・山本（2001）は次のように説明している。

(a) 日本語母語話者の幼児は文字を獲得する以前に音声単語を音節で分節していると仮定され、文字を学習し始めると、音節とモーラが混在した方法で分節し（Inagaki et al., 2000）、その後、文字を獲得することによってモーラで分節する（Inagaki et al., 2000; 伊藤・辰巳, 1997）。これらの研究からの示唆は、幼児は音節で認識しており、文字獲得後、モーラに移行するが、音節の存在が心内辞書に残存しており、バイリンガルは両言語の音韻情報を保有していることから、日本語であっても音節で認識する

ことがありうる。

(b) 日英語バイリンガルは、英単語に対して英語の音韻情報を十分保持していたため、音節に敏感であったと考えられる。日英語バイリンガルは、心内辞書の音節構造の上位に位置する音節と下位に位置するモーラの両方に接近することが可能であるが、英語の語彙認識では音節に焦点を合わせていたと思われる。

バイリンガルであっても、分節方法は優位な言語の影響を受け (Cutler et al., 1992)、日英語バイリンガルについても、英語圏での滞在期間が短期 (約5年) と長期 (約12年) で音節分節に差が見られるように、英語を音節で分節できるようになるにはかなり長期間英語に接触する状況になくてはならないといえる。従って、日本国内の中学・高校で外国語としての英語の標準的な教育を受けている学習者は、日本語のモーラの影響を受け、英語を音節で分節することが困難であると考えられる。

4.5　なぜ日本人は英語の音節知覚が困難か

一般的にはモノリンガルの日本語母語話者や日本人英語学習者が英語の音節知覚に困難を感じることは事実である。なぜ困難であるかを、日本語における音節構造の制約と外来語分析という観点から論ずる。

4.5.1　音節構造の強い制約

窪薗・太田 (1998) は、日本語には、(a) 子音結合を許さない、(b) 尾子音 (閉音節) を許さない、という強い制約があると指摘している。このことは、英語を外来語として借用する場合の母音挿入に顕著に表れる。

例えば、strike は日本語で野球のストライクの意味では /sutoraiku/ となる。(a) の制約により、/str/ の /st/ は /su.to/ になり、(b) の制約により、語末の /k/ が /ku/ になる。また、労働者のストライキの意味では /sutoraiki/ となり、(b) の制約により語末の /k/ が /ki/ になる。

エリクソン・田嶋・長尾 (2000)、Tajima, Erickson, and Nagao (2000) は、

実際にどのような頻度で母音が挿入されるのか、発話速度と音声環境についての要因を調べた。代表的な子音連続を持つ90の英単語のリストを見ながら米国人の発音を聞き（発音のわからない単語がないようにするため）、その後、実験協力者（大学生）に「普通」、「ゆっくり」の2種類の速度で発音させ、それを録音した。母音の挿入が見られるかどうかは、まず耳で確認し、その後、音声波形とスペクトログラム上で確認した。その結果、語末1子音の後、子音が有声両唇音の後、またゆっくり発話した場合に母音の挿入が多いことが明らかにされた。このように、実際、日本人が英語を産出する時に、母音の挿入が多いことは明らかである。

Tajima et al.(2000)は、母音を挿入する理由を次のように説明している。第1は、英語と日本語の音節構造の違いである。第2は、日本語は子音が連続することがないため、その結果、発音器官が口を開いた態勢になり、母音を発音しやすくなるという調音上の習慣からである(Levin, 1987)。Dupoux et al.(1999)は、さらに、借用語において母音挿入が起こる理由として、次の2点を挙げている。第1は、子音クラスターを調音する能力を本来持っているはずであるが、その調音の能力を失っているか、あるいは調音に失敗し、母音を挿入してしまうというものである。日本語の音韻制約において、子音クラスターは、トンボ /toNbo/ のような撥音と、カッター /kaQtaR/ のような促音と後続の拍の子音の連続として現れるが、日本語の場合はCV構造が一般的であり、また、撥音も促音も1モーラを形成し、1つの音の単位を持つため、英語やフランス語のような子音クラスターとは異なっている。従って、子音クラスターであってもCVの調音を行おうとすると考えられる。第2として、漢字書記システム(Kanji orthographic characters)の影響を挙げている。これは漢字書記システムというより仮名システムというべきであろう。

日本語の音韻体系の制約から母音挿入が産出の段階で起こると考えられる(Dupoux et al., 1999; エリクソン・田嶋・長尾, 2000; 窪薗・太田, 1998)が、これは発話の知覚でも起こるのだろうか。Dupoux et al.(1999)は、日本人とフランス人を対象に4つの実験を行った結果、日本人はVCCVの刺激に対してCCの間に母音を挿入(illusory vowels)して知覚した。子音結合に対し

て日本語の CV を基本単位とする制約が働き、実際には存在しない母音があたかも存在しているように知覚する現象 (perceptual illusion) が起こる。このことから、日本語母語話者は、例えば CVCVC の音節形式を持つ英単語を CV.CV.C (V) のように、また CVCCVC を CV.C (V).CV.C (V) のように、CV を基本としたモーラで知覚することが想定される。

4.5.2 外来語分析

　4.5.1 で述べたように、日本語母語話者が英単語を分節する際に、日本語の音節構造の影響を受けて子音間や語末子音の次に母音を挿入することが想定される。ここでは、二重母音や長母音や短母音など、母音の種類が英語の音節分節にどのような影響を与えるかを、外来語分析を基に述べる。二重母音・長母音・短母音を持つ英単語が日本語に取り込まれる過程を、音節量という概念を取り入れ分析する (詳しくは、窪薗・太田, 1998, pp.66-73 を参照)。

　日本語の音韻規則では、二重母音や長母音はそれぞれ 2 モーラと解釈される。英語の coat /koʊt/ の二重母音 /oʊ/ や sauce /sɑːs/ の長母音 /ɑː/ が、外来語として取り入れられて仮名表記されると、それぞれ、コート /ko.R.to/、ソース /so.R.su/ と 3 モーラに分節される。

　英語の二重母音を含む coat /koʊt/ を、日本語母語話者は外来語として「コート」とカタカナ表記し、また /koRto/ と引く音で発音する。また、kite /kaɪt/ の /aɪ/ の /a/ と /ɪ/ を分離して、/ɪ/ を短母音として 1 モーラを与え、カイト /ka.i.to/ と 3 モーラでカタカナ表記する。日本語母語話者は英語の二重母音を長母音で発音したり、また、独立した短母音の連続として発音したりする。

　さらに、二重母音あるいは長母音の次の C が鼻音である場合、「鼻音の前の短母音化」(pre-nasal shortening[4]) により、二重母音あるいは長母音を短母音化し、1 モーラ削除する。その結果、CVVC、CVːC のような超重音節を避け、CVC の重音節を作る。例えば、英語の /eɪn/ は、日本語の /eN/ になる (例：range →レンジ、angel →エンジェル)。また、英語の /aʊn/ は、日本語の /aN/ になる (例：ground →グランド、foundation →ファンデーショ

ン)。

　また、英語の /Vːn/[5] は、日本語では /VN/ になる (例：machine → マシン)。しかし、同じ鼻音でも [m] の前では team (チーム)、icecream (アイスクリーム) では一般に母音は短くならない。従って、母音短音化が起こるのは、英語の尾子音が日本語において撥音になる場合である。[長母音 (二重母音) + 撥音] は (C)VVC 構造で 3 モーラであり、これを [短母音 + 撥音] の (C)VC すなわち 2 モーラに変える。

　また、二重母音が母音融合 (vowel coalescence) または単母音化 (monophthongization) を起こす場合がある。例えば、pound はパウンドやポーンドにならず、ポンド[6]である。また、/-Nm/[7] の場合は、尾子音削除が起こる場合がある。例えば、entertainment は、エンターテインメントではなく、エンターテイメントになる。

　以上に述べたように、英語の二重母音や長母音が日本語の外来語になる過程は複雑であるが、日本語の音節構造に合わせ、二重母音と長母音はそれぞれ原則として 2 モーラに分節されるといえる。

　次に、短母音であるが、外来語の原語において短母音の次に阻害音がくる場合、その阻害音が重子音化 (gemination) する。つまり、日本語の表記では促音の「ッ」が挿入される。この重子音化は短母音に後続する場合のみ起こり、長母音や二重母音に後続する場合には起こらない。

　例えば hit はヒット [hit.to]、cut はカット [kat.to] のように、CVC.CV と分節され、2 音節語を作る。第 1 音節は CVC の重音節 (2 モーラ) である。一方、長母音や二重母音の場合は、反重子音化が働き、促音化しない。例えば、heat はヒート [hiːtto] ではなく、ヒート [hiːto] に、maid は、メード [meːddo] ではなく、メード [meːdo] になる。仮に [hiːtto]、[meːddo] であるとするなら、それぞれ [hiːt.to]、[meːd.do] のような音節構成になり、第 1 音節が CVVC と超重音節 (3 モーラ) になる。一方、ヒート [hiː.to] やメード [meː.do] の CVV.CV の構成であれば、第 1 音節は、CVV (2 モーラ) 構造となり、日本語にはない超重音節が避けられることになる。

　以上のように、日本語母語話者が英語を聞き取る時には、日本語の音節構造の制約から、子音クラスターの間や語末の子音の後に母音を挿入したり、

長母音や二重母音を、日本語の音節構造にあわせ、分割して2モーラで知覚したり、二重母音を融合して短母音として知覚したり、また、短母音の後を重子音化することが考えられる。このことから、日本語母語話者は、英語を知覚する時に日本語のモーラの影響を強く受け、音節で分節することが困難であると推測される。

4.6 英語学習者の個人要因

　4.5までは、言語によって分節単位が異なり、母語における分節方法が外国語の分節にも使われるため、英語を学習している大人の日本語母語話者にとって、英語を音節で捕らえることが困難であることを論じた。

　母語の習得と同様に、第二言語習得でも、年齢が低い学習者の方が年齢が高い学習者よりも有利であるという考えがある。特に音声習得に関しては年少の子どもの有利さを検証した研究は多い。早く学習を開始すれば、一定の年齢に達するまでに学習する英語の量は増える。ここでは、個人の年齢要因として、英語学習開始年齢と発達年齢(ある時点における学習者の実年齢)、さらに英語のインプット量(経験年数)に焦点を当てて論ずる。また、米国やカナダへの移住者のように、第二言語であるが生活言語や学習言語として自然に英語を習得するのと、日本での英語学習者のように、外国語として中学と高校の6年間に文法を中心として英語を習得するのとでは状況は大きく異なる。この違いにも注意しながら論ずることとする。

4.6.1 英語学習開始年齢

　言語の学習開始年齢は、脳の一側化[8]が12歳までに終わり、それ以前に言語学習を開始する必要があるという臨界期仮説(Lenneberg, 1967)を契機として注目されるようになった。脳の一側化に関しては、9歳から11歳までに起こると推測される(Porter & Berlin, 1975)。しかし、脳の一側化と言語習得の関係は十分明らかにされているとはいえない。

　Walsh and Diller(1981)によると、発音は低次処理過程(lower-order-process)であるため、その能力は幼少の頃に決定されるが、文法のような高度

処理過程 (higher-order-process) は成長してからの神経回路の働きによるものであり、臨界期は発音に関してのみ当てはまるのだという。

　発音と学習開始時期についての研究は、1960年代以降の米国への移住者の滞在開始時期と発音の相関を検証したものが多い。例えば、Asher and Garcia (1969) は、71名のキューバ人移民 (7歳から19歳まで) を対象に、米国到着時の年齢が1歳から6歳までの者については68％がほぼ母語話者なみの発音となるが、年齢が上がるにつれて、母語の影響が強くなることを明らかにした。Oyama (1976) は、米国到着時の年齢が6歳から20歳までのイタリアからの移住者に対して、短い文章を音読させるとともに短い話をさせて発音を調べた結果、到着時の年齢が6歳の場合は母語の影響は見られなかったが、12歳以降に移住を開始した場合は、母語の影響があったと報告している。7歳から11歳まではかなり上達するが、母語の影響がまったくなかったわけではない。

　以上の先行研究は、米国に移住して第二言語として英語に自然に触れる場合であるが、6歳以前の幼い時期に移住すれば、母語話者並みの発音を習得でき、7歳から12歳までもかなりの発音能力を習得できるのに対して、12歳以降ではかなり困難になるといえる。

　また、0歳から12歳までに渡米したのち、日本に帰国した子女に対しての発音と形態的統語的能力を測定した研究 (Uematsu, 1997) によると、6歳までに渡米した学習者は母語話者と同レベルの発音であり、7・8歳に渡米した学習者でもほぼ母語話者のような (native-like) 発音である。しかし、9歳以降に渡米した学習者の発音の成績は急激に下がる。形態的統語的能力に関しては、渡米時の年齢による差が見られない。しかし、渡米時の年齢が、10歳から12歳まではかなりよい成績であるが、12歳以降の渡米の場合は、やはり成績が低下する。10歳から12歳まではピアジェ (1960) の主張する形式的操作段階に入るため、認知的な能力が向上すると考えられ、これが形態的統語的能力の形成に有利に働くと思われる。

　これに対して、英語を授業によって外国語として学ぶ場合は結果が異なる。バスク語を母語としている子どもが英語を第二外国語として学習した場合、小学3年生 (8歳)、または小学6年生 (11歳) から学習を開始した年長

の英語学習者の方が、幼稚園児（4歳）から開始した学習者よりも、それぞれ600時間の英語学習終了後（6年後）の英語テストにおいて成績が有意に高かった（Cenoz, 2003）。英語テスト時の発達年齢は、小学5年生（10歳）と、中等学校の2年生（14歳）と5年生（17歳）である。英語のテストは、熟達度・リスニング・穴埋めテスト・読解・文法・作文である。また学習への取り組みの態度とモチベーションも調べた。それらの英語テストの結果、ほとんどのテスト項目で、開始年齢が4歳の子どもより、年長の子どもの方が有意に成績がよいという結果であった。発音テストに関しても、年長の子どもの方が成績がよかった。

　この結果から、学習開始時期が4歳よりも8歳や11歳の学習者の方が、英語の成績がよいといえる。これは、年長の子どもの方が認知の面で優位であるので、その優位さが言語習得に有利に働いたと考えられている。

　開始時期が8歳よりももっと年長の子どもの方が有利であるという研究もある。外国語として学校で6年間の英語学習を受けたバスク語とスペイン語のバイリンガル児を、学習開始年齢が4歳、8歳、11歳の3群に分け、発音テストと母音と子音の弁別テストを行った（テスト時の年齢はそれぞれ、9歳、13歳、16歳である）結果、すべてのテストにおいて、開始年齢11歳群が他のどの群より優位であった（García Lecumberri & Gallardo, 2003）。年少の学習者に比べて年長の学習者は認知的な熟達度が勝っているため、読みの能力が高く、コミュニケーションストラテジーを駆使でき、また目標言語を音読したり、その発音を推測したり、再解釈したりする時に文脈情報や背景的知識を駆使することができる。そのことが言語習得に有利に作用すると考えられる（García Lecumberri & Gallardo, 2003）。さらに、García Lecumberri and Gallardo は、学校での英語学習において、開始年齢が4歳のような年少者が有利になるには、かなり長期間英語に触れる必要があり、6・7年程度では開始年齢が11歳の年長者に追い付けず、年長の学習者の方が有利であると述べている。

　一方、西尾（2000）の、日本語母語話者を対象とし、小学校で週1回英語学習を受ける子どもが知覚した音素を発音させるタスクにおいては、9歳までの英語学習者が優位であったという結果もある。小学校入学以前（6歳）、

小学 3 年まで（9 歳まで）、小学 4 年以降（10 歳以降）の 3 群の開始年齢の異なる学習者では、小学 3 年まで（9 歳まで）の群が、他のどの群よりも発音の成績が高かった。これは、6 歳までの早い時期ではなくても、9 歳くらいまでに英語学習を開始すると音素の発音が優位になることを示唆する結果である。

以上、見てきたように、英語学習開始年齢は、英語が自然に話される環境での第二言語としての習得の場合は、6 歳まで、場合によっては 7・8 歳までが発音の習得に有利であるといえる。一方、外国語として授業から英語を習得する場合は、4 歳くらいの年少の子どもよりも、8 歳以降、あるいはそれ以上年長であっても、認知的にも高い学習者の方が、発音やリスニングテストを含む総合的な英語力の成績がよいといえる。

4.6.2　発達年齢

Cenoz (2003) と García Lecumberri and Gallardo (2003) は、年長の子どもが年少の子どもに比べて、英語テストまたは音素弁別テストで優位であったという実験結果を、学習開始時期の違いで説明している。しかし、英語テストを受けているのは、600 時間の英語学習を終了し、6 年余り経過している段階であるので、その時点の発達年齢も英語の成績に影響しているといえる。今までの第二言語習得理論において、年齢要因といえば、学習開始時期が注目されてきたが、実際に学習を行っている、あるいはテストを受けている時点での年齢も考慮する必要があると考える。

西尾 (1998) の音素の知覚実験では、6・7 歳の早い時期から英語学習を開始した学習者が、8・9 歳あるいは 10・11 歳から学習を開始した学習者よりも、知覚テストにおいて優位ではなかった。むしろ、テストを受けた時の発達年齢の影響が大きい。すなわち、小学 3・4 年生（9・10 歳）が、小学 1・2 年生（7・8 歳）に比べて、有意に成績が高く、小学 5・6 年生（11・12 歳）は、ほぼ小学 3・4 年生（9・10 歳）と同じ成績であった。このことから、年長の子どもが年少の子どもより音素の聞き取りが優位であるというわけではなく、9・10 歳という年齢が、知覚に関する敏感期であるといえる。

4.6.3 経験年数

音素の知覚で言語学習に英語学習経験が影響するという実証研究がある（Flege & Frieda, 1997）。長期英語学習グループ（平均 7.3 年の英語学習経験）と、短期英語学習グループ（平均 7 ヶ月の英語学習経験）において、音素の知覚と発音を調べた結果、長期英語学習グループが優位であったため、学習経験年数が影響を与えるといえる。

日英語バイリンガルについても、英語圏滞在期間が長期（約 12 年）の方が、短期（約 5 年）より英語音を正しく音節に分節できた（大竹・山本, 2001）。このことから、かなり長期間英語に接触する状況がなくては音節分節能力を身に付けられないといえよう。

また、英語母語話者の日本語音韻習得においても、経験年数の違いの影響が見られる。Nagai（1998）は、英国人日本語学習者と日本語母語話者を対象に、日本語の 2 拍語（$C_1V_1C_2V_2$）である kaka—kaga、kata—kada、kasa—kaza を発話させ、2 拍全体の長さを測定した。その結果、日本語母語話者では、語中の無声子音に比べて有声子音の持続時間が短いため、その分先行する母音が長くなるという補償作用が見られたと述べている。英国人日本語学習者のうち、留学経験が 1 年以上ある上級者には同様の補償作用が見られるが、日本語学習歴が 1 年半で留学経験のない初級者には見られなかったという。このように、学習者の学習歴の差は単語内の補償作用の実現の差に現れると考えられる。従って、英語母語話者の日本語の音韻習得においても、学習経験の量によって違いがあると推測される。

これまで、学習者がどのくらい学習したかについては実際に学習をした期間で表すことが多く、どのくらいの学習期間にどのようなインプットがされているかを数値的に把握することはなかった。そこで、本書では単語をある一定時までにどのくらい学習したかによりインプット量を定義する。

4.6.4 音節分節と年齢要因とインプット量

以上見てきたように、外国語の音韻習得には学習開始年齢・発達年齢・インプット量が大きく影響すると見られる。従って、本書では、リサーチクエスチョンの 3 であるが、個人要因として上記の 3 要因に注目し、英語音の

分節にどのように影響を与えるかを明らかにする。

注

1 CHILDES の CLPF corpus にあり、約 20,000 語規模の発話コーパスである。Fikkert, P. (1994). *On the acquisition of prosodic structure. Unpublished doctoral dissertation.* Leiden: Leiden University. Holand Academic Graphics. Levelt, C. (1994). *On the acquisition of place. Unpublished doctoral dissertation.* Leiden: Leiden University. Holand Academic Graphics.
2 有標性（Markedness）と普遍的な制約（constraints）のランキングを取り入れた文法理論である（Prince & Smolensky, 1993）。
3 「スイカ」/suika/ の /i/ を特殊拍と見なしている。
4 pre-nasal shortening は Lovins (1975, p. 81) が使用している言葉であるが、[m] の場合は該当しないことを考えれば、pre-nasal という単語の使用には問題があると思われる。
5 bean /biːn/ は /n/ の前が長母音であるが、/bɪn/ とならないのは、音節構造が再編されたと考えられる。1 音節 3 モーラ（σ [μ μ μ]）が 2 音節（σ [μ μ] + σ [μ]）に再編され、3 モーラを 2 モーラと 1 モーラに分けたと考えられる。
6 窪薗・太田（1998）では、「パウンド」と書いてあるが、/aʊn/ が /aN/ になると考えれば、「バンド」になるという予測が立つ。しかし、実際は「ポンド」となる。
7 窪薗・太田（1998）も注で指摘しているように、government の /n/ が脱落して「ガバーメント」になるのは、音節量の現象ではなく、/-Nm/ という尾子音連続を避けるために起こった現象かもしれない（OCP、Obligatory Contour Principle ―類似の音節特徴が連続することを禁ずる）。
8 大脳は左半球と右半球という 2 つの主要部分からなり、大脳の発達に伴い、言語は左半球が支配するというように、異なる身体機能は徐々に大脳の異なる領域に支配されるようになると考えられている。このような状態を脳の側部化（lateralization）と呼ぶ。Lenneberg は、12 歳から 13 歳頃を過ぎると、言語機能が大脳の特定の部分にすでに確立されてしまうような側部化が起こることから、言語習得が困難であるという。しかしながら、言語において左半球・右半球における正確な働きは十分には解明されていない（Richards, Platt, & Weber, 1988, pp. 41–42, p. 89 を参照）。本書では、言語機能が左半球の領域に支配されるような側部化のことを一側化と呼ぶ。

第 5 章
音声知覚モデル

　本章では、これまでに提案されてきた代表的な音声知覚モデルを概説したのち、本書で考案する知覚モデルを提示する。

5.1　ボトムアップとトップダウン

　筧 (2002)、ライアルズ (2003) は、音声を聞いて「何を言っているか」を考える場合、ボトムアップ的な処理とトップダウン的な処理の 2 種類があるという。ボトムアップとは音声信号の中の音声情報を利用することで、これは音声情報の細部から処理をして最終的に意味に結び付ける。一方、トップダウンは、音声細部の処理ではなく、語用論的情報、意味的情報、あるいは他の言語的な情報を利用することである。

　ライアルズ (2003) は、トップダウン的な処理が必要である現象を次のように述べている。音声の産出過程において、ある音の調音[1]はいつも前の調音が完了してから始まるわけではない。例えば、英語の鼻音に先立つ母音においては、母音を調音している時点からすでに鼻音に向けて鼻咽腔閉鎖の解放が始まり、母音が鼻音化している。このように、ある音素のための調音運動がそれより前に始まる現象を予期的な調音結合[2] (anticipatory coarticulation) という。また、調音動作が、2 音素か 3 音素あとにある子音の産出時にも観察される現象を、持続的な調音結合 (perseverative coarticulation) という。音声知覚処理機構において、このような「はみ出し」の音声情報を処理する能力が備わっている必要がある。従って、音声知覚処理機構には、聞いた音を順に検索して意味理解につながるボトムアップ的処理と、文脈から予測を立てて「はみ出し」情報などを処理するトップダウン的処理の両方があ

る。

5.1.1 ボトムアップ的単語知覚モデル
モータ理論（Motor-Theory of Speech Perception）

　単語が聞こえてきた時、ボトムアップ的に、音素順に知覚処理が進むと考える単語知覚モデルには、モータ理論（Motor-Theory of Speech Perception）と Analysis-by-Synthesis モデルがある。モータ理論は、Liberman, Cooper, Shankweiler, and Studdert-Kennedy (1967) が提唱したもので、後続母音が変わるとその前の子音の音に変化が生ずるが、それでも同一の子音と知覚されるという事実を説明するために生み出された。そのような知覚が起こるのは、その子音を産出するために脳から調音器官へ送られる運動指令（motor command）が同じであり、音声の知覚処理にもその運動指令が利用されているからであるというものである。

　しかし、この理論の問題点として、聞き手がどのようにして音響信号の中から運動指令を取り出すのか説明がなされていない。外国語では、聞き取りはできるが言えないということがある。従って、運動指令が分からなくても知覚できるという場合もある。

　ライアルズ（2003）は、この理論を支持する証拠として、外国語で話し掛けられた時、それを理解しようとして唇を動かしたりすることや、"ga" と発音している映像（視覚的な情報）と同時に "ba" の音声（聴覚情報）を与えると "da" と知覚されるというマガーグ効果（McGurk & MacDonald, 1976, p.746）があることを挙げている。また、著者も、子どもの英語学習者が指導者の話す英語を理解しようとして、指導者の唇の動きに注目しながら、彼ら自身も唇を動かしているのをよく観察する。

　外国語の学習者は、聞き取りはできるが同じようには発音できない場合もあり、外国語学習についてはこの理論だけでは説明できない現象もあるが、マガーク効果のように、調音運動の観察などから得られる情報を知覚に結びつけることがあることから、この理論の有効性も認められる。また、1.1.4 でも述べたが、聴解において脳の発話や発話のプランニングが行われる領域が活性化される（Paulesu et al., 1993）ことからも、産出と知覚を切り離して考

えることはできないであろう。

Analysis-by-Synthesis

Analysis-by-Synthesisモデルは、モータ理論と同じく産出に基づくモデルである(Stevens & Halle, 1967)。聴き手は、耳から入ってきた音響信号を前分析(preliminary analysis)という過程で文脈上合致するような信号を作り、知覚のための抽象的パターンを想定しており、それと音韻規則に合致した復号化(decode)、すなわち産出を行う。このように、音響入力のパターンが産出パターンと一致するまで照合を繰り返し、意味処理を行う。モータ理論との相違点は、聴覚系の処理の役割が大きく、また、高次の意味的、統語的情報を仮説生成の際に反映できること、すなわちトップダウン情報の利用が可能である点である。しかし、モータ理論と同様に予備解析で利用される特徴がどのようなものであるか曖昧である。

上記の2つのモデルは、いずれも産出と知覚を結び付け、音素を順に分析していくモデルである。

5.1.2　ボトムアップ・トップダウン両方向型単語知覚モデル

コホートモデル(Cohort Model)

音声知覚において、ボトムアップ処理だけではなく、トップダウン処理が同時に行われているという考えがある。そのような考えの根拠となるのは、音素修復(phonemic restoration)という現象である(ライアルズ, 2003)。音素修復とは、ボトムアップの音声処理の段階で音声的に欠けた情報があったとしても、聞き手がその聞こえない音素を存在しているように「修復」して知覚することである。

ボトムアップ的処理とトップダウン的処理を組み合わせたモデルにコホートモデル(Cohort Model) (Marslen-Wilson & Welsh, 1978)がある。これは、相互作用的、並列的、オンライン的モデルである。話し言葉の単語知覚は、単語を最後まで聞かないうちにその処理が進む。Marslen-Wilson(1975)の追唱(shadowing)実験では、実験協力者は聞き取った文章を250ms遅れで追唱でき、文の意味も理解できていたと報告されている。実験協力者は語頭の2

〜3音のみ聞き、最後まで単語を聞かぬうちに単語認知が進むことが明らかにされた。単語提示から追唱開始までの時間が250msということは、反応指令のための時間を50ms〜75msと見積もると、単語認知にかかった時間は約200msあるいはそれ未満であることになる。この200msは話し言葉の1音節にも満たない長さである (Marslen-Wislon & Tyler, 1981)。Marslen-Wilson and Welshは、追唱 (shadowing) 実験と探索 (detection) 実験を行い、トップダウンの情報の影響を調べた。その結果、単語認知には最初の2〜3音素 (これをコホートと呼ぶ) が重要であった。コホートとして分析されると、その音素の連鎖が活性化され、単語構成のコホート候補としてプールされる。引き続き、後続する音素を聞きながら、また文脈からの情報から、適切ではないコホートは除外され、適切なコホートが選択される。

　例えば、stand という語の知覚処理においては、第1段階として、最初の音素である /stæ/ をコホートとして分析したとすると、その時点で心内辞書からそれらの音素の連鎖で始まるすべての語が活性化され、共通するコホートを持つ語として群を形成する。次に、その中から文脈に合致する語を選択する。/stæ/ の前に to 不定詞の to があれば、動詞以外の語は除外される。第3段階では、stand、stack のように意味的に適合する語が選択される。最後に、/stæ/ の次に /n/ が聞こえれば、これに合致する stand が選ばれるということになる (Marslen-Wislon & Tyler, 1981)。しかし、このモデルの難点は、阿部・桃内・金子・李 (1994) の指摘のとおり、語頭の音連続に重点を置きすぎており、bleasant を pleasant と聞き間違える場合や、複合語などの言い間違い[3]のような現象がうまく説明できないことである。

PDPモデル (Parallel Distributed Processing：並列分散処理)

　PDPモデルは、McClelland, Rumelhart, and the PDP (1986)、Rumelhart, McClelland, and the PDP (1986) により提唱されたモデルである。発話知覚におけるモデルはTRACEモデル (McClelland & Elman, 1986) と呼ばれ、特徴レベル・音素レベル・単語レベルの3レベルを想定している。音声が入力されると、まず聴覚上の特徴レベルに入り、続いて音素レベル、単語レベルが活性化される。レベル間は並列的に相互に作用し合う。また、レキシコ

ンからトップダウン的に音結合制約に影響を受ける。音素間の繋がりは、規則的な繋がりに対しては速く検索が進み、規則違反の繋がりに対しては検索が遅くなる。従って、頻度が高い音結合は活性化されやすく、頻度の低い音結合は活性化されにくい。このモデルの利点は、ライアルズ (2003) によると、今までの音素を時系列に処理していくモデルでは調音結合をうまく説明できなかったのに対し、「はみ出し」情報の説明ができるようになったことである。単語知覚では連続的に可能性のある候補を絞るという作業が伴う。単語の最初の部分を聞いただけでは、その後に続く音の可能性は大量にあって、何という単語か予測がつかないが、だんだん聞いていくに従って可能性のある単語の数が徐々に絞られて、多くの場合、単語を最後まで聞く前に候補を 1 つに絞ることが可能になる。

しかし、PDP モデルも、音素レベルより上の音節などの単語内の認知単位を想定していない。PDP モデルはあくまでも音素が基本にあり、そのボトムアップとトップダウンの並列処理によって音声知覚を行うと考えている。

5.2 音節単位単語知覚モデル

5.2.1 音節単位を示す現象

PDP モデルのように、ボトムアップ処理とトップダウン処理を想定し、並列的に分散的に処理できるモデルは、トップダウンだけのモデルよりも、調音結合のような「はみ出し」情報を説明できる点で優れていると考えられる。しかし、この PDP モデルでは、音素よりも大きな単位すなわち音節単位の知覚処理は想定していない。実際の音声処理の過程では、音素の処理ではなく、音節単位の処理が行われていると考えざるをえない現象が見られる。

Marslen-Wilson and Welsh (1978) の実験によると、1 音節にあたる 250ms を聞けば追唱ができる。さらに、追唱課題の刺激に誤りが埋め込まれている場合、その誤りが第 1 音節にある時より、第 3 音節[4]にある時の方が誤りをより頻繁に訂正する。この現象が生ずるのは、音素を時系列に処理している

わけではなく、音素より大きな単位すなわち音節という単位で処理を行っているからであると考えられる。

　Dupoux et al. (1999) は、日本語母語話者とフランス語母語話者について、子音クラスターの間に母音が挿入されて知覚されるかどうかの実験を行った結果、日本語母語話者は、音声的に母音が含まれていない場合も、70％が母音があると知覚したと報告している。このことから、Dupoux et al. は次のように推論している。日本語母語話者は、日本語の音韻構造は CV を基本としており、子音クラスターを許さないという制約から、子音クラスターの間に音声的には存在しない母音（illusory vowels）を知覚する。つまり、CV のような音結合の知識あるいは音節の知識により、知覚は大きな影響を受ける。外国語を聞いた時、/l/ と /r/ のように、音素を母語のカテゴリーに同化させるだけでなく、母語の音結合に当てはまるように、音結合を歪曲して聴いたり、創造したりする。Dupoux et al. は、日本語母語話者の知覚から、音素を個別に知覚しているのではなく、より大きなかたまりのカテゴリーとして知覚している可能性を指摘している。例えば、日本語母語話者が ebzo という無意味語を聞くと、まず日本語の音節構造に当てはまる V、CV から、e と zo が活性化し、そして、b の後ろには、/u/、/a/、/e/、/i/、/o/ を挿入した形で検索していく。なお、これらの母音は挿入されやすい順に並べたものである。

　また、筧（2002）は、日本語母語話者とオランダ語母語話者を対象に、雑音置換による子音情報の減少に対し、閉鎖前部に残った情報から子音の特徴が抽出でき、音素修復が可能であることから、音素よりも大きな単位を知覚していると想定できると述べている。

　学習者に英語のインプット量が十分あり、音素と音素のつながりなどの音結合制約を習得していれば、音素単位の検索ではなく、連続した 2 音素（バイグラム）または音節単位での検索を行っているといえるだろう。例えば、train を知覚する場合に、日本人は /l/ と /r/ の弁別が困難であるが、/tl/ は音結合制約に違反し、音節頭子音群には現れないという知識があれば、/tl/ ではなく /tr/ と捉えることができ、すぐに検索できるだろう。しかし、train を /to.re.i.n/ のように母音を挿入し、モーラで分節すれば、本来 /tr/ を検索

しなければならないのに /to/ を検索し、次に /re/ を検索し、最終的には該当する単語が無いという結果になる。

　Perruchet and Vinter(1998)によると、大人は無意味語を読む時に、一文字ごと読むのではなく、2、3個の文字をひとかたまりにして読む。実験においても、無意味語を書くように言われると、2〜4個の文字をかたまりとして書き出す。知らない言語の単語を聞く時、聞き手は、同じように文字ではなく音節のかたまりで聞こうとする。

　また、8ヶ月齢児において、統計的に音節が隣接して出現する頻度が高い場合、連続した音声から、単語を取り出し認識できることが明らかにされた(Saffran et al., 1996)。ことから、Saffran et al. は、音節が知覚単位であるとの立場に立って、PARSER と呼ばれる単語分節モデルを提唱している。

5.2.2　PARSER

　PARSER は、単語や統語的に結びつきの強いもの、音節の頻度が高いものを優先的に選ぶ単語知覚モデルである。PARSER のモデルには、percept shaper(以下、PS と略す)と呼ばれるシステム機構と、weight、forgetting、interference の3項目を数値化し、単語として予測される適切な分節単位を構築させるモデルを提示している。PS とは言語材料の内部表象の総体をいう。PS の中には、単語、認められる節、単語部分(例えば、3音節語のうちの2音節部分)、無意味語(ある単語の語末音節と他の単語の語頭音節の組み合わせ)などあらゆる言語材料が混在している。weight は、ある項目に対して、PS の中に配置している親密度を表す。forgetting は、ある一連の音単位が知覚されなければ、PS の中から忘却されていくというものである。interference は、ある一連の音単位を知覚する際に、PS を構成する他の言語材料から遡って干渉(interference)され、影響を受けることである。例えば、bupa を知覚した時に、すでに bu と pa が知覚されて PS の中に存在している時は、それぞれが干渉を受けるということである。

　図12は、PARSER の各段階処理のフローチャートである。Perruchet and Vinter (1998) が、Saffran et al. (1996) の実験結果を PARSER で分析している。分析の過程は次のとおりである。

babupu、bupada、dutaba、patubi、pidabu、tutibu の 3 音節語を使用し、tutibudutabatutibupatu…などの一連の音声を作成する。PARSER にその音声が入力されると、小さい特徴的な部分に分節される。ステップ a においては、1 〜 3 つの音節を一塊として分節される。上記の音連続を 2・3・2・3・1 と分節すると、tuti、buduta、batu、tibupa、tu となる。ステップ b では、PS の中で、その単位が存在しているかどうかを検討し、tuti、buduta、batu、tibupa が PS に存在していなければ、新しい単位としてその知覚単位を作成する(ステップ c)。そして、その新しい音節単位に weight を当てはめる。tu、ti、bu などは、すでに PS 内で存在するので、第 5 番目の tu はその weight を増加させる (ステップ f)。PS を構成する単位は忘却(forgetting)されたり、遡って干渉(interference)されたりという影響を受ける。最初の weight は 1 とし、もし PS に存在する単位が再び知覚された場合はその

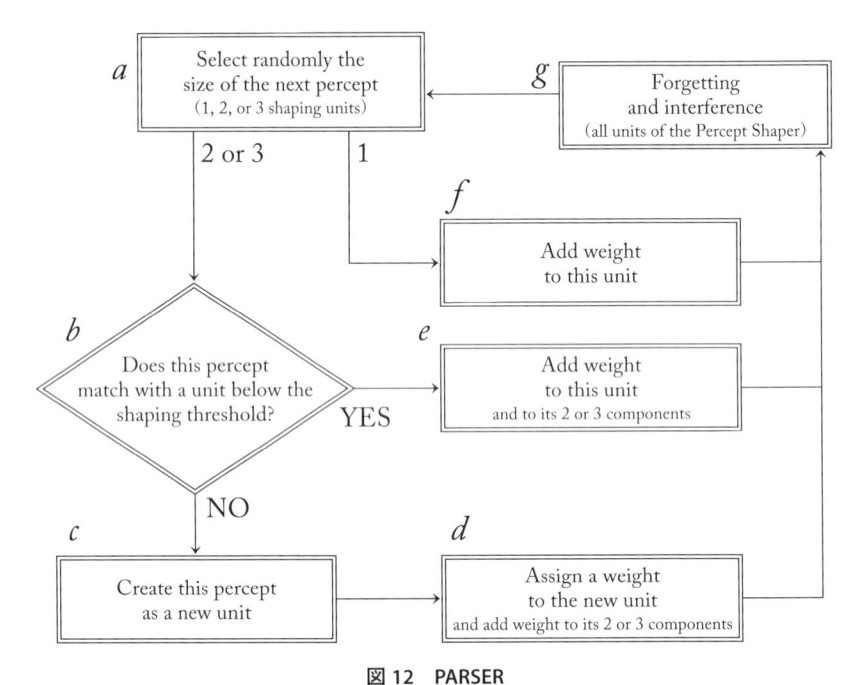

図 12　PARSER

注：Perruchet and Vinter(1998, p. 251)から抜粋。

weightを0.5増加することとする。しかし、interferenceを受ける時は0.005マイナスされることとし、知覚されないとforgettingとして、0.05マイナスされることにする。すなわち、新しい単位が知覚されるとweightが1になり、その後、もし次の20回の知覚において同じ単位が知覚されなければ、0になり（1－0.05×20＝0）になり、PSから消滅する。

このモデルは、音節という単位を知覚単位として想定して頻度を組み込んでいることは興味深いが、音響的情報を取り入れているモデルではない。

5.2.3 音節分節知覚モデル

Coleman（2002）の考えを図で表すと図13のようになるが、この節では、この図を発展させ、単語認知モデルのうち、ボトムアップ式に音節を単位とした知覚処理を行い、またトップダウン式に意味的、統語的、レキシコン的情報を利用するモデルを提案する。

Coleman（2002）は、単語内の音節の数と聞こえのピークの数が一致しない場合、音節構造が問題となり、知覚処理が異なったり、意味理解が困難になると述べている。例えば、buying /baɪɪŋ/、payee /peɪiː/、the eel /ðiːl/ は、2音節であるが、聞こえのピークは1つであり、母音は二重母音や三重母音である。一方、spray /spreɪ/ の頭子音の /s/ の聞こえは /p/ より高く、第2音節目の二重母音 /eɪ/ にも聞こえのピークが生じるため、1音節単語でありながら聞こえのピークが2つある。例えば、英国北東部の英語では、milk、filmを [mɪlək]、[fɪləm] と /lk/、/lm/ の間に弱母音が挿入されて発音されるため、プレレキシコンにおいては2音節ではないかとも推測される。英国北東部の英語の方言話者は [fɪləm] の調音に口を2回開けるので、振幅の最高点（amplitude maxima）が2つある。そのため、音響的には2音節である。しかし、英国北東部の英語の方言話者同士では、[fɪləm] をfilmという単語として知覚するであろうが、その方言を知らない聞き手は、[fɪləm] を [fɪl.əm] のように2音節として復号化（decode）し、意味の解釈ができなくなることも考えられる。以上の例のように、音響的には1音節であるが音韻的には2音節である場合や、音響的には2音節であるが音韻的には1音節である場合のように、数の不一致が問題となる。しかし、通常の音声知覚には、図

12の中のボトムアップのプロセスだけではなく、統語的(syntactic)、意味的(semantic)なトップダウンのプロセスを含んでいるため、それによってレキシコンへのアクセスと音韻的復号化が確保され、最終的な意味解釈が可能になっていると考えられる(Nicol, 1996)。しかし、この問題に対する実験的な研究はこれまで行われていない。

　ボトムアップのプロセスにおいて、単語を分節する過程は、意味を検索するレキシコンの過程に入る前のプレレキシコンで処理されていると考えられる。Mehler et al. (1981)、Coleman (2002)のモデルによると、音声的復号化(phonetic decoding)、音韻的復号化(phonological decoding)、形態的素復号化(morphological decoding)はプレレキシコンであり、音節分節されるのは音韻的復号化(phonological decoding)の段階である。

```
              top-down process
                    ↓
           semantic interpretation              ??
                  ↑ ↓
             syntactic decoding                 ??
                  ↑ ↓
              lexical access         'fill am'  ??
                  ↑ ↓
          morphological decoding    'fɪll am'  ??
                  ↑ ↓
          phonological decoding      /fɪl.əm/
                  ↑ ↓
            phonetic decoding        /fɪləm/
                    ↑
              bottom-up process
```

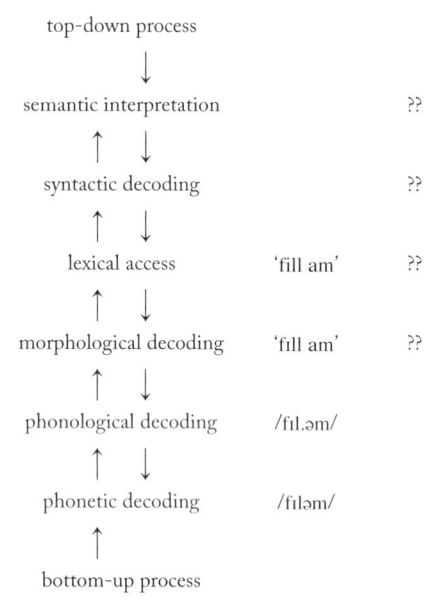

図13　Colemanの音声知覚モデル

　阿部・桃内・金子・李(1994)によると、単語認知過程には、辞書アクセス前(pre-lexical)過程、辞書アクセス過程、辞書アクセス後(post-lexical)過程があるという。では、どの段階で音節構造の制約が働いているのだろう

か。

　Dupoux et al.(2001)は、Dupoux et al.(1999)の実験結果を受け、日本人は、日本語の音節構造の制約から、子音クラスターの間に母音を挿入するが、プレレキシコンの段階で音結合制約の影響を受けて、母音を挿入しているのか、あるいはレキシコンの影響をトップダウン的に受けて母音を挿入しているのかを明らかにしている。sokdo のように /u/ が挿入されると sokudo（速度）という単語になる場合と、mikdo（帝）[5] のように /a/ が挿入されると mikado という単語になる場合において、音声を聞いてローマ字表記をさせるタスクと、それらの刺激が単語であるか単語でないか判断させ反応時間を測定するタスクを行った。もし、トップダウンのレキシコンの影響を受ければ、mikdo をレキシコンに存在する有意味語である mikado と表記し、また反応速度も有意味語の sokudo（速度）と同等の反応時間になるはずである。結果は、ローマ字表記タスクの場合は、mikudo と表記する場合が多かった。反応速度タスクでは、mikdo の方が sokdo よりも反応時間が遅いことから、有意味語であるとは判断していない。このことから、レキシコンからのトップダウンの影響が見られないため、音節構造の制約が働くのはプレレキシコンの過程であるといえる。

　Coleman(2002)のモデルと、阿部・桃内・金子・李(1994)の辞書アクセス前過程、辞書アクセス過程、辞書アクセス後過程と、Coleman(2002)、Cutler et al.(1992)、Dupoux et al.(1999)、Dupoux et al.(2001)が想定しているプレレキシコンのレベルを取り入れ、日本人英語学習者、日本語母語話者、英語母語話者の知覚について、筆者は以下の音節分節知覚モデルを立てる（図14）。

　ある発話が入力されると、伝統的なモデル(Liberman et al., 1967)では、母音・子音など音レベルで知覚される(phonetic decoding)と考えられている。しかし、PARSER(Perruchet & Vinter, 1998)や Coleman(2002)のモデルでは、音レベルの知覚は想定しておらず、ボトムアップ過程の初期段階は音節である。しかし、トップダウンとボトムアップの双方向の並列処理をする PDP モデルは、音レベルの処理を仮定している(McClelland et al., 1986; Rumelhart et al., 1986)。音レベルで知覚されてから音韻的レベルにいくかど

```
                                                              top-down process
                      semantic interpretation    'pencil' OK      'pe n su lu' ??    ↓
  post-lexical                ↑
                      syntactic decoding         'pencil' OK      'pe n su lu' ??    ↓
                             ↑
  lexical             lexical access             'pencil' OK      'pe n su lu'↓ ??
                             ↑
                      morphological decoding     'pencil' OK      'pe n su lu' ??    ↓
                             ↑
  pre-lexical         phonological decoding      /pen.səl/         /pe.n.su.lu/      ↓
                             ↑                   英語の音節構造     日本語の音節構造
                                                                   (母音挿入・CV 構造)
                                                     ↑                 ↑
                                        韻律情報（ストレス・調音など）が影響する
                                                 'pencil' OK      'pencil' OK
                      phonetic decoding          [pen.səl]         [pen.səl]
                             ↑
                                                  英語母語話者       日本語母語話者

                                                       日本人英語学習者

                         [pensəl]

                      bottom-up process
```

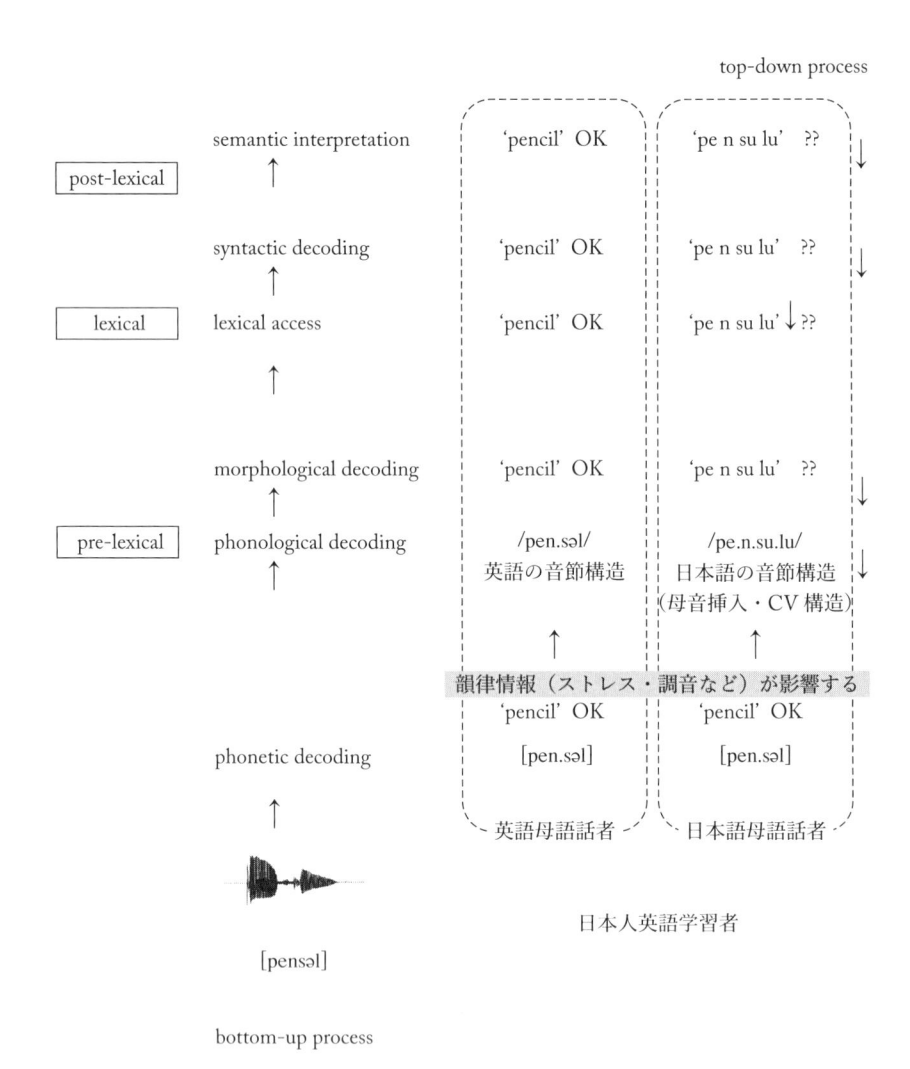

図14　日本人英語学習者・日本語母語話者・英語母語話者の音節分節知覚モデル

うかは問題のあるところである。本書では、便宜上、音レベルの知覚（phonetic decoding）を設定している。しかし、本書では知覚の単位としてモーラまたは音節を対象として考察しているため、音レベルの知覚についてはこれ以上扱わないことにする。本書では、音声入力が始まった段階で、音韻的復

号化レベル (phonological decoding) を最初のボトムアップの過程とし、音結合制約、頻度情報、ストレスや調音などの韻律情報[6]を使い、単語を音節やモーラに分節する。もし、日本語母語話者が英単語を知覚処理する際に母音を挿入してモーラで分節するならば、film は /fɪ.lu.mu/、あるいは /fu.i.lu.mu/ と捉えると推測される。その場合、プレレキシコンの音韻的符号化レベルでは、3 ないし 4 個に分節されてレキシコンで検索されるため、Coleman (2002) のモデルによると、検索に時間がかかったり、あるいは検索が失敗することになる。

2 音節語に対する標準的な英語母語話者[7]と日本人英語学習者の知覚処理は図 13 のようになる。pencil /pensəl/ の調音では、口を 2 回開けることにより、振幅最高点 (amplitude maxima) が 2 つあるため、音響的にも音韻的にも 2 音節である。

英語母語話者は /pen.səl/ のように 2 音節で知覚するが、日本語母語話者は日本語音節構造の影響を受けて知覚すると、子音間や語末に母音が存在するかのように聞こえ、結果的には /pe.n.su.lu/ のようなモーラ分節を行い、レキシコンにおいて 4 モーラ語として検索されるため、検索に時間がかかるか、あるいは意味理解が不可能になると考えられる。

日本人英語学習者は、学習を通して、英語の音韻知識を習得し、英語母語話者のように音節で捉えることができる場合もあると考えられる。英語の学習開始年齢、発達年齢、インプット量などの影響を受け、それらにより、英語音を英語母語話者のように音節で捉えることができる者、音節とモーラでミックスして知覚できる者、あるいは日本語母語話者特有の特徴を持つモーラで捉える者の 3 種類の知覚方法が現れると考えられる。

Mehler et al. (1981) は音節構造の特徴により単語の検索[8]が決まると述べている。従って、日本人英語学習者も英語母語話者のように英単語を音節で知覚することが意味理解において重要であるといえる。

注

1. 調音 (articulation) とは、舌と上の歯など2つの音声器官が接近または接触することである (Ladefoged, 1993)。
2. 調音結合 (coarticulation) とは、隣接する調音が重なりあうことである (Ladefoged, 1993)。
3. a reading list を a leading list のように、reading の語頭の r と list の語頭の l が混合するエラーが見られる (窪薗, 1995)。
4. 通常第3音節まである特定の単語を聞けば、どの単語かを推測しやすく、誤りも指摘されやすいと考えられ、その結果だけをもって音節で知覚しているとはいえない場合も考えられる。
5. Dupoux et al. (1999) の実験において、子音クラスターの間に挿入される母音は /u/ が一番多く、また mikado (帝) という日本語は sokudo (速度) に比べて一般的ではないため、mikudo と表記され、反応時間も遅かったともいえる。そのため、まったくレキシコンからの影響が見られないと結論付けるのは注意が必要である。
6. 韻律情報とは、prosodic feature (韻律素性、韻律的特徴) のことであり、Jakobson and Halle (1956) の弁別的素性の1つで、tone (調子)、force (強さ)、quantity (音量) の3つの特徴を挙げ、具体的には、高さ、長さ、大きさを示す。suprasegmental feature (超分節素性) ともいい、調音結合なども含まれる (荒木, 1999)。
7. 標準的なアメリカ英語 GA を想定している。
8. Cutler et al. (1986) では、フランス語では音節構造が単語検索に有効であったが、英語はストレス言語であるため、フランス語ほど音節での分節が明確ではなく、英語の音節分節を否定するような実験結果も見られる。

第 6 章
インプット量

6.1　実験参加者の英語能力測定

　第 3 章において、英語の音声知覚の単位が音節である可能性を指摘し、多音節単語の分節において、Maximal Onset (Selkirk, 1982)、ストレス、母音、子音など (Fallows, 1981; Treiman & Danis, 1988; Treiman, et al., 1994)、音結合制約の情報 (Johnson & Jusczyk, 2001; Mattys et al., 1999) の影響を述べた。さらに、音節化において、Maximal Onset、ストレス、音結合制約など相反する規則が適用される時は、大人の場合は、音結合制約を優先し、乳幼児の場合はストレスなどの韻律情報を優先することが明らかにされた。小学生の場合は、優先順位が高い方から、ストレス＞音結合制約＞母音と子音の種類＞形態素の順に推測される。

　本章では、まず、実験参加者の情報と学習状況について述べ、英語学習によってどのような英語力が身についているかを判定する。次に、実験参加者がどのような英語を音声としてインプットしているかを測定し、それを基に実験材料を作成する。

6.1.1　実験参加者の情報

　実験参加者は、英語塾で、週 1 回 60 分の英会話レッスンを受けている小学 1 年生から 6 年生まで全 51 名である。内訳は、1 年生 6 名 (男子 1 名、女子 5 名、平均年齢：7 歳 6 ヶ月)、2 年生 1 名 (女子 1 名、年齢：8 歳 7 ヶ月)、3 年生 6 名 (男子 5 名、女子 1 名、平均年齢：9 歳 6 ヶ月)、4 年生 9 名 (男子 5 名、女子 4 名、平均年齢：10 歳 6 ヶ月)、5 年生 14 名 (男子 12 名、女子 2 名、平均年齢：11 歳 7 ヶ月)、6 年生 15 名 (男子 9 名、女子 6 名、平

均年齢：12歳7ヶ月）である（表8参照）。教材として、Let's Go 1〜5 (Nakata, Frazier, Hoskins, & Wilkinson, 2000) のテキスト、ワークブック、そのテキストの内容が収録されたCDを常時使用している。教師は日本人である。私設の塾の学習者に限定したのは、個人情報の取得に対する協力が得られやすく、学習歴がわかるため、どのような英語がインプットされているか容易に把握できるからである。

　表8の示すとおり、例えば、英語学習開始年齢が8・9歳で発達年齢が9・10歳のサンプルサイズは6名であり、十分大きいとはいいがたい。本実験では、実験参加者を特定の英語塾に限定している為、サンプルサイズが小さい場合がある。パラメトリック検定などを行うにあたり、一般論としてはもちろんサンプルサイズが大きい方が好ましいが、本書では、学習者の学習しているインプット量を測定し、その学習の質と量を確認した後、それを反映した実験材料を作成することにしている。従って、ある特定の学習経歴を持つ学習者に限定し実験に参加してもらうことになり、サンプルサイズが小さくならざるをえない。しかしながら、実験参加者の学習経歴を限定したことにより、データ分析の解釈を困難にするような潜在的なかく乱要因を排除できると考えられる。

表8　実験参加者の英語学習開始年齢と発達年齢と経験年数別内訳

開始年齢＼発達年齢	7・8歳（平均7歳5ヶ月）	9・10歳（平均9歳9ヶ月）	11・12歳（平均11歳8ヶ月）
6・7歳（平均6歳9ヶ月）	7名	9名	5名
8・9歳（平均8歳10ヶ月）		6名	12名
10・11歳（平均11歳1ヶ月）			12名

注：開始年齢とは英語の学習を開始した年齢であり、発達年齢とは実験時の実年齢のことである。
　　セルの柄は経験年数を示す。
　　□ 2年未満（平均10ヶ月）
　　■ 2年以上4年未満（平均2年8ヶ月）
　　■ 4年以上（平均4年7ヶ月）

6.1.2　英語学習内容

　英語力を測定する際どの測定方法を選択するかにおいては、通常の英語学習の中身を反映したものである必要がある。実際の英語学習内容の概略は以下のとおりである。

5 分間：挨拶をする
　　　　教師：How are you? Do you have any news?
　　　　生徒：I'm fine. I went to Tokyo Disneyland.
5 分間：can の使い方を学習
　　　　教師：Can you swim?
　　　　生徒 1：Yes, I can.
　　　　生徒 2：No, I can't.
2 分間：テキスト音声の CD のダイアローグを聞く
　　　　教師：What can she do?
　　　　生徒：She can swim.
5 分間：テキストを見ながら、再度 CD を聞く
5 分間：内容の理解を確認し、読み方を確認する
10 分間：ロールプレイを行う
　　　　全員の前で発表する
10 分間：ワークブックを使いセンテンスを書いて覚える
5 分間：Can を使ったゲームを行う
　　　　"swim"、"run" などの動詞のカードを使い、"I can swim." などのような英文を制限時間内にできるだけ多く作らせる
5 分間：全体を復習する
5 分間：宿題の確認と挨拶をする

　語彙・文法・読解・リスニングを総合的に判断する英語試験としては、財団法人日本英語検定協会主催の実用英語技能検定試験(5 級～1 級)がある。英語が使用される実社会を想定した TOEIC や、英語圏の大学に留学する際の英語力測定のための試験である TOEFL は、標準化された問題という点

では英語力を測定するのに信頼できる試験である。それらの試験は主に高校生以上の学習内容であり、実用英語技能検定試験は英語の文字の読み書きが十分できる学習者を対象としている。小学生を対象としたリスニングテストとしては、財団法人日本英語検定協会主催の児童英語検定試験[1]がある。前述のような英語授業を受講し、英語の読み能力が十分ではない本実験参加者には、単語、センテンス、ダイアローグ、短い話などの音声を聞き、該当する絵を二者択一または三者択一で選ぶ問題である児童英語検定試験が適切と考え、それを採用した。

この児童英語検定試験の問題が、小学生の英語学習者の英語能力を測定するのに適しているかどうかのパイロットスタディ[2]を行った結果、どのような年齢の子どもでも解答できることが確認できたため、本書で使用することとした。

6.1.3 英語テスト材料

財団法人日本英語検定協会主催の 1998 年度第 2 回（1998 年 10 月実施）児童英語検定試験の 3 級から 1 級の問題から抜粋し、既習事項と未習事項に関する英語テスト問題を作成した。問題の大部分は今まで学習した内容であり、それらはすべて、『ニュープロシード英和辞典』の「新キーワード 5000 語[3]」の中で、頻度ランク 5 段階中 4 及び 5 以上の高頻度で出現する単語を選択した。リスニングテスト用の音声は、音声分析ソフト SP4WIN Custom (NTT アドバンステクノロジ) によって編集した。シグナル音の約 1 秒後に、日本語で問題番号が聞こえ、その約 1 秒後にターゲット語が聞こえ、さらに約 2 秒後に同じ語が繰り返される。その後、解答するために約 7 秒間のポーズがある。

テストは、問題 1 〜問題 5 まであり、全部で 36 問から成る。すべて、英語を聞いて適切な絵を選ぶ問題である。問題 1 は全 12 問あり、その内訳は、tulip などの名詞の聞き取り 6 問、a cold winter night のような冠詞＋形容詞＋名詞の聞き取り 2 問、three sisters のような数詞＋名詞の聞き取り 2 問、a roll of paper などの慣用的表現の聞き取り 2 問の構成である。問題 2 は全 8 問で、2 つの場面から成る。郵便局へ行って手紙を出すという場面

と、日本の習慣を説明するという場面で、各場面について4つの設問がある。問題3は全8問で、一文ずつの2人の会話で、2つの場面がある。1つはお母さんと女の子が買い物をしている場面で、2つ目は男の子がコンサートに行った話をしているという設定であり、各場面とも4つの設問がある。問題4は2問ある。1問目は、女の子とお母さんの1文ずつの会話で、それぞれ交互に3回発話しており、朝ごはんの様子を描いている。2問目は女の子がお父さんと過ごした週末について5文から成る説明をしている。問題5は全6問である。4問は、絵について1人が質問しており、別の1人が2つの答え方を言い、どちらが正しい受け答えかを選ぶ問題である。残りの2問は1人が発話すると、それに続く答えとして適当なものを2つの受け答えから選ぶという問題である。成績は1問1点、36点満点で集計する。

6.1.4　英語テスト実施

　テストは、2004年11月に通常の60分の英語授業時間内の約30分を使って実施した。実験参加者は、互いの解答が見えないように離れて着席した。再生用MDプレイヤーとスピーカーを教室の前中央の机に置き、音声が十分聞こえるボリュームに設定した。外部からの雑音が入らないようにするため、窓や戸は閉めた。音声の指示に従って、各人に渡した解答用紙の選択肢の○を塗って解答するよう指示した。解答の仕方を説明したのち、筆者が、実験参加者の前でやり方をデモンストレーションし、わかったかどうか確認した上で、本テストを開始した。児童たちが問題をスムーズに解答しているかどうか、児童の様子を観察していたが、特に問題は見られなかった。

6.1.5　統計処理について

　データを分析する際の、正規性、等分散性、検定方法について述べる。

正規性の検定について

　統計処理をするにあたり、正規性の検定を行った。観測された歪度と尖度[4]は、正規性を測る指標として有効である（D'Agostino & Tietjen, 1973; Zar, 1996）。その歪度・尖度をそれぞれの標準誤差で割り、その絶対値が2 (1.96)

以下であれば、それらの母集団における真の値は0であるという帰無仮説（条件間には差がない）を否定できないといういうことになり、その意味で、正規分布していると見なし得る。今後、特に記述しなければ、本研究で使用したデータを統計処理する際には、そのすべてに関係する正規性の検定を行い、その母集団における正規性が認められたことを意味するものとする。

等分散性について

分散分析を行う際の前提として、各母集団の母分散が等しいという等分散性の検定が行われなくてはならない（石村・アレン，1997）。本書においては、統計ソフトSPSS 11.0のルビーンの検定（Levene test）を行い、分散分析を行う前に等分散性を確認している。従って、特に断わらなければ、等分散性は保証されているということである。

検定方法について

有意差検定においては、本実験では一元配置分散分析や二元配置分散分析のようなパラメトリック検定を行う。しかし、正規性や等分散性が保証されている場合でも、標本サイズが10に満たない場合は、慎重を期してノンパラメトリック検定も併用する。例えば、パラメトリック検定において一元配置分散分析を使う場合は、ノンパラメトリック検定ではKruskal Wallis検定を使う。また、パラメトリック検定において二元配置分散分析を使う場合、2つの対応があるデータの場合はWilcoxon検定を使い、3つ以上の対応があるデータの場合はFriedman検定を行う。なお、ノンパラメトリック検定の結果は、パラメトリック検定との間に有意差検定の結果に差異が生じる場合のみ表記するものとする。特に表記しない場合は、有意性の検定の結果においてパラメトリック検定とノンパラメトリック検定には違いが見られず、同じ結果であるということである。

6.1.6　結果と考察

学習者について、英語学習開始年齢、発達年齢、経験年数の3要因に分けて分析を行った。

実験時の発達年齢を11・12歳（平均11歳8ヶ月）に統制し、英語学習開始年齢を主要因として6・7歳まで（平均6歳9ヶ月、5名）、8・9歳まで（平均8歳10ヶ月、12名）、10・11歳（平均11歳1ヶ月、12名）までの3群に分け、リスニングテストの平均点を従属変数とする。表9は、その平均点と標準偏差を示したものである。一元配置分散分析を行った結果、英語学習開始年齢の主効果は有意であった［$F(2, 28) = 3.53, p < .05$］。その後、Tukeyの多重比較を行ったところ、開始年齢6・7歳群、8・9歳群と10・11歳群との間の差は有意であった。開始時期が9歳より早い群は、10歳以降に開始した群よりリスニングの成績が高いといえる。

　しかし、英語学習開始年齢が低ければ、学習経験年数も長くなる場合もあるので、次に学習経験の長さを一定にし、発達年齢により違いが見られるかを検討する。

　学習経験年数を平均10ヶ月に統制し、発達年齢を主要因として7・8歳（平均7歳5ヶ月、7名）、9・10歳（平均9歳9ヶ月、6名）、11・12歳（平均11歳8ヶ月、12名）の3群に分け、リスニングテストの平均点を従属変数とする。その平均点と標準偏差を表10に示す。一元配置分散分析を行った結果、その主効果は有意であった［$F(2, 24) = 5.61, p < .05$］。Tukeyの多重比較を行うと、発達年齢9・10歳群、11・12歳群は7・8歳群に比べて有意にリスニングの成績がよかった。

　次に、学習開始時期を一定にし、学習経験年数の違いによりリスニングの成績に違いがあるかを検討する。学習開始時期を6・7歳（平均6歳9ヶ月）で統制し、経験年数を主要因として2年未満（平均10ヶ月、7名）、2年以上4年未満（平均2年8ヶ月、9名）、4年以上（平均4年7ヶ月、5名）に分け、リスニングテストの平均点を従属変数とする。その平均点と標準偏差は表11に示すとおりである。一元配置分散分析を行った結果、その主効果は有意であった［$F(2, 20) = 13.51, p < .001$］。Tukeyの多重比較の結果、4年以上群と2年以上4年未満群は2年未満群に比べて有意にリスニングテストの結果が高かった。従って、2年以上学習すれば、2年未満の学習者よりも高いリスニングの得点が得られるといえる。

　以上の個別の分析から、英語学習開始年齢では、開始年齢が9歳より早

く、現在の発達年齢が 9・10 歳以降であり、経験年数が 2 年以上であれば、リスニングテストの成績が有意に高いといえる。

　では、何歳から学習を開始し(開始年齢：以下、開始と略記する)、現在何歳(発達年齢：以下、発達と略記する)である各学習者が、テスト結果において優位であるかを検討する。英語学習開始年齢と発達年齢の 2 要因をまとめて年齢要因と呼ぶ。年齢要因を主要因とし、次の全 6 群(開始 6・7 歳―発達 7・8 歳群、開始 6・7 歳―発達 9・10 歳群、開始 6・7 歳―発達 11・12 歳群、開始 8・9 歳―発達 9・10 歳群、開始 8・9 歳―発達 11・12 歳群、開始 10・11 歳―発達 11・12 歳群)に分け、リスニングテスト結果の平均点を従属変数とし、一元配置分散分析を行う。なお、そのテストの平均点と標準偏差は表 12 に示すとおりである。図 15 は、各群の英語学習開始年齢及び発達年齢とリスニングテスト結果との関係を示す。一元配置分散分析を行った結果、年齢要因の主効果が有意であったため［$F(5, 45) = 5.56, p < .01$］、Tukey の多重比較を行った。その結果、開始 6・7 歳―発達 9・10 歳群、開始 6・7 歳―発達 11・12 歳群、開始 8・9 歳―発達 11・12 歳群、開始 10・11 歳―発達 11・12 歳群は、開始 6・7 歳―発達 7・8 歳群と比べ、得点が有意に高かった。しかし、開始 6・7 歳―発達 7・8 歳群と開始 8・9 歳―発達 9・10 歳群では平均点に差は見られなかった。その結果、6・7 歳から英語を学習し始め、4 年以上学習経験があり、現在 11・12 歳になった群が最もリスニングの成績が高い。8・9 歳や、10・11 歳に学習を開始した群は、学習経験が 2 年未満であっても、6・7 歳から開始し 2 年学習を経験した群に匹敵する成績であるが、それ以降、2 年間学習を経験した時点では、7・8 歳から英語を学習した群より成績が劣る。従って、6・7 歳の早い時期から英語を学習し、4 年以上の学習経験を経ると英語のリスニング力が向上するといえる。

　6・7 歳から開始し、2 年間から 4 年間英語を学習した群と比べて、8・9 歳、または 10・11 歳から英語を開始して 2 年未満の学習者と差が見られないということは、8・9 歳や 10・11 歳の学習者は、6・7 歳に比べ、認知的処理及び記憶処理において有利であり(詳しくは、7.2、7.3 参照)、その有利さが、リスニングの成績に一種のアドバンテージとして現れていると考えら

れる。しかし、6・7歳から開始して、4年学習し、11・12歳になった段階で、今までの累計的な学習量の効果が現れると考えられる。

表9　リスニングテストの開始年齢別平均得点と標準偏差

開始年齢	経験年数	人数	平均	標準偏差
6・7歳	4年7ヶ月	5	28.20	2.58
8・9歳	2年8ヶ月	12	24.33	3.23
10・11歳	10ヶ月	12	23.58	3.63

表10　リスニングテストの発達年齢別平均得点と標準偏差

発達年齢	人数	平均	標準偏差
7・8歳	7	18.00	2.82
9・10歳	6	22.17	4.02
11・12歳	12	23.58	3.63

表11　リスニングテストの経験年数別平均得点と標準偏差

経験年数	発達年齢	人数	平均	標準偏差
2年未満	7歳6ヶ月	7	18.00	2.82
2年以上4年未満	9歳11ヶ月	9	23.44	4.07
4年以上	11歳10ヶ月	5	28.20	2.58

表12　リスニングテストの年齢要因別平均得点と標準偏差

開始＼発達	7・8歳 平均	標準偏差	人数	9・10歳 平均	標準偏差	人数	11・12歳 平均	標準偏差	人数
6・7歳	18.00	1.32	7	23.44	1.16	9	28.20	1.56	5
8・9歳				22.17	1.42	6	24.33	1.01	12
10・11歳							23.58	1.01	12

表 13　リスニングテストの年齢要因別多重比較の結果

左項 VS. 右項	開 6・7 発 9・10	開 6・7 発 11・12	開 8・9 発 9・10	開 8・9 発 11・12	開 10・11 発 11・12
開 6・7 発 7・8	<	<	=	<	<

注：開―開始年齢、発―発達年齢を表す。

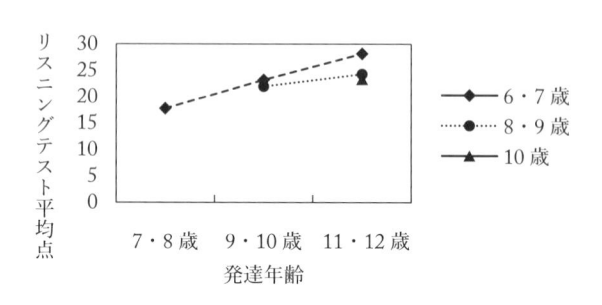

図 15　リスニングテストの年齢要因別平均得点
注：各マークは英語学習開始年齢を表す。

6.2　インプット量測定の目的

　第 3 章で述べたように、単語の分節には、ストレスや母音や子音の影響が大きいことが明らかにされている。Fallows (1981)、Treiman and Danis (1988)、Treiman et al.(1994) の実験で、第 2 音節にストレスが付く場合の分節は、CV.'CVC が CVC.'VC より優先され、母音間の子音が阻害音の時、その傾向が強い。第 1 音節にストレスが付き、母音が弛緩母音であれば、'CV.CVC より 'CVC.VC に分節されやすい。また、第 1 音節にストレスが付き、母音が緊張母音であれば、'CV.CVC に分節されやすい。母音間が弛緩母音で子音が、鼻音・流音の共鳴音であれば、'CVC.VC となる場合と 'CVC.CVC のように両音節的になる場合がある。そこで、実験参加者のインプット量を測定し、その出現頻度の高い音節構造を持ち、頻度の高い母音と子音を選び、音結合制約に違反しない人工的な実験材料を作成する。

6.3 インプットの種類と量

　本実験参加者の英語のインプットの種類は、主に3種類あると考えられる。週1回の英語授業で用いる(a)テキストを収録したGAの発音、(b)教師の発音、(c)家庭学習で聞くテキスト音声や英会話のテレビやラジオの音声である。毎回の授業において、通常、(a)の音声は最低1回は聞くことになるため、これをインプットの最低量と考え、その量と質を分析する。(b)の教師の発音にどのくらい触れているかを数量化することは困難であるが、教室内で教師の発音を聞くのは、どの学習者もほぼ同じ頻度である。(c)の家庭学習については、テキストに付属のCDをどのくらい聞いているか、また英会話のテレビやラジオをどのくらい聞いているかを時間的に測定することは困難であるため、今回のデータは加えない[5]。

　Rott(1999)は、テキスト内に出現する単語の繰り返しの効果を実験結果から説明している。目標語がテキストに出現する回数を2回、4回、6回に統制した結果、2回、4回は差がなく、6回になると有意になり、単語として習得していると認められた。Just and Carpenter(1987)は、英語母語話者の語彙の発達をSmith(1941)[6] による調査の結果を引用して示している。小学1年生から年間約2,700語の割り合いで語彙が増加し、1日に換算すると、平均8語($2700 \div 365 = 7.39$)を習得することになる。日本語母語話者の子どもの場合は、6歳以前に日本語の単語を5,000語習得し、20歳では語彙の規模は約5万語といわれる(阿部・桃内・金子・李, 1994)。

　本実験参加者は、週1回60分の授業で、新出単語が出た場合、上記のインプットの分類(a)のテキストを収録したGAの発音を6回は聞くことになる。まず音声のみ2回聞き、意味を示す絵を参照しながら再び音声を1回聞き、リピートする。さらに音声を聞きながらリピートする作業を2回行い、次に、テキストの文字を見ながら1回聞き、そのあとリピートする。最低でも音声情報としてのインプットは6回、発音する場面は4回であり、自分の発音もフィードバックされ音声情報としてインプットされることを含めれば、音声情報のインプットは10回以上あるといえる。時間としては15分である。従って、1回のレッスン内でも語彙習得に必要な6回以上のイン

プット量があると考えられる。

6.4　テキストに付属の CD 音声分析

　実験参加者の学習経験は 1 年以上から 5 年未満である。教材は、英語学習 1 年目は年齢に関わらず、Let's Go 1 のテキストと CD を使用している。毎年 1 冊ずつ終了し、次のレベルのテキストを学習するので、1 年目から 5 年目までの学習者は、Let's Go 1 ～ 5 まで学習することになる。

　本実験では音声知覚に焦点を当てているため、どのような音声がインプットされているかを調べる必要がある。それぞれのテキストの音声をすべて書き起こし、テキスト化し、UNIBETs[7] 表記し、音節構造を記述し、コーパスを作成する。その結果を、学習におけるインプット量すなわち学習経験の量と考える。

　次に、実験参加者全員が学習済みである Let's Go 1 の分析結果から、単語と音節の出現頻度、単語内の音素の出現頻度と位置を調べる。これを基に、頻度の高い音節構造と出現頻度の高い音素の組み合わせを持ち、音結合に違反しない人工語を作成する。

6.5　分析方法

　英語テキストに付属している CD の音声の分析手順を述べ、その手順に従い分析した結果を述べる。

6.5.1　分析手順
　分析は、次の(1)～(4)の手続きで行う。

（1）　テキストの CD を聞き、音声のすべてをテキスト化する[8]。
（2）　各単語を Wells (2000) の *Longman pronunciation dictionary* (第 2 版) の発音記号に従った IPA で表記する。
（3）　CHILDES Project の CLAN プログラムを使用し、コーパス分析する

表14 母音のコードシステム

UNIBETs	SAMPA	UNIBET	IPA	単語例	UNIBETs単語表記
I	I	I	ɪ	bit	bIt
e	e	e	e	bed	bed
{	{	8	æ	bat	b{t
V	V	A	ʌ	butt	bVt
U	U	U	ʊ	put	pUt
A			ɑ	hot****	hAt
O	Q*	a*	ɔ	dog****	dOg
i:	i:	i	i:	beat	bi:t
A:	A:		ɑ:	balm	bA:lm
O:	O:		ɔ:	bought	bO:t
u:	u:		u:	boot	bu:t
eI	eI	e	eɪ	bait	beIt
aI	aI	ai	aɪ	bite	baIt
OI	OI	oi	ɔɪ	soil	sOIl
oU	@U**	6U**	oʊ	boat	boUt
aU	aU		aʊ	out	aUt
ju:			ju:	few	fju:
i	i	i	i	happy	h{pi
@	@	6	ə	about	@baUt
u	u	u	u	influence	Influ@ns
3			ɚ	winter	wInt3
3:	3:	3r	ɝ:	bird	b3:d
A:r***	A:	ar	ɑ:r	bar	bA:r
O:r***			ɔ:r	pour	pO:r
I3***	I@	ir	ɪɚ	beer	bI3
e3***	e@	er	eɚ	bear	be3
U3***	U@	ur	ʊɚ	poor	pU3
jU3***			jʊɚ	cure	kiU3
aI3***			aɪɚ	fire	faI3
aU3***			aʊɚ	sour	saU3

注：*dog は RP では、[dɒg] であり、o [ɒ] に SAMPA は Q、UNIBET では a を使っているが、GA では [dɔg] であるので、[ɔ] に対する UNIBETs として O を採用する。
　**boat は RP では [bəut] であるが、GA では [oʊ] である。
　***GA 特有の R 音化は [ɑ:r] [ɔ:r] であり、それぞれ、A:r、O:r、二重母音の [ɪɚ] [eɚ] [ʊɚ] は、I3、e3、U3、三重母音の [jʊɚ] [aɪɚ] [aʊɚ] は、jU3、aI3、aU3 と表記する。
　****Wells (2000) では hot、dog は長母音として扱っているが、筆者が両単語を聞くと、明らかに短く聞こえる。そこで、本分析では、それらを短母音として表記する。

表 15　子音のコードシステム

UNIBETs	SAMPA	UNIBET	IPA	単語	UNIBETs 単語表記
p	p	p	p	pin	pIn
b	b	b	b	bin	bIn
t	t	t	t	tin	tIn
d	d	d	d	din	dIn
k	k	k	k	kin	kIn
g	g	g	g	give	gIv
tS	tS	tS	tʃ	chin	tSIn
dZ	dZ	dZ	dʒ	gin	dZIn
f	f	f	f	fin	fIn
v	v	v	v	vim	vIm
T	T	T	θ	thin	TIn
D	D	D	ð	this	DIs
s	s	s	s	sin	sIn
z	z	z	z	zing	zIN
S	S	S	ʃ	shin	SIn
Z	Z	Z	ʒ	measure	meZ3
h	h	h	h	hit	hIt
m	m	m	m	mock	mOk
n	n	n	n	know	koU
N	N	N	ŋ	thing	TIN
r	r	r	r	wrong	rO:N
l	l	l	l	long	lO:g
w	w	w	w	wasp	wA:sp
W		W	hw	which	WitS
j	j	j	j	yacht	yA:t

ために、IPA 表記を、UNBETs に変換する。音韻データをコード化するフォントとして、ASCII、UNIBET、SAMPA（Appendix B of Gibbon, Moore, & Winski, 1997）がある。本分析では SAMPA を基に

したUNIBET（MacWhinney, 2000a, p. 121, 122, 125, 126）を用いる。
（4）　信頼性を高めるために、IPA表記を習得した言語学を専攻する大学院生と筆者が、テキストのCDを聞きながら、UNIBETsで表記を行う。

表14（母音のコードシステム）、表15（子音のコードシステム）は、UNIBETs、IPA及び単語例である。子音に関しては、MacWhinney（2000a, p. 125）によれば、which以外はSAMPA、UNIBETによる違いが見られないため、UNIBETの表記をそのまま採用する。

6.5.2　テキストからCHATフォーマットへの変換

6.5.1で作成したテキストを、CHILDES ProjectのCLANプログラムを使用してコーパス分析するために、CHATフォーマットに整形する[9]。*CHIには、そのテキストを表示し、%phoには、UNIBETsの発音記号を表示する。CLANプログラムの詳細に関しては、MacWhinney（2000a）を参照されたい。

@Begin
*CHI:　　Let's Go, second edition.
*CHI:　　Book one.
*CHI:　　Published and copyrighted by Oxford University Press.
*CHI:　　Unit one.
*CHI:　　Page two.
*CHI:　　Let's talk.
*CHI:　　Hello.
*CHI:　　I am Andy.
*CHI:　　Hi!
*CHI:　　My name is Kate.

@Begin
%pho:　　lets goU sek@nd IdIS@n.

%pho:　bUk wVn.
%pho:　pVblISt {nd kApiraItId baI A:ksf3d ju:nIV3:s@ti pres.
%pho:　junIt wVn.
%pho:　peIZ tu:
%pho:　lets tO:k.
%pho:　h@loU.
%pho:　aI {m {ndi.
%pho:　haI!
%pho:　maI neIm Iz keIt.

6.5.3　CLAN の分析方法

分析内容と CLAN のコマンドは以下のとおりである。

（1）　FREQ のコマンドを使い、テキストから単語の出現頻度を調べる。

　　　freq +t*CHI letsgo1.cha

（2）　PHONFREQ のコマンドを使い、UNIBETs から、どのような母音や子音が単語内のどの位置にどのくらいの頻度で出現するか調べる。各音素が単語内の語頭(initial)、語末(final)、その他(other、これは語中のこと)のどこに配置されているか、またその頻度を明らかにする。

　　　phonfreq letsgo1.cha

※　今回使用する UNIBETs において 2 文字以上が組み合わさって 1 つの音素を構成するもの（例えば、2 字 1 音：oU, O:、3 字 1 音：aU3）を認識させるため、CLAN 内の alphabet.cut に、表 14、15 の 2 字 1 音、3 字 1 音の UNIBETs を登録した（MacWhinney, 2000a, part two, p.120 を参照）。

6.5.4 分析結果

分析の結果、出現頻度の高い単語の上位 20 単語（表 16）、出現頻度の高い音節構造の上位 10 タイプ（表 17）、母音と子音の単語内での出現位置と頻度（表 18、19）は、以下のとおりである。

表 17 から、音節構造は、CVC が一番多く（1,118）、次が CV 構造（690）である。2 音節語では CVCCV で 328 であるが、CVCVC は 120 である。全単語を確認した結果、CVCCV 構造を持つものは number のみであり、

表 16　単語の出現頻度

単語	IPA	UNIBETs	音節構造	ストレス	出現頻度
number	nʌmbɜ	nVmb3	CVCCV	1	332
a	ə	@	V	1	201
is	iz	Iz	VC	1	195
it's	ɪts	Its	VCC	1	131
I	aɪ	aI	V	1	128
you	ju:	ju:	CV	1	111
this	ðɪs	DIs	CVC	1	95
it	ɪt	It	VC	1	93
page	peɪdʒ	peIdZ	CVC	1	93
do	du:	du:	CV	1	87
the	ði	Di	CV	1	84
what	hwʌt	WvT	CCVC	1	77
are	ɑ:r	A:r	VC	1	68
one	wʌn	wVn	CVC	1	68
like	laɪk	laIk	CVC	1	62
want	wɑ:nt	wA:nt	CVCC	1	62
three	θri:	Tri:	CCV	1	59
let's	lets	lets	CVCC	1	57
four	fɔ:r	fO:r	CV	1	56
two	tu:	tu:	CV	1	56

注：ストレスの項目の 1 は第 1 音節にストレスが付帯することを表す。

表 17　音節構造頻度表

出現頻度	音節構造	単語例
1118	CVC	page
690	CV	do
475	VC	is
349	V	a
328	CVCCV	number
315	CVCC	want
213	VCC	it's
170	CVCV	hello
169	CCVC	what
120	CVCVC	seven

CVCVC は seven、little、listen、table など 20 単語であった（表 20）。$C_1V_1C_2V_2C_3$ の V_1 は /e/、/ɪ/、/eɪ/、/iː/ のように、弛緩母音・緊張母音であり、C_2 は、/t/、/b/、/s/、/v/、/n/、/l/ のように、阻害音・鼻音・流音である。従って、本実験では、2 音節で最も出現頻度の高かった CVCVC 構造の人工語を作成することとする。

　次に、インプットの頻度の高い母音と子音の組み合わせにするための基礎資料として、表 18 の母音と表 19 の子音を参考に、CVCVC の単語（表 20）の、母音・子音の種類と頻度の分析結果をまとめる。

　まず、表 20 の CVCVC の単語のストレス位置と母音の種類を調べる。

（1）　ストレスは、V_2 より V_1 に置かれる方が出現頻度が高い（表 20）。
　　　ˈ$C_1V_1C_2V_2C_3$　　171
　　　$C_1V_1C_2$ˈV_2C_3　　　6

　このことからストレスは第 1 音節に置く。

（2）　$C_1V_1C_2V_2C_3$ の V_1 の種類と出現頻度は、弛緩母音では /ɪ/ /e/、緊張母音では /eɪ/ /iː/ の頻度が高い。

表18　母音の出現頻度と単語内の位置

母音の種類	語例	音素	本書IPA	UBIBETs	語頭 initial	語末 final	語中 other	合計出現頻度	語頭単語例	語末単語例	語中単語例
弛緩母音	bit	ɪ	ɪ	I	459	0	346	805	is		this
	butt	ʌ	ʌ	V	15	0	621	636	under		one
	bed	e	e	e	40	2	368	410	egg	ke	lets
	bat	æ	æ	{	69	0	136	205	and		can
	put	ʊ	ʊ	U	0	11	64	75		hello	book
	dog	ɔ	ɔ	O	1	0	30	31	o		point
	hot	ɑ	ɑ	A	0	6	103	109		a	hot
緊張母音（長母音）	beat	i:	i:	i:	13	103	227	343	eat	three	meet
	boot	u:	u:	u:	0	87	143	230		do	juice
	balm	ɑ:	ɑ:	A:	8	0	46	54		are	want
	bought	ɔ:	ɔ:	O:	0	1	25	26		draw	ball
緊張母音（二重母音）	bite	aɪ	aɪ	aI	171	74	232	477	ice	my	like
	bait	eɪ	eɪ	eI	41	30	212	283	eight	play	table
	boat	oʊ	oʊ	oU	24	67	101	192	old	no	don't
	few	ju:	ju:	ju:	113	7	20	140	you	review	shoes
	out	aʊ	aʊ	aU	1	46	57	104	out	how	about
	soil	ɔɪ	ɔɪ	OI	0	0	14	14		boy	point
弱母音	about	ə	ə	@	196	83	329	608	a	the	hello
	happy	i	i	i	0	64	147	211		many	piano
	influence	u	u	u	0	23	0	23		twenty-two	
R音性母音	winter	ɚ	ɚ	3	0	366	105	471		speaker	sneakers
	bird	ɝ:	ɝ:	3:	0	2	86	88		color	learn
R音性二重母音	pour	ɔːr	ɔːr	O:r	3	14	85	102	orange	four	forty
	bar	ɑːr	ɑːr	A:r	68	1	16	85	are	car	cars
	bear	eɚ	eɚ	e3	0	32	49	81		there	there's
	beer	ɪɚ	ɪɚ	I3	0	3	11	14		ear	years
	poor	ʊɚ	ʊɚ	U3				0			
R音性三重母音	cure	jʊɚ	jʊɚ	jU3	23	0	0	23	your		
	sour	aʊɚ	aʊɚ	aU3	0	0	11	11			flower
	fire	aɪɚ	aɪɚ	aI3				0			

注：母音の種類ごとに合計出現頻度の高い順に並べる。

表 19　子音の出現頻度と単語内の位置

子音の種類	単語	音素	発音記号	UNIBETs	語頭	語末	語中	合計出現頻度	語頭単語例	語末単語例	語中単語例
閉鎖音	tin	t	t	t	195	261	598	1054	to	want	it's
	bin	b	b	b	173	0	406	579	book		number
	kin	k	k	k	194	84	251	529	can	like	marker
	din	d	d	d	160	62	122	344	desk	and	clouds
	pin	p	p	p	231	9	52	292	page	jump	purple
	give	g	g	g	37	7	43	87	go	dog	dogs
破擦音	gin	dʒ	dʒ	dZ	42	91	4	137	John	orange	oranges
	chin	tʃ	tʃ	tS	13	9	10	32	chair	h	question
摩擦音	sin	s	s	s	214	385	312	911	six	this	listen
	zing	z	z	z	5	296	130	431	zero	is	isn't
	this	ð	ð	D	259	0	49	308	this		mother
	fin	f	f	f	210	6	45	261	four	half	sixty-five
	hit	h	h	h	193	0	0	193	how		
	vin	v	v	v	14	6	121	141	vocabulary	five	seven
	thin	θ	θ	T	91	0	17	108	three		thirty-three
	shin	ʃ	ʃ	S	45	4	9	58	she	publish	edition
	measure	ʒ	ʒ	Z	0	1	0	1		page	
鼻音	know	n	n	n	439	122	574	1135	number	fine	and
	mock	m	m	m	146	52	383	581	many	I'm	number
	thing	ŋ	ŋ	N	0	5	24	29		sing	hungry
側面音	long	l	l	l	204	43	337	584	like	table	apples
接近音	wrong	r	r	r	74	0	231	305	red		cream
	wasp	w	w	w	172	0	38	210	one		where
	which	hw	hw	W	129	0	0	129	what		
	yacht	j	j	j	92	0	14	106	yes		yo-yo

注：子音の種類ごとに合計出現頻度の高い順に並べる。

表 20　CVCVC の単語

単語	IPA 表示	UNIBETs	音節構造	ストレス	出現頻度
seven	sevən	sev@n	CVCVC	1	41
little	lɪtəl	lIt@l	CVCVC	1	29
listen	lɪsən	lIs@n	CVCVC	1	23
table	teɪbəl	teIb@l	CVCVC	1	15
salad	sæləd	s{l@d	CVCVC	1	9
purple	pɝːpəl	p3:p@l	CVCVC	1	8
unit	junɪt	ju:nIt	CVCVC	1	8
chicken	tʃɪkɪn	tSIkIn	CVCVC	1	7
peaches	piːtʃɪz	pi:tSIz	CVCVC	1	7
markers	mɑːrkɝz	mA:rk3z	CVCVC	1	5
cases	keɪsɪz	keIsIz	CVCVC	1	3
cassette	kəset	k@set	CVCVC	2	3
puddle	pʌdəl	pVd@l	CVCVC	1	3
puzzle	pʌzəl	pVz@l	CVCVC	1	3
robot	roʊbɑːt	roUbA:t	CVCVC	1	3
thirteen	θɝːtiːn	T3:ti:n	CVCVC	2	3
circle	sɝːkəl	s3:k@l	CVCVC	1	2
rabbit	ræbɪt	r{bIt	CVCVC	1	2
rulers	ruːlɝz	ru:l3z	CVCVC	1	2
mrs	mɪsɪz	mIsIz	CVCVC	1	1

注：ストレスの項目の 1 は第 1 音節にストレスが付帯し、2 は第 2 音節にストレスが付帯するということである。

弛緩母音と緊張母音の出現頻度は以下のとおりである（表 20）。

弛緩母音　/ɪ/ 60、　/e/ 41、　/æ/ 11、　/ʌ/ 6

緊張母音　/eɪ/ 18、　/iː/ 7、　/oʊ/ 3、　/uː/ 2

　次に、表 18 の全単語の母音から、8 母音の語中の出現頻度を調べると以下のとおりである。

弛緩母音　/ɪ/ 346、　/e/ 368、　/æ/ 136、　/ʌ/ 621

表 21　子音の出現位置と頻度及び $C_1V_1C_2V_2C_3$ の頻度

子音の種類	音素	発音記号	UNIBETs	語頭	語末	語中	合計出現頻度	C_2 の頻度	C_1 の頻度
閉鎖音	t	t	t	195	261	598	1054	31	15
	b	b	b	173	0	406	579	20	
	k	k	k	194	84	251	529	12	6
	d	d	d	160	62	122	344	3	
	p	p	p	231	9	52	292	8	21
	g	g	g	37	7	43	87		
破擦音	dʒ	dʒ	dZ	42	91	4	137		
	tʃ	tʃ	tS	13	9	10	32	7	7
摩擦音	s	s	s	214	385	312	911	30	52
	z	z	z	5	296	130	431	3	
	ð	ð	D	259	0	49	308		
	f	f	f	210	6	45	261		
	h	h	h	193	0	0	193		
	v	v	v	14	6	121	141	41	
	θ	θ	T	91	0	17	108		3
	ʃ	ʃ	S	45	4	9	58		
	ʒ	ʒ	Z	0	1	0	1		
鼻音	n	n	n	439	122	574	1135	8	
	m	m	m	146	52	383	581		6
	ŋ	ŋ	N	0	5	24	29		
側面音	l	l	l	204	43	337	584	12	52
接近音	r	r	r	74	0	231	305		7
	w	w	w	172	0	38	210		
	hw	hw	W	129	0	0	129		
	j	j	j	92	0	14	106		8

緊張母音　/eɪ/ 212、　/oʊ/ 101、　/iː/ 227、　/uː/ 143

　従って、V_1 は、弛緩母音 /ɪ, e/ と緊張母音 /eɪ, iː/ を選ぶ。

さらに表 19 に表 20 の CVCVC の単語の C_1、C_2 の出現頻度を加えた表 21 を作成する。

（3） $C_1V_1C_2V_2C_3$ の C_2 は、その種類と出現頻度の順で示すと次のとおりである（表 21）。

/v/ 41、/t/ 31、/s/ 30、/b/ 20、/k/ 12、/l/ 12、/p/ 8、/n/ 8

また、全単語のうち子音の語中に出現する頻度の高い子音は以下のとおりである。

/t/ 598、/b/ 406、/k/ 251、/d/ 122、/s/ 312、/z/ 130、/v/ 121、/n/ 574、/m/ 383、/l/ 337、/r/ 231

Fallows（1981）、Treiman & Danis（1988）、Treiman et al.（1994）の実験では、$C_1V_1C_2V_2C_3$ の C_2 が阻害音の場合は、CV.CVC に分節され、流音・鼻音の時は CVC.VC に分節されるか CVC.CVC のように両音節的になるという結果が得られている。このことを考慮して、出現頻度が高いもののうち、有声無声の対立がある /p, b/、/f[10], v/、流音 /r, l/、鼻音 /m, n/ を C_2 として選択する。

（4） $C_1V_1C_2V_2C_3$ の C_1 は、(3) の C_2 で選択されていない子音で、頻度が高く、しかも CVC 構造の既習単語を形成しないことが条件である。また発音が聞き取りやすいという点も考慮して /t/ を選択する。

最後に、表 20 を基に V_2C_3 の表 22 を作成する。

（5） $C_1V_1C_2V_2C_3$ の V_2C_3 は、CVCVC の構造で最も頻度が高く語末の V_2C_3 を形成する /ən/ を選択する（表 22）。

表 22　$C_1V_1C_2V_2C_3$ の V_2C_3 の表

V_2C_3	頻度
ən	64
əl	60
ɪz	11
ɪt	10
əd	9
ɪn	7
ɝz	7
ɑːt	3

6.6　ターゲット単語（CVCVC）

　前述の分析結果を基に選択したターゲット単語は $C_1V_1C_2V_2C_3$ の音節構造を持つ。V_1 はストレス付帯の弛緩母音 /ɪ, e/ と緊張母音 /eɪ, iː/ である。C_1 は /t/ とし、C_2 は有声・無声閉鎖音 /p, b/、有声・無声摩擦音、/f, v/、流音 /l, r/、鼻音 /m, n/ とし、CV で分節しても CVC で分節しても、どちらも音結合制約に合致するように語を作成する。V_2C_3 は上記のように CVCVC の単語において頻度が高く、CVC の形では、学習者にとって単音節語とは認識できない en /ən/ である。このようにして作成した実験用のターゲット単語は以下の 32 単語である。

　　tepen, teben, tefen, teven, telen, teren, tenen, temen,
　　tipen, tiben, tifen, tiven, tilen, tiren, tinen, timen,
　　teepen, teeben, teefen, teeven, teelen, teeren, teenen, teemen,
　　taypen, tayben, tayfen, tayven, taylen, tayren, taynen, taymen

　実験参加者の既習単語は CVC の単音節語が多いため、tenen の ten のように既習単語を連想させるものもある。tipen の tip や tilen の till のように既習ではないが、有意味語となるものもある。しかし、それ以外の実験単語

は既習単語を連想させないものとなっている。従って、学習者は $C_1V_1C_2V_2C_3$ の単語において、CVC.VC で分節するか、あるいは CV.CVC で分節するかは、特定の単語の知識の影響を受けないといえる。

6.7　日本人英語学習者の英語経験量

　1年目以上から5年目までの学習経験年数のある実験参加者のインプット量を測定した結果、学習年数による単語の種類、単語の出現頻度、最多音節語は表23のとおりである。1年目は411個の単語で頻度が4,592、2年目は671個の単語で頻度10,757、3年目は979個の単語で頻度17,089、4年目は1,333個の単語で頻度23,861、5年目は1,800個の単語で頻度32,301である。New Crown 3（森住, 2003, pp. 84-100）の検定英語教科書から、中学1年から3年までにテキスト内で出現した単語を調べると、I'll などの短縮語をすべて含んで全1,074単語［文部科学省『中学校学習指導要領』(2002)の必須単語100語含む］であった。本実験参加者は3年以上学習すれば、中学校における3年間に匹敵するほどの新出単語を学んでいるといえる。

表 23　経験年数による単語種類・出現頻度・最多音節語

学習年数	単語種類	出現頻度	最多音節語
1年目	411	4,592	automobile
2年目	671	10,757	elephants
3年目	979	17,089	vocabulary
4年目	1,333	23,861	amusement
5年目	1,800	32,301	veterinarian

注
1　外国の文化を理解し、英語で積極的にコミュニケーションできる国際人の養成を目指し、児童期に英語に親しみ、英語を理解することへの興味を育てることを目的とし、

児童の身の回りの事柄についての英語能力を評価する試験である。レベルは3級から1級までの3段階があり、実施は年3回である。1999年度の受験者数は第1回 (18,143名)、第2回 (31,688名)、第3回 (12,152名) であった (2000年度児童英検ガイドの資料から引用)。
2 週1回英語学習を行っている名古屋市立の小学校1年生から6年生までの42名に行った。
3 長谷川・小池・島岡・竹蓋(編) (1996)『ニュープロシード英和辞典』内の記載を参考にした。
4 データの分布がどれだけ正規分布 (平均点を中心になだらかな山を描く) より逸脱しているかを表す指標として用いられる。歪度は「対称度」あるいは「ゆがみ」と呼ばれ、分布の裾が左右対称からどのくらい逸脱しているかを表し、尖度は「とがり」と呼ばれ、分布のすそ野の広がりを表している (芝・渡部・石塚 (1984) 参照)。
5 毎回レッスン終了後から次回のレッスンまでの宿題として、各自で学習した個所のCDを聞いて宿題チェックシートに聞いた日と回数を記入させている。それによると、ほぼ8割の学習者は1週間に3.8回以上聞いていることになる。時間にして1週間あたり約19分である。
6 Smith, M. K. (1941). Measurement of the size of general English vocabulary through the elementary grades and high school. *General Psychological Monographs*, 24, 311–345.
7 CHILDESのCLANプログラムを使って分析するためのIPA表記に対応した表記方法で、UNIBETと呼ぶが、本書では、それをUNIBETsと呼ぶ。
8 テキストの書き起こしの作業は大学生2名に依頼し、それを筆者が2度チェックした。
9 杉浦正利氏によるテキストファイルをCHATフォーマットに変換するプログラムを使用した (http://oscar.gsid.nagoya-u.ac.jp/~reiji/formatter.html)。プログラムなど、詳しい説明は杉浦 (2000) を参照。
10 表21によると、/f/ の子音の語中出現頻度は45であるが、/v/ との無声対立があるため選抜した。

第 7 章
英語分節法に関する
オンライン・オフライン実験
CVCVC 構造の場合

7.1 オンライン・オフライン実験の枠組み

　分節知覚実験では、刺激音（例えば CV）を聞いてターゲット単語（例えば CVCVC）に刺激が入っているかどうかに反応するまでの時間を測定したりするオンライン実験 (Cutler et al., 1986) や、ある単語を聞かせてどこで分節するか示させるようなオフライン実験 (Inagaki et al., 2000) が行われる。なお、刺激音のことを、以降、刺激と呼ぶ。

　オンライン実験とオフライン実験の違いは情報処理過程の違いから説明できる。岡 (2000) は、情報処理過程には自動的な活性化の拡散による処理過程（これを自動的処理過程と呼ぶ）と、注意や意識的な方略あるいは期待に基づく活性化の拡散による処理過程（これを制御的処理過程と呼ぶ）の 2 種類があるという。例えば、プライムとターゲットの意味的関連の実験において、自動的処理過程は、ある刺激の呈示直後（刺激提示後 250ms 以内）から生起し、促進効果のみを持つ。一方、制御的処理過程は遅れて生起し（刺激音提示から 700ms 以降）、促進効果と抑制効果の両方を持つ。刺激に続くターゲット単語を聞いて反応するという Cutler et al. (1986) のオンライン実験によると、反応時間は平均約 350ms から 500ms である。このことから、平均反応時間が 250ms よりは長いが 700ms より短いため、意識的なものは介在せず、自動的に反応しているといえる。一方、Inagaki et al. (2000) のオフライン実験では、聞いたターゲット単語をどのように分節するかを示すので、明らかに 700ms より長い時間が必要である。この間に、意識的な制御的処理が働くと考えられる。また、Dupoux et al. (1999) は、オフライン実験は、明示的なメタ言語的判断 (explicit metalinguistic judgment) であり、読み

の学習、日本語・英語の書記システムの違い、トップダウンの情報なども使用していると指摘している。

第5章の音節分節知覚モデルで示したように、分節処理がプレレキシコンで行われると仮定するならば、オンライン実験ではプレレキシコンにおける自動的な分節処理過程を知ることができる。一方、オフライン実験では、一旦聞いた音声を内語反復して分節に分けるため、トップダウンの情報も利用した反応になると考えられる。

なお、CVCVCのターゲット単語を使ったオンライン実験を実験1と呼び、オフライン実験を実験2と呼ぶ。

本実験の音節分節知覚モデルを示すと図16のようになる。CVCVCの英

/sev.ən/　/se.vən/　/se.və.n/　　（オフライン実験）

↑
アウトプット
↑
レキシコン
↑ ↓
/sev.ən/　/se.vən/　/se.və.n/　　（オンライン実験）

プレレキシコン

| 音声情報要因
母音
子音 | ⇒影響？ ↑ 影響？⇐ | 個人要因
英語学習開始年齢
発達年齢
経験年数 |

[sevən]
↑
音声情報処理
↑

インプット

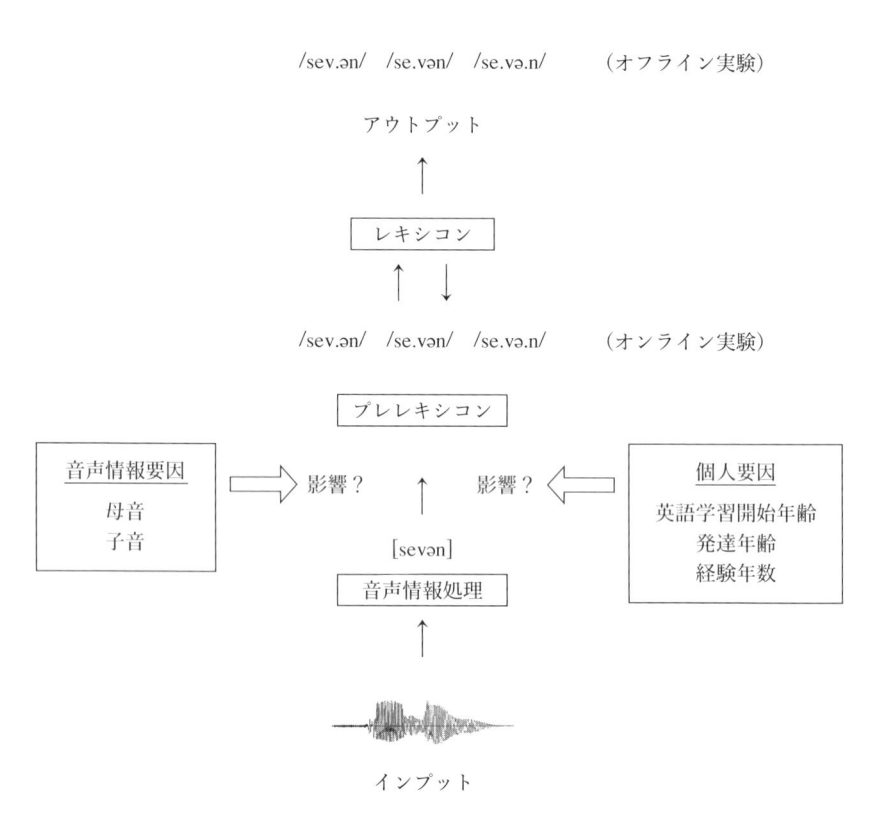

図16　実験の音節分節知覚モデル

単語を音節単位で分節すれば、母音とストレスの関係（Wells, 1990）や、音結合制約（Kahn, 1980; Ladefoged, 1993; 竹林, 1996）などから、第 1 音節が弛緩母音であれば、CVC.VC となり、緊張母音であれば CV.CVC と分節する（Fallows, 1981）と考えられる（詳しくは、3.3、3.4 参照）。例えば、弛緩母音を含む [sevən] という音声がインプットされると、プレレキシコンの段階で、音節を単位として分節されれば /sev.ən/ に分節され、モーラを単位として分節されれば /se.və.n/ となり、音節とモーラがミックスされたような分節（音節・モーラミックス分節と呼ぶ）であれば /se.vən/ になる。そのプレレキシコンの音声処理の過程を明らかにするのがオンラインの実験 1 である。次に、オフラインの実験 2 により、アウトプットすなわち産出にも結び付く音声処理過程が調べられる。そのアウトプットも、音節分節であれば /sev.ən/ になり、モーラ分節であれば /se.və.n/、音節・モーラミックス分節であれば /se.vən/ となる。プレレキシコンの分節処理過程において、母音や子音の違いによる音声情報要因と英語学習開始年齢、発達年齢、学習経験年数のような個人要因が分節に影響すると考えられる。

7.2 実験 1 オンライン実験

まず、実験 1 の目的とリサーチクエスチョン、実験方法、実験結果について、以下に述べる。実験 1 は、第 6 章で作成した CVCVC の単語を使い、CV 刺激と CVC 刺激の反応時間を測定するものである。

7.2.1 実験 1 の目的

実験 1 では、Mehler et al. (1981)、Cutler et al. (1986) で用いられているモニタリングタスクを用いる。モニタリングタスクとは、CV または CVC 刺激に対し、実験参加者がターゲット単語にその刺激に該当する音連続が含まれていると知覚したらすぐにコンピュータのキーを押すことにより、その反応時間を測定するというものである。CV 刺激に対する反応が、CVC 刺激に対する反応より早い場合は CV で分節され、CVC 刺激の方が CV 刺激よりも反応が早い場合は CVC で分節されていると仮定される。

146

　本実験で使用する $C_1V_1C_2V_2C_3$ は、V_1 が弛緩母音か緊張母音かによって、次のように分節される。tepen /tepən/ のなどの弛緩母音の場合は、音節で分節すれば、/tep.ən/ であり、モーラで分節すれば /te.pə.n/ または /te.p.pe.n/ となる。刺激として /tep/ を与えた方が /te/ を与えるよりも反応時間が短い場合は、CVC すなわち音節で分節していることになる。刺激として /te/ を与えた方が /tep/ を与えるよりも反応が早くなれば、CV すなわちモーラで分節していると考えられる。弛緩母音の場合の刺激は CV /te, tɪ/、CVC は /tep, tɪp/ の 2 種類である。それぞれの刺激は CV*l* 刺激、CV*l*C 刺激 [*l* は弛緩 (lax) を表す] と表記する。/teɪpən/、/tiːpən/ などの緊張母音の場合は、刺激は CV /te, ti/、CV /teɪ, tiː/、CVC /teɪp, tiːp/ の 3 種類が考えられる。それぞれの刺激は、CV*ts* 刺激、CV*t* 刺激、CV*t*C 刺激 [*t* は緊張 (tense)、*ts* は緊張母音でかつ短縮されたもの (tense and shortened) を意味する] と表記する。日本語式のモーラとして捉えると、/te, ti/ は 1 モーラ、/teɪ, tiː/ は 2 モーラ、/teɪp, tiːp/ は 3 モーラである。英語の音節として捉えれば、CV /tiː/ と CVC /tiːp/ は 1 音節である。Fallows (1981)、Treiman et al. (1994) の実験では、緊張母音の CVCVC の分節は CV.CVC と分節する方が、CVC.VC と分節する場合より多く、統計的に有意であることから、本実験においても CV.CVC の分節を音節による分節であると考えることにする。

　日本語母語話者がモーラで音声を区切るとすれば、刺激 /ti/ を与えた方が、刺激 /tiː/、または刺激 /tiːp/ を与えるよりも、反応時間が早いことが予想される。音節で分節するとすれば、/teɪ/、/tiː/ が 1 音節であるため、これを刺激として与えた時が、反応時間が最も短くなるはずである。

7.2.2　リサーチクエスチョン

　この実験に対するリサーチクエスチョンは次の 3 点である。

（1）　日本人英語学習者 (小学 1 年生〜 6 年生)・日本人英語未学習者・英語母語話者は、英単語をモーラで知覚するか、あるいは英単語を構成する音節で知覚するか。

（2）　日本人英語学習者 (小学 1 年生〜 6 年生)・日本人英語未学習者・英

語母語話者において、分節に影響を与える音声情報は何か。
（3）日本人英語学習者（小学1年生〜6年生）の個人要因として、英語学習開始年齢・発達年齢・経験年数（すなわちインプットの量）により、分節方法に違いがあるか。

上記の3つのリサーチクエスチョンに対して、次の予測が成り立つ。

（1）英語母語話者は音節で分節するため、弛緩母音ではCVlC刺激を与えた方がCVl刺激を与えた時よりも反応時間が短く、緊張母音ではCVt刺激を与えた方が、CVts刺激・CVtC刺激を与えるのに比べて反応時間が短い。日本人英語学習者は、英語音節構造を習得し、音節で分節すると考えられ、英語母語話者と同じように、弛緩母音の場合はCVlC刺激を与えた方がCVl刺激を与えた時より反応時間が短く、また緊張母音の場合はCVt刺激を与えた方が、CVts刺激・CVtC刺激を与えた時よりも反応時間が短い。日本人英語未学習者は、英単語を聞いても日本語のモーラの影響からモーラで分節する。従って、弛緩母音の場合は、CV.CVCのように分節されるため、CVl刺激を与えた方が、CVlC刺激を与えた時より反応時間が短い。緊張母音の場合は二重母音・長母音を2モーラで知覚するため、1モーラであるCVts刺激を与えた時の反応が、CVt刺激・CVtC刺激を与えた時より早い。

（2）日本人英語学習者・日本人英語未学習者・英語母語話者では音声情報によって分節方法が異なる。英語母語話者は、$C_1V_1C_2V_2C_3$ の V_1 が弛緩母音の場合はすべてにおいてCVC.VCと分節するわけではなく、母音間に挟まれた子音 C_2 が阻害音の時は、CV.CVCと分節する（Fallows, 1981; Treiman & Danis, 1988; Treiman et al., 1994）。Fallows, Treiman and Danis, Treiman et al. において、英語母語話者は、V_1 が弛緩母音で C_2 が流音・鼻音の場合、CVC.VCに分節するか、両音節的になる、すなわち第1音節の末子音にも、第2音節の頭子音にもなりCVC.CVCのように分節する傾向がある。V_1 が緊張母音の時は、

子音の種類に関わらず、CV.CVCになるため、CV*t*刺激を与えた方が、CV*ts*刺激・CV*t*C刺激を与えた場合より早く反応する。日本人英語学習者は英語母語話者と同じように反応する。日本人英語未学習者は、モーラで知覚するため、CV*l*刺激、CV*ts*刺激を与えられた場合の反応が最も早い。

（３）英語学習開始年齢に関しては、第二言語 (L2) として英語母語話者のような発音を習得するには6歳以前の早い時期の開始が有利であるという先行研究 (Asher, & Garcia, 1969; Oyama, 1976; Uematsu, 1997) がある。9歳以前に英語学習を開始した場合が音素の発音習得には有利であるという研究 (西尾, 2000) がある一方で、8歳以降に英語学習を開始した方が4歳で開始した場合よりも有利という研究もある (Cenoz, 2003; García Lecumberri & Gallardo, 2003)。このように、何歳から英語学習を開始すべきかについては明確な結論がでているとはいえない。

　発達年齢に関しては、9・10歳以降が7・8歳に比べて、音素の知覚実験で優位であることが示された (西尾, 1998)。しかし、発達年齢について、英単語を音節で分節するかどうかについての研究は見られない。

　学習経験年数の長さが音素知覚に有利に働く (Flege & Frieda, 1997) ことから、学習期間が長い学習者の方が音声知覚に有利であると予測されるが、音声知覚の単位についての研究は多くはない。

　本研究により、何歳から英語学習を開始し、英語学習を何年くらい続け、何歳になっている英語学習者が英語母語話者と同じような分節方法を身に付けるかを明らかにする。

7.2.3　実験参加者

　実験群の日本人英語学習は、第6章の英語テストに参加した51名である。統制群として、英語未学習者5名 (平均年齢：9歳1ヶ月、男子2名、女子3名)、アメリカ英語母語話者5名 (平均年齢24歳7ヶ月、日本滞在期間6ヶ月から1年6ヶ月、男性3名、女性2名) を設定する。成人の英語母

語話者を選んだのは、英語が母語として確立していることから、音節に対して明確な反応が期待できるからである。

7.2.4　実験材料

弛緩母音または緊張母音を V_2 とするターゲット単語とその刺激について説明する。tepen /tepən/ のような弛緩母音に対しては、CV*l* 刺激 /te/ と CV*l*C 刺激 /tep/ の 2 種類を準備する。taypen、teepen のような緊張母音に対しては、CV*ts* 刺激として /te, ti/、CV*t* 刺激として /teɪ, tiː/、さらに CV*t*C 刺激として /teɪ, tiː/ の 3 種類を準備する。

Cutler and Otake (1994) は、刺激と同じ音連続がターゲット単語の語頭に含まれる方が語中や語末にあるよりも反応が早く、ミスも少ないと述べている。また、実験対象者が子どもであるため、短期記憶の負担がより軽い材料として、刺激に該当する音連続を語頭に置く。

ターゲット単語は全 32 単語で、$C_1V_1C_2V_2C_3$ の音節構造を持つ (6.6 参照)。本実験の方法は、刺激を聞き、その次にターゲット単語を聞き、そのターゲット単語にその刺激に該当する音連続が入っていると知覚できた段階で、コンピュータのスペースキーを押すというものである。この一連の過程を 1 試行と呼ぶ。弛緩母音 2 種類について、刺激は CV*l*、CV*l*C の 2 種類であり、C_2 は 8 種類あるので、試行の数は母音 2 × 刺激 2 × 子音 8 = 32 である。緊張母音 2 種類についての試行の数は、刺激が CV*ts*、CV*t*、CV*t*C の 3 種類であり、C_2 は 8 種類あるので、母音 2 × 刺激 3 × 子音 8 = 48 である。従って、本実験は 80 試行について行われる。

ターゲット単語は、限定された母音または子音を繰り返し使っていることから、実験参加者の実験馴化を避けるために、語中の母音と子音を替えたフィラーを準備する。それらのフィラーは、$C_1V_1C_2V_2C_3$、$C_1V_1C_2V_2C_3V_3C_4$、$C_1V_1C_2C_3V_2C_4$ の構造で、C_1 は /t/ で、語末の C_3 または C_4 は /n/ でありターゲット単語と同じであるが、V_1 はターゲット単語に使用されていない母音である。すべて有意味語であるが、学習者になじみのないものである。フィラーは、tabun /tɑːbən/ タブン (神経ガス)、tachyon /tækiən/ タキオン (光より速く動く仮説上の素粒子)、taciturn /tæsətən/ 無口な、taguan /tɑːgwɑːn/

オオアカムササビ、など全 16 単語である。その 16 単語のうち、V_1 は弛緩母音 8 と緊張母音 8 である。弛緩母音 8 について、刺激は CV*l*、CV*l*C の 2 種類であるため、母音 8 × 刺激 2 = 16、緊張母音 8 に対して、刺激 CV*ts*、CV*t*、CV*t*C であるため、母音 8 × 刺激 3 = 24 であり、合わせて 40 試行である。

　実験材料の音声の録音は防音のスタジオで行い、発話者は米語母語話者（カリフォルニア州出身）22 歳の女性である。これを基に Super Lab 2.0 を使い実験材料を作成する。構成は、練習問題 5、本試行 80、フィラー 40 である。本試行 2、フィラー 1 の繰り返しで、それぞれの並びはランダムである。

　1 試行は、＋マーク（700ms 提示）、/te/（刺激提示）、ポーズ（500ms）、/tepən/（ターゲット単語）の順である。ターゲット単語が聞こえ、実験参加者がスペースキーを押した後、500ms のポーズの後、次の試行が始まる。反応が無い場合、ターゲット単語が聞こえ始めてから 2,000ms 後に自動的に次の試行が始まる。

7.2.5　反応時間測定方法

　この反応実験は、ターゲット単語内の第 1 音節を CV かあるいは CVC のまとまりで知覚しているかを明らかにするものである。ターゲット単語は CVCVC に統一している。CV というモーラを単位として知覚していると仮定される日本語母語話者の場合は、例えば、CV*l* 刺激 /te/ を聞いた場合、その CV が 1 つのユニットとして活性化している。その状態で、tepen /tepən/ を聞いた場合、上記のような日本語母語話者は、語頭 CV /te/ に刺激と同じユニットがあると知覚し、スペースキーを押す。一方、CV*l*C 刺激 /tep/ を聞いたとしても、1 つのユニットではないため活性化せず、tepen /tepən/ の中に CVC /tep/ が存在するかどうかの反応が遅れると考えられる。すなわち、CV を単位として知覚する場合は、CV*l* 刺激を与えた方が CV*l*C 刺激を与えた時より反応時間が短いという結果になる。一方、CVC で知覚すると仮定される英語母語話者の場合は、逆に CV*l*C 刺激を与えた方が CV*l* 刺激を与えた時よりも、反応時間が短くなると推測される。CV*l*C 刺激

/tep/ を聞いた場合、CVC が 1 つのユニットであるため活性化している。その状態で、tepen /tepən/ を聞いた場合、このような英語母語話者は、語頭の /tep/ が刺激と同じであることを知覚し、スペースキーを押すことができる。しかし、CV*l* 刺激 /te/ を聞いた場合、それは 1 つのユニットではないため、活性化しないので、ターゲット単語 tepen /tepən/ を聞いたのちも、CV /te/ があるとは瞬時に反応できず、反応時間が長くなるといえる。CVC 音節が単位となっていれば、CVC 刺激を与えた方が、CV 刺激を与えた時より反応時間が短くなるといえる。図 17 に示すとおり、測定はターゲット単語の最初から行う。

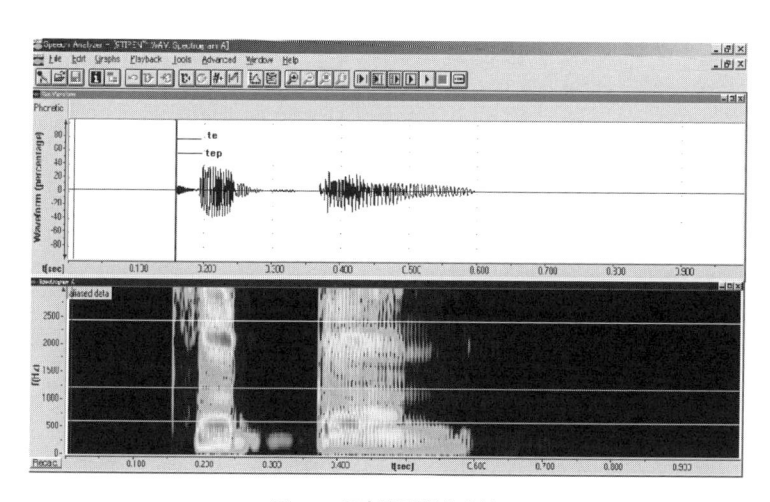

図 17 反応時間測定方法
注：縦線の位置から測定する。

本試行のターゲット単語内の刺激の種類と長さは表 24 に示すとおりである。V_1 が弛緩母音の時の $C_1V_1C_2V_2C_3$ の長さの平均は 474ms、ターゲット単語内の C_1V_1 の長さの平均は 122ms、$C_1V_1C_2$ の長さの平均は 220ms である。V_1 が緊張母音である二重母音の時の $C_1V_1C_2V_2C_3$ の長さの平均は 571ms、ターゲット単語内の CV*ts* 刺激に該当する C_1V_1 の長さの平均は 106ms、CV*t* 刺激に該当する C_1V_1 /teɪ/ の長さの平均は 181ms、CV*t*C 刺激に該当する $C_1V_1C_2$ /teɪp/ の長さの平均は 284ms である。V_1 が長母音の

表 24　CVCVC 単語内の刺激及び単語の長さ

$C_1V_1C_2V_2C_3$	発音記号	単語内の C_1V_1 の長さ (ms)	単語内の C_1V_1 /teɪ, tiː/ の長さ (ms)	単語内の $C_1V_1C_2$ の長さ (ms)	$C_1V_1C_2V_2C_3$ の長さ (ms)
tepen	tepən	101	——	244	520
teben	tebən	134	——	229	488
tefen	tefən	113	——	262	491
teven	tevən	126	——	235	484
telen	telən	136	——	207	448
teren	terən	154	——	216	445
tenen	tenən	147	——	215	458
temen	temən	135	——	223	461
tipen	tɪpən	86	——	210	459
tiben	tɪbən	121	——	228	482
tifen	tɪfən	115	——	263	535
tiven	tɪvən	105	——	197	487
tilen	tɪlən	110	——	195	473
tiren	tɪrən	126	——	209	458
tinen	tɪnən	121	——	178	438
timen	tɪmən	115	——	211	454
平均の長さ(V_1：弛緩母音)		122		220	474
taypen	teɪpən	90	160	274	556
tayben	teɪbən	87	156	221	587
tayfen	teɪfən	102	186	322	602
tayven	teɪvən	113	183	300	585
taylen	teɪlən	106	164	283	555
tayren	teɪrən	123	197	289	598
taynen	teɪnən	112	209	287	575
taymen	teɪmən	111	195	294	509
平均の長さ(V_1：二重母音)		106	181	284	571
teepen	tiːpən	(86)	123	223	516
teeben	tiːbən	(106)	148	225	494
teefen	tiːfən	(98)	134	278	536
teeven	tiːvən	(117)	155	257	523
teelen	tiːlən	(110)	149	246	513
teeren	tiːrən	(100)	153	250	562
teenen	tiːnən	(117)	185	258	533
teemen	tiːmən	(98)	152	263	523
平均の長さ(V_1：長母音)		(104)	150	250	525

$C_1V_1C_2V_2C_3$ の長さは平均 525ms、C_1V_1 は平均 104ms、CVt 刺激にあたる C_1V_1 /ti:/ は平均 150ms、CVtC 刺激にあたる $C_1V_1C_2$ /ti:p/ などは平均 250ms である。また、知覚実験における、いわゆる「早押し[1]」による測定値を排除するための目安として /ti:/ の母音の長さを半分にした値を求める。この値は、表 24 の中では（　）を付して示している。

7.2.6　手続き

　ノートパソコン（FMV-BIBLO, Windows 2000, Pentium III）を使い、実験参加者 1 人約 20 分の個別実験を行う。パソコンの画面には次のように表示され、実験実施者は実験参加者に対してこれを読み上げながら説明する。

説明文：日本人英語学習者及び未学習者用

「これから、ききとりのクイズをします。スクリーンに、このマーク＋がでたら "みじかいおと" がきこえます。すぐそのあとに "ながいことば" がきこえます。さいしょにきいた "みじかいおと" が "ながいことば" のなかにはいっているとおもったらボタンをおしてね。では、れんしゅうをやってみましょう。」

説明文：英語母語話者用

"Let's play a listening game! When you see this mark + on the screen, you will hear a short word. Then you will hear a longer word. As soon as you find the short word in the longer word, please tap the space key. Let's practice."

　練習問題を 5 試行行った後、やり方が理解できたかを確認し、本試行を開始する。

7.2.7　結果・考察

　実験を行い、リサーチクエスチョンごとにその結果を述べ、考察する。

7.2.7.1　英語学習者・英語未学習者・英語母語話者の分節の違い

　まず、リサーチクエスチョン1の「日本人英語学習者・日本人英語未学習者・英語母語話者は、英単語をモーラで知覚するか、あるいは英単語を構成する音節で知覚するか」を考察する。

　日本人英語学習者40名、英語未学習者5名、英語母語話者5名において、刺激CVとCVCとの場合で反応時間に差があるかを、母音の種類別に分析する。反応時間が100ms以下、1,000ms^{2}以上はエラーとして分析から外した。また、反応時間の全平均から2.5SDの差がある数値も極値として除外した（玉岡・タフト, 1994）。また、各実験参加者ごとの反応時間の平均から計算した標準偏差を基に、2.5SD以上または以下の数値は極値として除外した。日本人英語学習者の実験参加者全51名中、80項目中の48項目以下（60%以下）の回答をした11名は除いた。全回答数4,000のうち有効回答数は3,395（84.8%）であった。

弛緩母音の分節

　英語にどのくらい接触しているかという要因を英語接触度と呼ぶ。この要因により、実験協力者を英語学習者・英語未学習者・母語母語話者の3水準に分けている。もう1つの要因は刺激項目であり、弛緩母音 /e, ɪ/ については刺激はCV/とCV/Cの2水準がある。表25は各条件の反応時間の平均と標準偏差である。図18はそのグラフである。反応時間について、英語接触度（英語学習者・英語未学習者・英語母語話者）と刺激条件（CV/、CV/C）の3×2の反復二元配置分散分析を行った。なお、刺激条件は、反復測定である。英語接触度では、主効果は有意ではなかった［$F(2, 47) = 2.16, p > .05$］。また、刺激条件に関しても、主効果は有意ではなく［$F(1, 47) = 0.52, p > .05$］、交互作用も有意ではなかった。このことから、実験参加者の3群にも、CV/刺激とCV/C刺激にも、反応時間に差が見られないということになる。

　統計的には差が見られないが、実測値において、英語学習者の平均反応時間は、CV/刺激を与えた場合が444ms、CV/C刺激を与えた場合が457msであり、CV/刺激の方が13ms早く反応する。一方、英語未学習者はCV/

刺激を与えた場合は 475ms、CV/C 刺激を与えた場合は 512ms であり、37ms 差があり、CV/ の方が反応が早い。しかし、英語母語話者は CV/ 刺激を与えた場合は 304ms、CV/C 刺激を与えた場合は 285ms であり、CV/C を与えた場合の方が約 19ms 早い。英語学習者と英語未学習者は、ともに CV/C 刺激の方が反応時間は長い。しかし、その値は英語未学習者の方が大きい。英語学習者と英語母語話者では、CV/ 刺激と CV/C 刺激で大きな違いは見られないといえる。

表 25　実験 1 の弛緩母音を含む刺激を与えた場合の参加者別反応時間の平均と標準偏差

刺激条件	英語学習者 平均	標準偏差	人数	英語未学習者 平均	標準偏差	人数	英語母語話者 平均	標準偏差	人数
CV/	444.20	177.31	40	475.35	155.68	5	304.15	123.53	5
CV/C	457.38	180.84	40	511.88	166.42	5	285.17	93.52	5

注：平均値の単位はミリセカンド(ms)である。

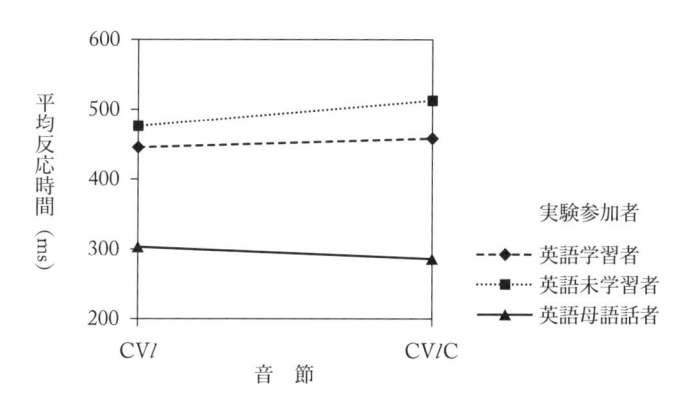

図 18　実験 1 の弛緩母音を含む刺激を与えた場合の参加者別反応時間

緊張母音の分節

表 26 は、緊張母音を含む刺激を与えた場合の英語学習者・英語未学習者・英語母語話者の反応時間の平均と標準偏差である。図 19 はそのグラフである。反応時間について、英語接触度（英語学習者群、英語未学習者群、英語母語話者）と刺激条件（CVts、CVt、CVtC）の 2×3 の反復二元配置分散

分析を行った。なお、刺激条件が反復測定である。英語接触度の主効果は有意傾向であった［$F(2, 47) = 2.79, .05 < p < .10$］。刺激条件の主効果は有意ではなく［$F(2, 94) = .09, p > .05$］、交互作用も有意ではなかった。このことから、英語接触度による3群には反応時間の差が多少見られ、英語母語話者の反応が、英語学習者と英語未学習者に比べて早いことがわかるが、CVts、CVt、CVtCという刺激には差は見られない。

表26 実験1の緊張母音を含む刺激を与えた場合の参加者別反応時間の平均と標準偏差

刺激条件	英語学習者 平均	標準偏差	人数	英語未学習者 平均	標準偏差	人数	英語母語話者 平均	標準偏差	人数
CVts	506.82	182.64	40	526.99	81.85	5	315.16	77.56	5
CVt	502.10	194.46	40	517.27	172.42	5	315.96	83.45	5
CVtC	488.59	177.72	40	552.04	190.14	5	310.69	77.45	5

注：平均値の単位はミリセカンド(ms)である。

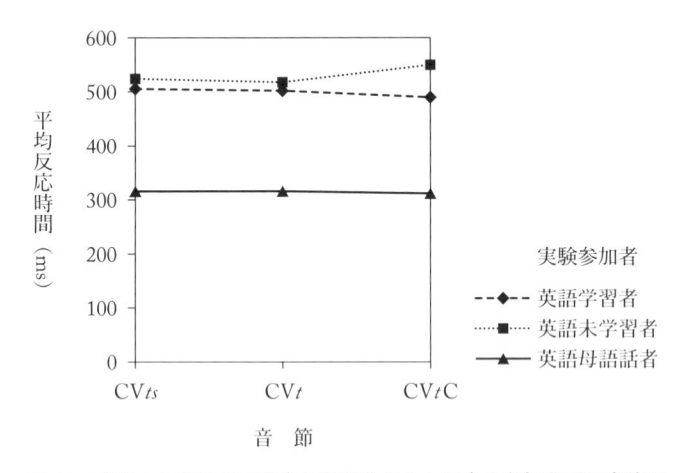

図19 実験1の緊張母音を含む刺激を与えた場合の参加者別反応時間

リサーチクエスチョン1のまとめ

英語母語話者は、英語学習者と英語未学習者に比べて反応時間が短い傾向にあるが、CVtとCVtC刺激、またCVts、CVt、CVtC刺激においては、反応時間には統計的には差が見られなかった。しかし、実測値にはいくつか

の違いが見られた。英語学習者はCV*l*刺激を与えられた方が、CV/C刺激を与えられた場合より反応時間がわずかばかり短く、英語母語話者は逆にCVC刺激を与えられた方が、CV刺激を与えられた場合より反応時間が短かった。しかしながら、統計的に刺激についての反応時間の違いはほとんど見られないといえる。また、緊張母音の場合もCV*ts*、CV*t*、CV*t*C刺激について、英語学習者は英語母語話者と同様に、ほとんど反応時間に差が見られない。このように、両群とも、刺激について反応時間に違いが見られないため、CV.CVC、CVC.VCまたは、両音節的にCVC.CVCのように分節しているかどうか、明らかにはされなかった。一方、英語未学習者は、弛緩母音の場合、CV*l*の方がCV/Cより実測値において反応が早く、モーラで分節している可能性もあるが、緊張母音においては、CV*ts*とCV*t*刺激に対してほとんど差が見られず、モーラで分節していると明確にはいうことはできない。

英語母語話者と英語学習者の弛緩母音に関するこの結果は、Cutler et al. (1992) の実験結果と似ている。Cutler et al. において、英語母語話者はCVとCVCの刺激に対して、実測値ではCVCの方がCVより早かったが、統計的には差が見られなかった。このことから、Cutler et al. は、英語母語話者は音節で分節するのではないと類推している。しかし、彼らも推測しているように、ターゲット単語がCVCVC構造であるため、母音の間に挟まれる子音は両音節的 (Kahn, 1980) になる傾向が見られ、それにより、CVCVCのターゲット単語に関してCV刺激とCVC刺激における反応時間の差が現れなかったと推測される。

7.2.7.2　音声環境の違い

リサーチクエスチョン2の「日本人英語学習者日本人英語未学習者・英語母語話者において、分節に影響を与える音声情報は何か」について考察する。

弛緩母音と子音の関係

英語接触度（英語学習者、英語未学習者、英語母語話者）と刺激条件（弛緩

表27 実験1の弛緩母音＋阻害音・鼻音・流音を含む刺激を与えた場合の参加者別反応時間の平均と標準偏差

刺激条件		英語学習者 平均	英語学習者 標準偏差	英語学習者 人数	英語未学習者 平均	英語未学習者 標準偏差	英語未学習者 人数	英語母語話者 平均	英語母語話者 標準偏差	英語母語話者 人数
阻害音	CV/	449.99	186.83	40	510.62	178.86	5	326.88	161.72	5
	CV/C	471.86	183.77	40	532.45	180.11	5	268.97	83.51	5
鼻音	CV/	432.74	200.14	40	409.25	176.84	5	255.81	66.69	5
	CV/C	447.86	217.36	40	500.55	143.11	5	294.00	121.39	5
流音	CV/	443.25	187.08	40	475.55	152.94	5	299.95	91.92	5
	CV/C	447.50	198.60	40	481.65	195.99	5	309.01	118.32	5

注：平均値の単位はミリセカンド(ms)である。

母音の次の子音が阻害音・鼻音・流音の場合のそれぞれ CV/、CV/C）における反応時間の平均と標準偏差は表27のとおりである。

　まず、弛緩母音の次の子音が阻害音の場合の反応時間について、英語接触度と刺激条件の3×2の反復二元配置分散分析を行った。なお、刺激条件は、反復測定である。英語接触度の主効果は、有意傾向であった［$F(2, 47)$ = 2.49, .05 < p < .10］。刺激条件の主効果は有意ではなかった［$F(1, 47)$ = .04, p > .05］。また、交互作用も有意ではなかった。このことから、実験参加者の3群間に多少差があるが、弛緩母音＋阻害音の条件では、CV/ と CV/C という刺激を与えた場合の反応時間に差は統計的に見られない。

　同様に、弛緩母音の次が鼻音の場合の反応時間について、英語接触度と刺激条件の3×2の刺激条件を反復測定とする二元配置分散分析を行った。英語接触度の主効果は有意ではなく［$F(2, 47)$ = 1.90, p > .05］、刺激条件の主効果も有意ではなかった［$F(1, 47)$ = 2.04, p > .05］。交互作用も有意ではなかった。このことから、実験参加者の3群間には差がなく、弛緩母音＋鼻音の条件では CV/ と CV/C という刺激を与えた場合の反応時間に差が見られない。

　続いて、弛緩母音の次が流音の場合について、英語接触度と刺激条件の3×2の反復二元配置分散分析を行った。英語接触度の主効果は有意ではなく［$F(2, 47)$ = 1.61, p > .05］、刺激条件の主効果も有意ではなかった［$F(1, 47)$

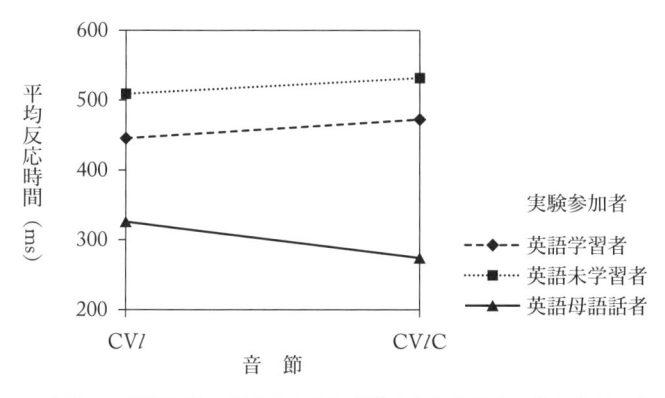

図 20　実験 1 の弛緩母音＋阻害音を含む刺激を与えた場合の参加者別反応時間

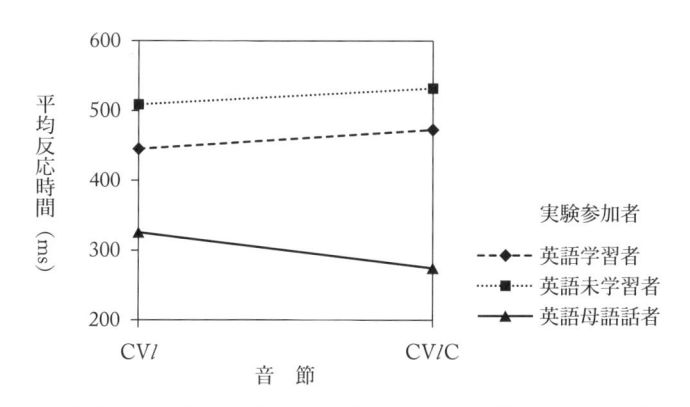

図 21　実験 1 の弛緩母音＋鼻音を含む刺激を与えた場合の参加者別反応時間

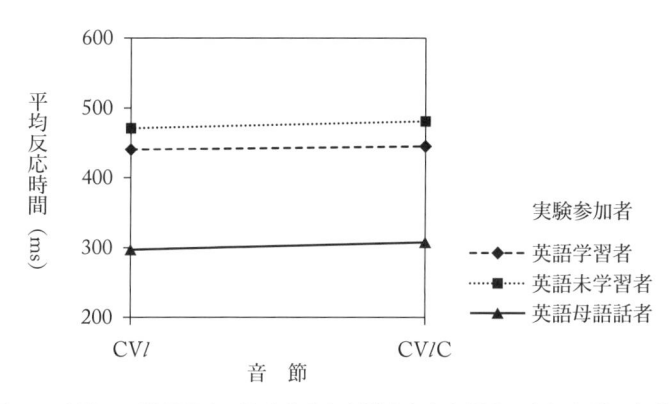

図 22　実験 1 の弛緩母音＋流音を含む刺激を与えた場合の参加者別反応時間

=.059, *p* > .05]。交互作用も有意ではなかった。このことから、実験参加者群の3群間には差がなく、弛緩母音＋流音の条件で CV*l* と CV*l*C の刺激を与えた場合、反応時間に差が見られないということになる。

　しかしながら、CV*l* と CV*l*C の刺激に対する反応時間の実測値においては違いが見られる。図20、21、22は弛緩母音と子音の違いによる実験参加者の反応時間の平均のグラフである。図20のとおり、弛緩母音＋阻害音の場合は、英語母語話者は CV*l*C 刺激を与える方が CV*l* 刺激を与える場合より早く反応する一方で、英語学習者・英語未学習者はともに CV*l* 刺激を与える方が CV*l*C 刺激を与える場合より反応が早い。図21、22では、どの群も CV*l* 刺激を与える方が CV*l*C 刺激を与える場合より早い。特に英語未学習者は弛緩母音＋鼻音（図21）の場合、CV*l* 刺激と CV*l*C 刺激に対する反応時間の差は91msと大きい。このことから、弛緩母音＋鼻音の場合は CV.CVC と分節して知覚されている可能性が示唆される。

　以上のことから、統計的には、弛緩母音＋阻害音においては、英語母語話者は他の英語学習者と英語未学習者よりも刺激を与えられた場合の反応時間が早い傾向にあるが、鼻音と流音に関しては3群において差は見られない。CV*l* と CV*l*C の刺激についても反応時間に差が見られない。しかし、実測値において英語母語話者は阻害音の場合は CVC.VC と分節し、英語未学習者は鼻音の場合は CV.CVC と分節することも推測される。

弛緩母音と子音の関係のまとめ

　本実験では、統計的には、弛緩母音の次に阻害音・鼻音・流音の刺激を与えた場合、英語学習者・英語未学習者・英語母語話者ともに反応時間に差が見られない。また、CV*l* 刺激と CV*l*C 刺激の反応時間にも差が見られないという結果となった。実測値においては、英語母語話者は、弛緩母音の次の子音が阻害音であれば、CV*l*C 刺激を与えられた方が、CV*l* 刺激を与えられた場合よりも反応が早かったことから、阻害音が前の母音に引きつけられ、CVC.VC という分節をすることも推測される一方で、英語学習者・英語未学習者は CV*l* 刺激の方が CV*l*C 刺激よりもわずかながら早く反応している。鼻音・流音であれば、英語学習者・英語母語話者はともに、CV*l* 刺激

の方がCV*l*刺激よりもわずかながら反応が早い。しかし、実測値の結果からも英語学習者と英語母語話者には、CV*l*刺激とCV*l*C刺激については、ほとんど反応時間に差が見られないといえる。一方、英語未学習者は特に鼻音の時は、CV*l*刺激を与えられた方が、CV*l*C刺激を与えられた時よりも顕著に早いため、CVのモーラ単位で分節していると推測される。

二重母音と子音の関係

表28は、英語接触度による英語学習者・英語未学習者・英語母語話者の3群における、刺激条件として二重母音 /eɪ/ と阻害音・鼻音・流音を含むCV*ts*、CV*t*、CV*t*C刺激を与えた場合の反応時間の平均と標準偏差である。図23は、二重母音＋阻害音を与えた場合のグラフである。

表28　実験1の二重母音＋阻害音・鼻音・流音を含む刺激を与えた場合の参加者別反応時間の平均と標準偏差

刺激条件		英語学習者 平均	標準偏差	人数	英語未学習者 平均	標準偏差	人数	英語母語話者 平均	標準偏差	人数
阻害音	CV*ts*	536.88	199.70	40	571.45	92.68	5	341.48	102.09	5
	CV*t*	518.10	208.14	40	449.26	172.72	5	322.65	71.37	5
	CV*t*C	521.01	208.62	40	533.20	195.82	5	313.10	43.89	5
鼻音	CV*ts*	497.79	196.09	34	576.62	189.76	4	335.30	109.09	5
	CV*t*	535.35	204.46	34	542.75	279.34	4	350.50	97.44	5
	CV*t*C	492.45	205.28	34	563.25	85.50	4	312.40	90.79	5
流音	CV*ts*	490.09	218.58	31	493.10	147.97	5	378.00	158.76	5
	CV*t*	486.90	228.41	31	441.90	208.79	5	310.80	112.67	5
	CV*t*C	448.80	193.40	31	469.60	191.49	5	272.90	75.40	5

注：平均値の単位はミリセカンド(ms)である。

二重母音と阻害音の反応時間について、英語接触度と刺激条件の3×3の反復二元配置分散分析を行った。英語接触度の主効果は有意傾向があった $[F(2, 47) = 2.76, .05 < p < .10]$。刺激条件の主効果は有意ではなく $[F(2, 94) = 1.82, p > .05]$、また、交互作用も有意ではなかった。このことから、英語

学習者・英語未学習者・英語母語話者の3群には反応時間にわずかながら差が見られ、英語母語話者は反応が早いといえる。しかし、二重鼻音＋阻害音の条件では、CV*ts*、CV*t*、CV*t*C という刺激を与えられた時には反応時間に差が見られないということである。

しかし、二重母音＋阻害音の反応時間の実測値において、英語未学習者については、CV*ts*(571ms) と CV*t*(449ms) を与えられた場合、CV*t* を与えられた方が 122ms も反応が早い。この点については、母音を /eɪ/ とまとまりで知覚しているのか、あるいは母音の /e/、/ɪ/ は母音の内部で音質が変化するためか、「二重母音と子音の関係のまとめ」のところで検討する。

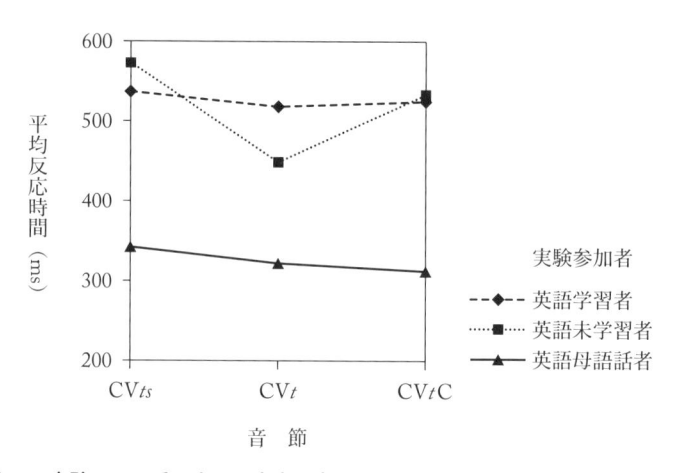

図 23　実験 1 の二重母音＋阻害音を含む刺激を与えた場合の参加者別反応時間

次に、二重母音＋鼻音で構成されている刺激を与えた場合の反応時間について、図 24 は英語接触度と刺激条件を表したグラフである。英語接触度と刺激条件の 3×3 であり、刺激条件を反復測定とする二元配置分散分析を行った。英語接触度の主効果は、有意傾向があった $[F(2, 40) = 2.48, .05 < p < .10]$。刺激条件の主効果は有意ではなく $[F(2, 80) = .21, p > .05]$、交互作用も有意ではなかった。このことから、英語学習者・英語未学習者・英語母語話者の 3 群の反応時間はある程度の差があると考えられ、英語母語話者の反応が早い傾向にあるといえる。CV*ts*、CV*t*、CV*t*C という刺激には差が

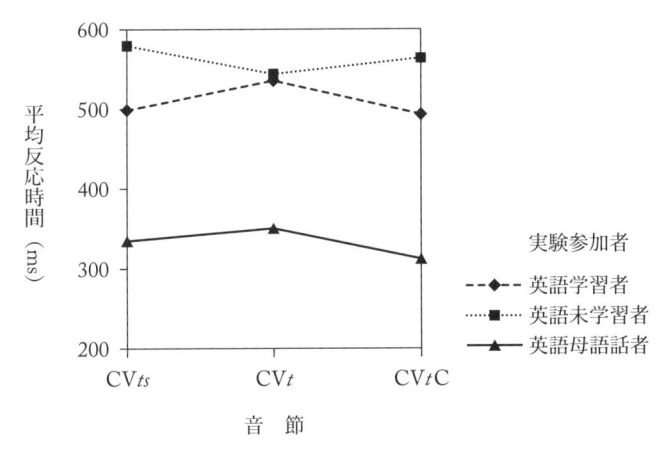

第 7 章　英語分節法に関するオンライン・オフライン実験　CVCVC 構造の場合　163

図 24　実験 1 の二重母音＋鼻音を含む刺激を与えた場合の参加者別反応時間

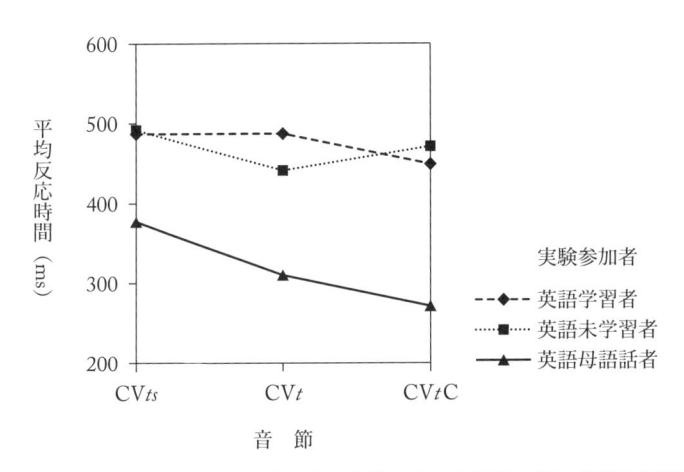

図 25　実験 1 の二重母音＋流音を含む刺激を与えた場合の参加者別反応時間

見られない。しかし、実測値では、英語学習者・英語母語話者はともに、CV*ts* 刺激を与えた方が CV*t* 刺激を与えた場合よりわずかばかり反応が早く、英語未学習者は CV*t* を与えた方が CV*ts* を与えた場合より反応が早かった。

　二重母音＋流音の構成の刺激を与えた場合の反応時間について、図 25 は実験参加者と刺激条件を表したグラフである。英語接触度と刺激条件の 3×3 であり、刺激条件を反復測定する二元配置分散分析を行った。英語接触度

の主効果は有意ではなく［$F(2, 38) = 1.62, p > .05$］、刺激条件の主効果も有意ではなかった［$F(2, 76) = 1.28, p > .05$］。また、交互作用も有意ではなかった。このことから、英語学習者・英語未学習者・英語母語話者の3群には反応時間に差がなく、CVts、CVt、CVtC の刺激による差もなく、二重母音＋流音を与えられた場合の反応時間は差が見られないということである。しかし、実測値を見ると、英語学習者は、CVtC 刺激を与えられた方が他の刺激を与えられた場合より反応が早いが、CVt 刺激と CVts 刺激では反応時間が変わらない。英語母語話者は CVtC を与えられた方が CVt を与えられた場合より反応が早く、また、CVt を与えられた方が CVts を与えられた場合より反応が早い。英語未学習者は、CVt を与えられた方が CVtC を与えられた場合より反応が早く、また CVtC を与えられた方が CVts を与えられた場合よりも反応時間が早い。

二重母音と子音の関係まとめ

　英語学習者・英語未学習者・英語母語話者の中では、英語母語話者が反応時間が短いという傾向が見られる。しかし、CVts、CVt、CVtC の刺激による反応時間の差は見られない。

　図24、図25のグラフから判断しても、英語学習者と英語母語話者はともに、二重母音＋流音の音環境の場合、CVtC を与えられた方が CVt を与えられたより早く、また CVts を与えられた時よりも反応が早い。二重母音＋鼻音の音環境の場合、英語学習者と英語母語話者は CVtC 刺激を与えられた方が、CVts 刺激、及び CVt 刺激を与えられた時より反応が早い。CVtC 刺激に対する反応が早いのは、/e/ から /ɪ/ への音声的変化が大きい（窪薗, 1999a）ため、途中まで聞いて反応している可能性も考えられる。

　Mehler et al.(1981) は、実験の仮説を立てる際に、分節実験の結果の予測として次の3点を挙げている。(a) 音節構造を反映し、CV の音節構造であれば CV の刺激に対して反応が早く、CVC の音節構造であれば CVC の刺激に対して早い。(b) 音素で分節しているのなら、刺激が少ない CV 刺激の方が CVC より早い。(c) 刺激の音素が多いほど音声情報のヒントが多いと考えられるため CV より CVC 刺激の方が反応が早い。仮に、(c)の仮説が

正しければ、CV*t*C は、CV*ts* また CV*t* よりも音声情報のヒントが多いため、英語母語話者は、ターゲット音を聴取する時、CV*t* が終わり、次の C に移行する調音的情報をすばやくキャッチして、CVCVC のターゲット単語内の CV /eɪ/ が終わるか終わらないかの内に反応していると考えられる。それは、ターゲット単語内の二重母音を含む CV*t*C の平均長は 284ms（表 24 参照）であるが、英語母語話者の二重母音＋流音の平均反応時間は約 273ms（表 28 参照）であることから、CV*t*C の音声をすべて聞いた後に反応しているわけではないといえる。このように、二重母音の音声的違いが大きいため、CV*t*C 刺激に対しては、ターゲット単語の中でその刺激に該当する音連続が完全に終了する前に、該当する音連続が入っていると認識し、コンピュータのキーを押していると考えられる。

　英語未学習者も、二重母音＋阻害音の時には、CV*t* 刺激の方が、CV*ts* 刺激より反応が早いという結果である。これは、英語未学習者も /eɪ/ という音声を /e/、/ɪ/ と分節して知覚しているわけではなく、/eɪ/ とひとまとまりで知覚できる可能性があるといえる。あるいは、/eɪ/ の /ɪ/ を十分聞かないで反応しているのだろう。日本語では、「英語」[eigo] は [e:go]、「佐藤」[satoɯ] は [sato:] のように通常発音し、二重母音として発音していない。従って、/eɪ/ の /ɪ/ は知覚していない可能性もある。さらに、子どもの場合は、刺激の 1 部分でもターゲット単語に入っていれば、同じであると認めて反応する傾向にある（Inagaki et al., 2000）。

　しかし、現段階では、二重母音についての反応実験の結果として英語学習者・英語母語話者ともに CV*t*C を与えた場合の反応が一番早かったことから、CVC.VC で分節している可能性も否定できない。また、英語未学習者が /eɪ/ と、ひとまとまりで知覚している可能性もある。このことに関しては、実験 2 の結果を踏まえて再度検討する。

長母音と子音の関係について

　表 29 は、英語接触度として英語学習者、英語未学習者、英語母語話者の 3 群に対して、刺激条件である CV*ts*、CV*t*、CV*t*C（長母音＋阻害音・鼻音・流音を含む）刺激を与えた場合の反応時間の平均と標準偏差である。図 26、

表29 実験1の長母音＋阻害音・鼻音・流音を含む刺激を与えた場合の参加者別反応時間の平均と標準偏差

刺激条件		英語学習者			英語未学習者			英語母語話者		
		平均	標準偏差	人数	平均	標準偏差	人数	平均	標準偏差	人数
阻害音	CVts	490.37	203.33	40	485.95	122.85	5	248.35	38.80	5
	CVt	458.89	230.69	40	540.28	267.26	5	263.83	84.54	5
	CVtC	473.62	189.12	40	606.10	229.39	5	252.00	45.00	5
鼻音	CVts	500.23	220.95	38	498.10	110.37	5	344.80	111.82	5
	CVt	471.32	216.16	38	493.10	154.37	5	361.60	99.69	5
	CVtC	453.51	196.59	38	538.00	185.21	5	364.70	135.67	5
流音	CVts	448.36	181.10	30	480.00	89.16	4	296.40	70.78	5
	CVt	448.60	233.31	30	587.50	225.31	4	335.20	106.95	5
	CVtC	425.06	168.60	30	429.87	162.90	4	373.30	195.54	5

注：平均値の単位はミリセカンド（ms）である。

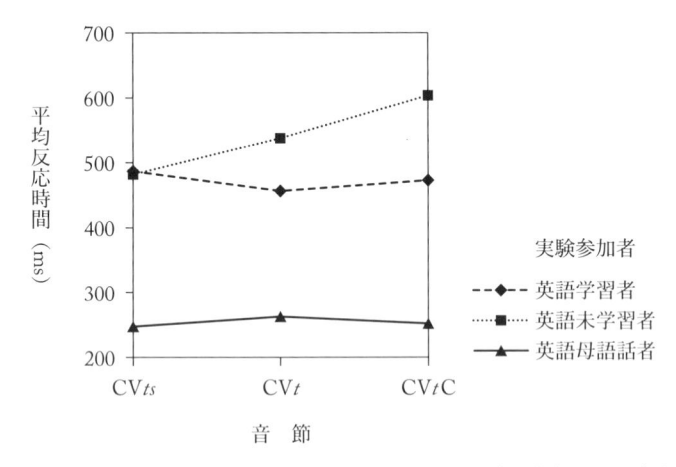

図26 実験1の長母音＋阻害音を含む刺激を与えた場合の参加者別反応時間

27、28 はそれらのグラフである。

　長母音＋阻害音の反応時間について、英語接触度と刺激条件の3×3の刺激条件を反復測定する二元配置分散分析を行った。英語接触度の主効果は有意であった［$F(2, 47) = 3.62$, $p < .01$］。しかし、刺激条件の主効果は有意で

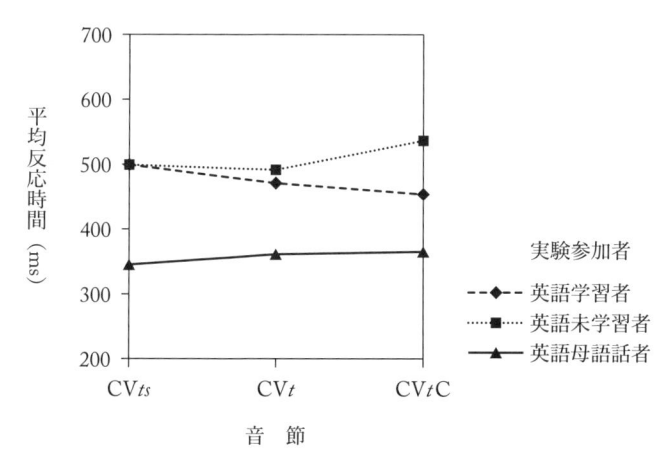

図 27　実験 1 の長母音＋鼻音を含む刺激を与えた場合の参加者別反応

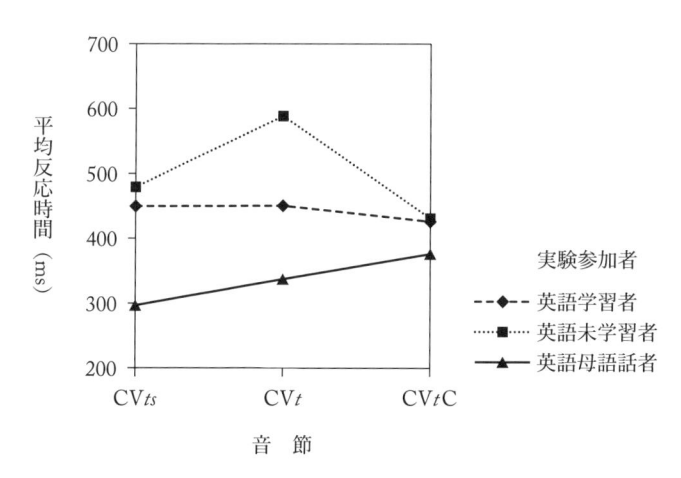

図 28　実験 1 の長母音＋流音を含む刺激を与えた場合の参加者別反応時間

はなかった［$F(2, 94) = .89, p > .05$］。交互作用も有意ではなかった。英語学習者・英語未学習者・英語母語話者の 3 群間には有意差があるため Tukey の多重比較を行ったところ、英語母語話者は、英語学習者・英語未学習者と有意差が見られ、その結果、英語母語話者は他の 2 群に比べて反応が早いといえる。実測値において、英語学習者と英語母語話者ともに CV*ts*、CV*t*、CV*t*C ともにほとんど差が見られないが、英語未学習者では、CV*ts*

は約 486ms、CVt は 540ms、CVtC は 606ms であり、CVts 刺激に対する反応が一番早かった。

　次に、長母音＋鼻音の反応時間について、英語接触度と刺激条件の 3×3 の刺激条件を反復測定とする二元配置分散分析を行った。英語接触度の主効果は有意ではなかった［$F(2, 45) = 1.19, p > .05$］。刺激条件の主効果も有意ではなかった［$F(2, 90) = .04, p > .05$］。交互作用も有意ではなかった。このことから、実験参加者の 3 群間には差がなく、CVts、CVt、CVtC の刺激にも差が見られない。

　次に長母音＋流音の反応時間について、英語接触度と刺激条件の 3×3 の刺激条件を反復測定する二元配置分散分析を行った。英語接触度の主効果は有意ではなかった［$F(2, 36) = 1.42, p > .05$］。刺激条件の主効果も有意ではなかった［$F(2, 72) = .82, p > .05$］。交互作用も有意ではなかった。このことから、実験参加者の 3 群間には差がなく、CVts、CVt、CVtC の刺激にも差が見られない。

長母音と子音の関係まとめ

　英語母語話者は、長母音＋阻害音を含む刺激を与えられた時、英語学習者及び・英語未学習者に比べて、有意に反応が早かった。CVts、CVt、CVtC の刺激に対しては、反応時間に差は見られなかった。しかし、実測値では、英語学習者は阻害音、鼻音の場合は、CVt 刺激を与えられた方が CVts 刺激を与えられた場合より反応が早かった。流音の場合は CVt、CVts 刺激についての反応時間はほとんど変わらなかった。このことから、英語学習者は、阻害音または鼻音を含む刺激を与えられた場合は CV.CVC というように音節で分節すると推測される。一方、英語母語話者は CVts 刺激を与える方が CVt 刺激を与える場合より反応が早いという傾向にある。これは、CVtC の母音が長母音の /ti:/ であり、英語母語話者にとって、/ti/ という単語は存在しないため、ターゲット単語の語頭の /ti/ を聞いた時点で /ti:/ と同じように知覚するためであると考えられる。一方、英語未学習者は /ti/ と /ti:/ の長さの違いを知覚しているため、CVts 刺激を与えられた方が CVt 刺激を与えられた場合よりも反応が早いといえる。

リサーチクエスチョン 2 のまとめ

　英語母語話者は、英語学習者と英語未学習者に比べて反応時間が短い傾向にある。これは、母語話者であることと大人であることにより、反応が早くなるためであると考えられる。CV*l* と CV/C、または CV*ts*、CV*t*、CV*t*C の刺激条件に対しては、統計的な差は見られない。しかし、実測値を詳しく見ていくと、英語学習者は、弛緩母音の場合は、どの子音であっても CV*l* 刺激と CV/C 刺激では CV*l* 刺激の方の反応がわずかばかり早かっただけでほとんど差が見られなかった。英語母語話者は弛緩母音＋阻害音の刺激の時、CV/C 刺激が CV*l* 刺激より反応が早くなったが、鼻音・流音では CV*l* 刺激、CV/C 刺激ともほとんど差が見られず、CV*l* 刺激の方が CV/C 刺激よりわずかに反応が早いだけである。英語未学習者は阻害音・流音の時は、英語学習者とほぼ同じように反応し、CV*l* 刺激の方が CV/C 刺激よりわずかに反応が早い。鼻音の時は CV*l* が CV/C よりかなり早く反応する。弛緩母音＋鼻音の刺激の時は、CV.CVC のようにモーラで分節する傾向が強い。この結果は、Fallows (1981)、Treiman and Danis (1988)、Treiman et al. (1994) が述べているように、鼻音・流音は、両音節的であり CV と CVC の両方の分節の可能性があるためといえる。Fallows、Treiman and Danis、Treiman et al. の実験によると、阻害音については CV.CVC と分節する傾向が強かったが、本実験の英語母語話者は、CV/C 刺激を与えられた方が CV*l* 刺激を与えられた場合よりも反応時間が短かったことから、逆に CVC.VC で分節している可能性が推測される。

　二重母音に関しては、CV.CVC と分節されるとすれば、CV*t* 刺激を与えられた方が CV*ts* または CV*t*C 刺激を与えられた場合より早く反応することが期待される。英語学習者・英語母語話者ともに、二重母音＋阻害音、または流音の場合は、CV*t* 刺激を与えられた方が CV*ts* 刺激を与えられた場合より反応が早く、CV*t* で分節されると推測される。

　長母音の場合は、英語学習者は CV*t* 刺激と CV*ts* 刺激の反応時間がほぼ同じか、CV*t* 刺激の方が CV*ts* 刺激より反応が早かったことから、CV*t* で分節していると推測される。一方、英語母語話者は /i/ と /i:/ の音質が重要であり、長さは問題とせず、CV*ts* の /i/ を聞いた時点で CV*t* の /i:/ と同じような

反応を見せるため、CV*ts* の方が CV*t* よりも反応が早いといえる。英語未学習者は長さの違いを知覚していると考えられ、CV*ts* の方が CV*t* より反応が早いため、モーラで知覚していると考えられる。

　榎本(2002)は、日本人の英語学習者(大学生)による米語母音の知覚について、/hVd/、/bVd/、/bVt/ などの音声を用いて知覚実験を行った。その結果、日本人大学生にとって、/i:/、/eɪ/、/aɪ/ という母音は最も知覚しやすく、/ɪ/ /ʊ/ は、日本語の「い」「う」とは音色が違うため知覚しにくかった。榎本の実験対象者は大人であり、本実験対象者は子どもであるので、榎本の結果をそのまま当てはめることはできないが、本実験の弛緩母音 /ɪ/ は、音素を同定すること自体は困難であるにも関わらず、/i:/ と /eɪ/ の同定自体は容易な音素であるといえる。しかしながら、音素自体は聞き取れていたとしても、単語内にそれらの母音がある場合、分節するという課題に対しては困難を伴う。Erickson et al.(1999)によると、英単語の音節の数を数えさせる分節実験では、母音のタイプにより困難さが生じるという。短母音＋子音(katta などの促音化するもの)が最も分節するのが困難であり、次に、二重母音、長母音、短母音の順であった。しかし、本実験参加者である英語学習者には、特に母音の種類の違いによる分節の困難さは見られなかったといえる。

7.2.7.3　年齢要因と経験年数

　リサーチクエスチョン3である「日本人英語学習者において、英語学習

表30　実験1の英語学習者の英語学習開始年齢と発達年齢と経験年数別内訳

開始年齢＼発達年齢	7・8歳 (平均7歳7ヶ月)	9・10歳 (平均9歳11ヶ月)	11・12歳 (平均11歳10ヶ月)
6・7歳(平均6歳9ヶ月)	5名	6名	4名
8・9歳(平均8歳9ヶ月)		4名	11名
10・11歳(平均11歳0ヶ月)			10名

注：開始年齢とは英語学習を開始した年齢であり、発達年齢とは実験時の実年齢のことである。セルの色は経験年数を示す。
　　□ 2年未満(平均1年0ヶ月)
　　■ 2年以上4年未満(平均2年10ヶ月)
　　■ 4年以上(平均4年9ヶ月)

開始年齢・発達年齢・経験年数(インプット量)により、分節方法に違いがあるか」を検討する。表30は、英語学習者における実験1の英語学習開始年齢と発達年齢と経験年数の内訳である。

英語学習開始年齢

　実験時の発達年齢が11・12歳群(平均11歳10ヶ月)で統制し、英語の学習を開始した時期により、6・7歳(平均6歳9ヶ月、4名)、8・9歳(平均8歳9ヶ月、11名)、10・11歳(平均11歳0ヶ月、10名)の3群に分けた。英語経験年数の平均は、それぞれ1年0ヶ月、2年10ヶ月、4年9ヶ月である。なお、リサーチクエスチョン2の結果から、母音により分節における反応時間の実測値に違いが現れたため、母音を弛緩母音・二重母音・長母音に分け、反応時間に差が見られるかを分析した。表31は、各群における母音ごとの反応時間の平均と標準偏差である。弛緩母音の反応時間について、英語学習開始年齢(6・7歳、8・9歳、10・11歳)と刺激条件(CV*l*、CV*l*C)の3×2の刺激条件を反復測定とする二元配置分散分析を行った。英語学習開始年齢の主効果は有意ではなく［$F(2, 22) = .90, p > .05$］、刺激条件の主効果も有意ではなかった［$F(1, 22) = 1.70, p > .05$］。交互作用も有意ではなかった。さらに、二重母音と長母音それぞれ反応時間について、英語学習開始年

表31　実験1の開始年齢別反応時間の平均と標準偏差

刺激条件	6・7歳 平均	標準偏差	人数	8・9歳 平均	標準偏差	人数	10・11歳 平均	標準偏差	人数
CV*l*	297.04	51.97	4	360.75	179.16	11	406.84	137.74	10
CV*l*C	311.82	91.35	4	374.74	174.04	11	432.23	145.50	10
CV*ts* [e]	388.99	30.81	4	438.46	183.96	11	523.74	158.51	10
CV*t* [eɪ]	375.72	91.71	4	424.32	186.01	11	529.32	150.25	10
CV*t*C [eɪ]	396.27	111.80	4	408.44	182.51	11	491.99	183.60	10
CV*ts* [i]	301.68	78.17	4	387.93	171.20	11	524.97	193.90	10
CV*t* [iː]	251.47	31.36	4	379.41	191.32	11	492.99	165.19	10
CV*t*C [iː]	332.85	45.70	4	394.99	182.74	11	458.93	146.28	10

注：平均値の単位はミリセカンド(ms)である。

齢と刺激条件の3×3の反復二元分散分析の結果、英語学習開始年齢の主効果は、それぞれ有意ではなかった［$F(2, 22) = 1.30, p > .05$］、［$F(2, 22) = 2.59, p > .05$］。刺激条件の主効果もそれぞれ有意ではなかった［$F(2, 44) = .46, p > .05$］、［$F(2, 44) = 1.08, p > .05$］。また、交互作用もそれぞれ有意ではなかった。このことから、英語学習開始年齢の違いによって、反応時間に差がなく、弛緩母音における CV*l* と CV*l*C、二重母音と長母音における CV*ts* と CV*t* と CV*t*C の刺激についても反応に差が見られなかった。

発達年齢

　英語の開始年齢による差は見られなかったが、学習を早く開始すると長く英語を学習することになる。従って、英語の経験年数の条件を同じにし、実験時の年齢すなわち発達年齢により分節の仕方に差が見られるかを検討する。学習経験年数は2年未満（平均1年0ヶ月）に統一し、発達年齢は7・8歳群（平均7歳7ヶ月、5名）、9・10歳群（平均9歳11ヶ月、4名）、11・12歳群（平均11歳10ヶ月、10名）の3群に分けた。その3群に対して、母音の種類（弛緩母音、二重母音、長母音）により、刺激を与えられた時の反応時間の平均と標準偏差を表32に示す。弛緩母音を用いた場合の反応時間について、発達年齢（7・8歳、9・10歳、11・12歳）と刺激条件（CV*l*、CV*l*C）の3×2の刺激条件が反復測定である二元配置分散分析を行った。発達年齢の主効果は有意であった［$F(2, 16) = 6.29, p < .01$］。刺激条件に関しては、有意ではなく［$F(1, 16) = .08, p > .05$］、交互作用も有意ではなかった。発達年齢の分散分析に有意差が見られたため、Tukey の多重比較を行った結果、11・12歳群は7・8歳群に比べて反応時間が短かった。11・12歳群と9・10歳群とは差が見られない。すなわち、11・12歳の学習者は、音声に対しての反応が早いといえる。

　二重母音を含む刺激を用いた場合について、発達年齢と刺激条件の3×3の反復二元配置分散分析を行った。その結果、発達年齢の主効果は有意であった［$F(2, 16) = 4.50, p < .05$］。刺激条件の主効果は有意傾向であった［$F(2, 32) = 2.58, .05 < p < .10$］、交互作用は有意ではなかった。発達年齢の分散分析に有意差が見られたため、Tukey の多重比較を行った結果、11・12歳

群は7・8歳群に比べて反応時間が早かった。9・10歳群は、11・12歳群と7・8歳群の間に差は見られなかった。すなわち、年齢が11歳・12歳の学習者は音声に対して、7・8歳の子どもよりも反応が早いといえる。CV*ts*、CV*t*、CV*t*Cの3刺激によっても、反応時間に多少差が見られる傾向があるといえる。

長母音を用いた場合の反応時間について、発達年齢と刺激条件の3×3の刺激条件を反復測定する分散分析を行った。発達年齢の主効果は有意であった［$F(2, 16) = 4.55, p < .05$］。刺激条件の主効果は有意ではなかった［$F(2, 32) = 1.59, p > .05$］。交互作用も有意ではなかった。このことから、発達年齢の3群には差があるが、CV*ts*、CV*t*、CV*t*Cの刺激による差は見られないといえる。発達年齢についての分散分析の結果に有意差が見られたため、Tukeyの多重比較を行った結果、11・12歳群は、7・8歳群に比べて反応時間が早かった。9・10歳群は、11・12歳群と7・8歳群との間に差は見られなかった。従って、11歳・12歳である学習者は音声に対する反応が早いといえる。

以上を次のようにまとめることができる。学習経験が2年以内である場合、発達年齢を3群に分け分析すると、11歳・12歳の学習者は7・8歳の学習者より刺激に対する反応時間が短かった。年齢による認知的な有利さが

表32　実験1の弛緩母音を含む刺激を与えた場合の発達年齢別反応時間の平均と標準偏差

刺激条件	7・8歳 平均	標準偏差	人数	9・10歳 平均	標準偏差	人数	11・12歳 平均	標準偏差	人数
CV*l*	639.39	60.81	5	547.39	73.04	4	406.84	137.74	10
CV*l*C	641.56	160.61	5	539.53	53.47	4	432.23	145.50	10
CV*ts* [e]	708.04	122.72	5	479.50	30.86	4	523.74	158.51	10
CV*t* [eɪ]	746.84	143.40	5	569.33	68.91	4	529.32	150.25	10
CV*t*C [eɪ]	722.84	117.73	5	523.26	83.43	4	491.99	183.60	10
CV*ts* [i]	677.03	126.97	5	571.62	66.13	4	524.97	193.90	10
CV*t* [iː]	771.57	115.73	5	506.53	80.18	4	492.99	165.19	10
CV*t*C [iː]	677.70	118.32	5	518.41	92.98	4	458.93	146.28	10

注：平均値の単位はミリセカンド（ms）である。

反応の早さに繋がったと考えられる。二重母音の場合はCVts、CVt、CVtCの各刺激において、反応時間に多少違いが見られたが、弛緩母音と長母音の場合は、刺激に対する反応時間の差は見られなかった。

経験年数

　ここまで、英語学習開始年齢と発達年齢を見てきたが、次に、学習経験の長さにより、また、刺激により、反応時間に差があるかを検討する。英語学習開始年齢を6・7歳（平均6歳9ヶ月）で統制し、学習期間により、2年未満群（平均1年0ヶ月、5名）、2年以上4年未満群（平均2年10ヶ月、6名）、4年以上群（平均4年9ヶ月、4名）の3群に分ける。その3群について、母音の種類（弛緩母音、二重母音、長母音）を含む刺激を与えた場合の反応時間の平均と標準偏差は表33のとおりである。弛緩母音の反応時間について、経験年数（2年未満、2年以上4年未満、4年以上）と刺激条件（CVl、CVlC）の3×2の刺激条件を反復測定する二元配置分散分析を行った。その結果、経験年数の主効果は有意であった［$F(2, 12) = 5.25, p < .05$］。刺激条件の主効果は有意ではなかった［$F(1, 12) = .18, p > .05$］。交互作用も有意ではなかった。経験年数の3群間には差があるが、CVlとCVlCという刺激による差は見られない。経験年数の3群間には差が見られたため、Tukeyの多重比較を行った結果、2年未満群と4年以上群との間に差が見られた。よって、4年以上群は2年未満群よりも反応が早いといえる。

　二重母音の反応時間については、経験年数（2年未満、2年以上4年未満、4年以上）と刺激条件（CVts、CVt、CVtC）の3×3の刺激条件を反復測定する二元配置分散分析を行った。その結果、経験年数の主効果は有意であった［$F(2, 12) = 5.00, p < .05$］。刺激条件の主効果は有意ではなかった［$F(2, 24) = .05, p > .05$］。交互作用も有意ではなかった。このことから、経験年数による差は見られるが、CVts、CVt、CVtCの刺激による差は見られない。学習経験が有意であったため、Tukeyの多重比較を行った結果、4年以上群と2年未満群との間に差が見られた。4年以上群は2年未満群より、反応が早いといえる。

　長母音の反応時間について、経験年数と刺激条件の3×3の刺激条件が反

第 7 章 英語分節法に関するオンライン・オフライン実験 CVCVC 構造の場合 175

復測定である二元配置分散分析を行った。その結果、経験年数の主効果は有意であった［$F(2, 12) = 7.89, p < .01$］。刺激条件の主効果は、有意ではなかった［$F(2, 24) = .11, p > .05$］。しかし、交互作用が有意であったため［$F(4, 24) = 2.79, p < .05$］、単純主効果の検定を行い、有意差があった後は LSD 法による多重比較を行った（田中・山際, 1996）。また、数値の再確認のため、JavaScript-STAR version 4.0.0[3] を使用して分析した。

単純主効果については、表 34 に示すとおり、LSD 法による多重比較の結果、経験年数における刺激条件(CVts)では、4 年以上群は 2 年未満群より有意であり、また 4 年以上群は 2 年以上 4 年未満群より有意であった（Mse = 27144.12、5％水準）。2 年未満群と 2 年以上 4 年未満群には差がなかった。このことから、CVts の刺激条件については、4 年以上群は、2 年未満群と 2 年以上 4 年未満群よりも、反応が早いといえる。経験年数における刺激条件(CVt)の多重比較によると、CVts の刺激条件と同じように、4 年以上群は 2 年未満群より有意であり、また 4 年以上群は 2 年以上 4 年未満群より有意であった（Mse = 31444.38、1％水準）。2 年未満群と 2 年以上 4 年未満群では差がなかった。このことから、CVt の分節について、4 年以上群は、2 年未満群と 2 年以上 4 年未満群よりも、反応が早いといえる。経験年数にお

表 33　実験 1 の経験年数別反応時間の平均と標準偏差

刺激条件	2 年未満 平均	標準偏差	人数	2 年以上 4 年未満 平均	標準偏差	人数	4 年以上 平均	標準偏差	人数
CVl	639.39	60.80	5	526.16	221.36	6	297.04	51.98	4
CVlC	641.56	160.61	5	539.67	219.96	6	311.82	91.35	4
CVts [e]	708.04	122.72	5	618.01	234.73	6	388.99	30.81	4
CVt [eɪ]	746.84	143.40	5	572.41	214.03	6	375.72	91.71	4
CVtC [eɪ]	722.84	117.73	5	581.03	216.51	6	396.27	111.80	4
CVts [i]	677.03	126.96	5	561.33	220.41	6	301.68	78.17	4
CVt [iː]	771.56	115.73	5	544.12	253.30	6	251.47	31.36	4
CVtC [iː]	677.70	118.12	5	528.07	199.89	6	332.85	45.70	4

注：平均値の単位はミリセカンド(ms)である。

表34 実験1の長母音を含む刺激を与えた場合の経験年数別交互作用の分析表

要因		SS	df	MS(SS/df)	F
経験年数 at 刺激(CV*ts*)	:	359486.25	2	179743.12	6.62*
（個人差 at 刺激(CV*ts*)	:	325729.41	12	27144.12）	
経験年数 at 刺激(CV*t*)	:	661425.02	2	330712.51	10.52**
（個人差 at 刺激(CV*t*)	:	377332.53	12	31444.38）	
経験年数 at 刺激(CV*t*C)	:	290939.12	2	145469.56	6.67*
（個人差 at 刺激(CV*t*C)	:	261867.33	12	21822.28）	
刺激 at 経験年数(2年未満)	:	28783.51	2	14391.75	3.62**
刺激 at 経験年数(2年以上4年未満)	:	2691.65	2	1345.82	0.33
刺激 at 経験年数(4年以上)	:	16405.51	2	8202.75	2.06
個人×刺激	:	95342.61	24	3972.61	

*$p<.05$　**$p<.01$

ける刺激条件(CV*t*C)の多重比較の結果、4年以上群は2年未満群より有意であった(Mse＝21822.28、5％水準)。このことから、CV*t*Cの分節に対しては、4年以上群は、2年未満群よりも、反応が早いといえる。さらに、2年未満群における刺激条件の多重比較の結果、CV*ts*刺激はCV*t*刺激より、またCV*t*C刺激はCV*t*刺激より有意であり(Mse＝3972.61、1％水準)、CV*ts*とCV*t*Cには差がなかった。このことから、CV*ts*はCV*t*より、CV*t*CはCV*t*より反応が早い。これらの交互作用から、学習経験が4年以上の学習者は、4年未満の学習者に比べ、CV*ts*、CV*t*、CV*t*Cのどの刺激についても反応が早い。2年未満の学習者は、CV*ts*とCV*t*Cの刺激に対しての反応が早く、CV*ts*刺激に対する反応がCV*t*の刺激に対する反応より早かったことから、CV.(V)CVCのようなモーラで分節すると推測される。一方、CV*t*Cの刺激を用いた場合の反応時間がCV*t*より短かったため、CVC.VCと分節する可能性も否定できないが、ターゲット単語声全部を聞いているわけではなく、ターゲット単語内の途中で反応しているとも考えられる。

なお、英語学習開始年齢・発達年齢・経験年数と各要因を個別に見てきたが、英語学習開始年齢による反応時間の差はなかったことから、2年未満の

学習期間の場合は、11歳・12歳の学習者及び4年以上英語を学習した学習者が，音声を聞いてその刺激音が存在するかどうかのような実験に対して有利であるといえる。しかし、分節に関しては長母音の場合のみ、2年未満の学習者のCV*ts*とCV*t*Cの反応が早いことから、2年未満の学習者はCV.(V)CVCのようにモーラで分節し、CV*t*.CVCのような音節で分節していないと仮定される。弛緩母音と二重母音については反応時間に差がなく、モーラで分節しているか音節で分節しているかについては明らかにならなかった。

英語学習開始年齢・発達年齢・経験年数の関係

前節まで、学習者の英語学習開始年齢・発達年齢・経験年数を各要因として、分散分析を行い、CV*l*とCV*l*Cまたは、CV*ts*、CV*t*、CV*t*Cに対する反応時間に差が見られるかを検討してきた。ここでは、学習学習開始年齢・発達年齢・経験年数の各要因は実験参加者内要因であるため、英語学習開始年齢と発達年齢のクロス集計表（表30）から、各セルを年齢要因として一元化し、母音の音声環境の違いにより、刺激条件に対して反応時間に差が見られるか分析する。

年齢要因は全6群（開始6・7歳―発達7・8歳、開始6・7歳―発達9・10歳、開始6・7歳―発達11・12歳、開始8・9歳―発達9・10歳、開始8・9歳―発達11・12歳、開始10・11歳―発達11・12歳）であり、刺激による反応時間の違いを弛緩母音・二重母音・長母音でそれぞれ検討する。

表35は、年齢要因（6群）と刺激条件（CV*l*, CV*l*C）ごとに、弛緩母音を含む刺激を与えた場合の反応時間の平均と標準偏差を示したものである。それらについて6×2の刺激条件を反復測定する二元配置分散分析を行った結果、年齢要因の主効果は有意であったが［$F(5, 34) = 3.72, p < .01$］、刺激条件は有意ではなかった［$F(1, 34) = .67, p > .05$］。また交互作用も有意ではなかった。図29はそれに対応するグラフである。

年齢要因において主効果が有意であったため、Tukeyの多重比較を行うと、開始6・7歳―発達7・8歳群は、開始6・7歳―発達11・12歳群、開始8・9歳―発達11・12歳群との間に有意差がある。6・7歳あるいは8・9歳から学習を開始した現在11・12歳の学習者は、2年から4年間以上英語

学習を行ったことになり、早く学習を開始し、2年以上続けて学習すると、明らかに刺激に対する反応が早くなるといえる。しかし、CV*l* か CV*l*C かの刺激条件による差は見られない。

CV か CVC かによる反応時間の差は、リサーチクエスチョン1でも検討したように、英語母語話者においても現れていない。しかし、いずれの刺激を与えた場合も、英語学習者・英語未学習者に比べると反応時間が有意に短

表35　実験1の弛緩母音を含む刺激を与えた場合の年齢要因別反応時間の平均と標準偏差

条件	人数	CV*l* 平均	CV*l* 標準偏差	CV*l*C 平均	CV*l*C 標準偏差
開始6・7歳―発達7・8歳	5	639.38	60.80	641.56	160.60
開始6・7歳―発達9・10歳	6	526.16	221.34	539.66	219.95
開始6・7歳―発達11・12歳	4	297.04	51.97	311.82	91.34
開始8・9歳―発達9・10歳	4	547.39	73.03	539.53	53.43
開始8・9歳―発達11・12歳	11	360.75	179.16	374.73	174.04
開始10・11歳―発達11・12歳	10	406.84	137.73	432.22	145.50

注：平均値の単位はミリセカンド(ms)である。

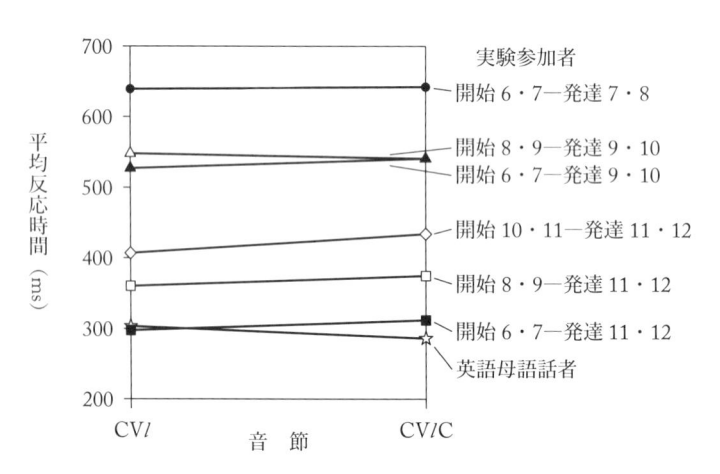

図29　実験1の弛緩母音を含む刺激を与えた場合の年齢要因別反応時間

い。そこで、年齢要因によって分けた6群に、英語母語話者と比較して反応時間に差が見られるかどうかを調べるために、全7群と、刺激条件の2群の7×2の反復二元分散分析を行った。その結果、年齢要因の主効果は有意であった［$F(6, 38) = 4.10, p < .01$］。Tukeyの多重比較を行うと、英語母語話者と同じ程度に早く反応できたのは、開始6・7歳―発達11・12歳群、開始8・9歳―発達11・12歳群と開始10・11歳―発達11・12歳群である。開始6・7歳―発達11・12歳群、開始8・9歳―発達11・12歳群は、それぞれ学習経験を2年以上有しているが、開始10・11歳―発達11・12歳群は学習経験が2年未満であることから考えれば、音声を知覚し反応するような実験に関しては、発達年齢が重要であることを示唆している。

次に、二重母音の反応時間に対して年齢要因と刺激条件により差が見られるかを検討する。

表36は、年齢要因（6群）と刺激条件3群（CVts、CVt、CVtC）の反応時間の平均と標準偏差を示したものである。6×3の刺激条件を反復測定とする二元配置分散分析を行った結果、年齢要因の主効果については有意であった［$F(5, 34) = 3.30, p < .01$］。刺激条件については有意ではなかった［$F(2, 68) = .62, p > .05$］。交互作用も有意ではなかった。年齢要因の主効果が有意であったため、Tukeyの多重比較を行ったところ、開始6・7歳―発達7・8歳群は、開始6・7歳―発達11・12歳群と、開始8・9歳―発達11・12歳群、開始10・11歳―発達11・12歳群との間に有意差がある。6・7歳あるいは8・9歳から学習を開始した現在11・12歳の学習者は、2年間以上英語学習を行うことにより、刺激条件に対しての反応が早くなるといえる。しかし、各年齢群について、CVts、CVt、CVtCの刺激条件による差は見られない。

英語母語話者と年齢要因（6群）を合わせた7群と刺激条件3群の反復二元分散分析を行った。その結果、年齢要因の主効果は有意であった［$F(6, 38) = 4.13, p < .01$］。刺激条件の主効果は有意ではなかった［$F(2, 76) = .88, p > .05$］。交互作用も有意ではなかった。次に、参加者7群における主効果が有意であったため、Tukeyの多重比較を行ったところ、開始6・7歳―発達11・12歳群と、開始8・9歳―発達9・10歳群、開始8・9歳―発達11・12

歳群は母語話者群と有意差がなかった。従って、6・7歳あるいは、8・9歳から学習を開始した現在11・12歳の学習者と、8・9歳から英語を開始した現在9・10歳の英語学習者は、英語母語話者と同じくらい刺激条件に対し

表36　実験1の二重母音を含む刺激を与えた場合の年齢要因別反応時間の平均と標準編差

条件	人数	刺激 CVts 平均	標準偏差	CVt 平均	標準偏差	CVtC 平均	標準偏差
開始6・7歳 ―発達7・8歳	5	708.03	122.71	746.84	143.39	722.83	117.72
開始6・7歳 ―発達9・10歳	6	618.01	234.72	572.40	213.02	581.03	216.51
開始6・7歳 ―発達11・12歳	4	388.98	30.80	375.72	91.70	396.26	111.80
開始8・9歳 ―発達9・10歳	4	479.50	30.86	569.33	68.90	523.25	83.43
開始8・9歳 ―発達11・12歳	11	438.45	183.96	424.32	186.01	408.44	182.50
開始10・11歳 ―発達11・12歳	10	523.74	158.50	529.32	150.25	491.99	183.60

注：平均値の単位はミリセカンド(ms)である。

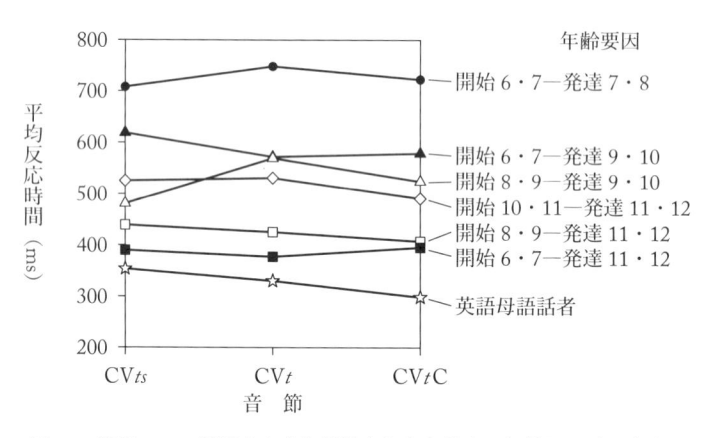

図30　実験1の二重母音を含む刺激を与えた場合の年齢要因別反応時間

て反応が早くなるといえる。しかし、開始8・9歳―発達9・10歳群はn値が4であり、CV*ts*の値が他の群に比べて大きすぎるため、考察には注意が必要である。図30は年齢要因ごとの二重母音を含む刺激を与えた場合の反応時間のグラフである。

表37は、長母音を含む刺激を与えた場合の年齢要因（6群）と刺激条件3群（CV*ts*、CV*t*、CV*t*C）の平均と標準偏差を示したものである。刺激条件を反復測定とする6×3の分散分析の結果、年齢要因の主効果は有意であったが［$F(5, 34) = 4.31, p < .01$］、刺激条件の主効果は有意ではなかった［$F(2, 68) = .74, p > .05$］。交互作用も有意ではなかった。年齢要因が有意であったため、Tukeyの多重比較を行ったところ、開始6・7歳―発達7・8歳群は開始6・7歳―発達11・12歳群と、開始8・9歳―発達11・12歳群との間は有意であった。6・7歳あるいは、8・9歳から学習を開始して現在11・12歳の学習者は2年以上英語学習を行うことになり、刺激を与えた場合の反応が早くなるといえる。これは、二重母音の時と同じ反応である。統計的に

表37　実験1の長母音を含む刺激を与えた場合の年齢要因別反応時間の平均と標準偏差

条件	人数	刺激 CV*ts* 平均	標準偏差	CV*t* 平均	標準偏差	CV*t*C 平均	標準偏差
開始6・7歳―発達7・8歳	5	677.02	126.96	771.56	115.73	677.69	118.12
開始6・7歳―発達9・10歳	6	561.33	220.41	544.12	253.30	528.07	199.89
開始6・7歳―発達11・12歳	4	301.68	78.16	251.46	31.35	332.85	45.69
開始8・9歳―発達9・10歳	4	571.62	66.12	506.52	80.17	518.41	92.97
開始8・9歳―発達11・12歳	11	387.92	171.19	379.41	191.32	394.99	182.73
開始10・11歳―発達11・12歳	10	524.97	193.89	492.99	165.18	458.92	146.27

注：平均値の単位はミリセカンド（ms）である。

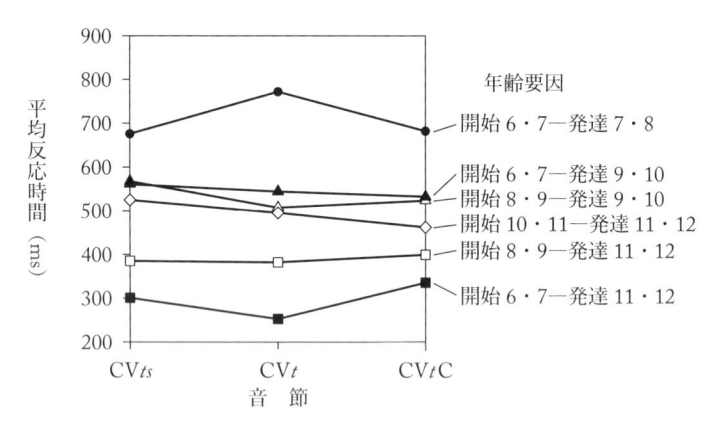

図31 実験1の長母音を含む刺激を与えた場合の年齢要因別反応時間

は差が見られないが、CVtsとCVtの実測値で見ると、開始6・7歳—発達7・8歳群はCVtsの方がCVtより反応時間が短いため、モーラとしてCVで知覚している可能性がある。一方、それ以外の群はCVtの方がCVtsよりわずかばかり早く反応する。これらの群はCVtsとCVtとほぼ同じか、CVtの方が早く反応しているため、音節で捉えている可能性も考えられる。

英語母語話者と他の6群を合わせた7群と刺激条件2群の7×2の反復二元分散分析を行った結果、年齢要因の主効果は有意であった［$F(6, 38) = 5.00, p < .01$］。刺激条件の主効果は有意ではなかった［$F(2, 76) = .317, p > .05$］。交互作用も有意ではなかった。7群の主効果が有意であったため、次にTukeyの多重比較を行ったところ、開始6・7歳—発達11・12歳群と、開始8・9歳—発達11・12歳群は英語母語話者とは有意差がなかった。従って、6・7歳あるいは、8・9歳から学習を開始した現在11・12歳の学習者は、母語話者と同じように早い反応を身に付けたといえる。図31はそのグラフである。

年齢要因と学習経験のまとめ

上記の結果を次のようにまとめることができる。英語母語話者と開始6・7歳—発達11・12歳群及び開始8・9歳—発達11・12歳群の英語学習者との間には、反応時間の有意差がなかった。従って6・7歳あるいは8・9歳

から英語学習を開始した現在 11・12 歳の学習者は、英語母語話者と同じように音節の刺激に対して早く反応できるといえる。

　Case, Kurland, and Goldberg (1982) は、記憶研究において、情報を蓄積する仮想スペースとしての短期記憶スペース (storage space) と知的な作業を行う時に使われる仮想スペースとしての操作処理スペース (operating space) があり、その両者を統括する中枢処理スペース (total processing space) があると想定している。3 歳から 6 歳までの幼児に単語をリピートさせるまたは記憶させる課題を課し、6 歳から 12 歳までの子どもにカードに書かれた点を数えさせたり、その数を記憶させる課題を課した。その結果、年齢が上がるにつれて、基本的な操作 (basic operation) が速くなった。基本的な操作が効率化したために、中枢処理スペース内の操作処理スペースにかかる負担が減り、短期記憶スペースをより多く使用することができ、記憶の保持に結びついたと考えられる。従って、発達年齢が上がるほど処理能力が上昇し、かつ短期記憶も向上するといえる。

　本書の実験 1 の課題は次のようなものであった。/tɪpən/ を例にとると、まず音声として聞き取った刺激 /tɪ/ を保持し、次にターゲット単語 /tɪpən/ を聞き、さらにこれを保持しながら、その中に /tɪ/ が入っているか否かを判断し、コンピュータのスペースキーをできるだけ早く押すという作業である。すなわち、保持しながら判断するという課題を並列的に行う必要がある。Case et al. (1982) のいうように、年齢が上がるほど認知処理が効率的になり、結果として記憶の保持容量が増加するのであれば、それによって刺激とターゲット単語の記憶が容易になり、かつ、刺激と同じ音が入っているか否かの判断が早くなるため、反応時間が短くなったといえる。

　石王・苧阪 (1994) は、読みができない 6 歳の幼児に対して、文を聞きながら単語を保持するリスニングスパンテストを行った結果、6 歳でも十分にワーキングメモリが発達しており、そのワーキングメモリは年齢が上がるとともに大きくなっていくと述べている。

　従って、ある音声を記憶に保持しながら、その音声があるかないかを判断するモニタリングタスクにおいては、発達年齢が高い学習者の方が反応が早くなるといえる。

しかし、刺激条件ごとに見た場合、弛緩母音・二重母音・長母音のどの母音に対しても、英語母語話者と同じように、英語学習者は CV/ と CV/C 及び CV/ts と CV/t と CV/tC の刺激条件における反応時間には差が見られない。従って、英語母語話者も英語学習者も CVCVC のターゲット単語を CVC.VC のように音節で分節しているか否かについては明らかではない。また、それらの分節に関して、英語学習開始年齢及び発達年齢や経験年数がほとんど関与していないといえる。

リサーチクエスチョン 3

　2 年未満の学習経験がある発達年齢が 11・12 歳の学習者と 4 年以上の学習経験がある学習者は、音声を知覚し反応する実験に対して、反応が早いといえる。

　弛緩母音の場合、開始 6・7 歳―発達 7・8 歳群は、開始 6・7 歳―発達 11・12 歳群、開始 8・9 歳群―発達 11・12 歳群との間に有意差がある。6・7 歳から学習を開始し、現在 11・12 歳の学習者は 4 年間から 5 年間英語学習を行ったことになる。早く学習を開始し、4 年以上経過すると実験課題に対する反応が早い。しかし、CV/ と CV/C 刺激に対する反応時間には差が見られない。

　二重母音・長母音の場合、6・7 歳あるいは 8・9 歳から学習を開始して現在 11・12 歳の学習者は 2 年以上英語学習を行うことになり、実験課題に対しての反応が早くなるといえる。

　刺激条件については、統計的には差が見られないが、二重母音の場合に CV/ts の方が CV/t よりも反応が早いのは、開始 6・7 歳―発達 7・8 歳群、開始 8・9 歳―発達 9・10 歳群であるが、開始 6・7 歳―発達 9・10 歳群、開始 6・7 歳―発達 11・12 歳、開始 8・9 歳―発達 11・12 歳群は CV/t の方が CV/ts よりわずかであるが反応が早い。一番差があるのが、開始 8・9 歳―発達 9・10 歳群である。長母音では、開始 6・7 歳―現在 7・8 歳群は CV/ts と分節し、すなわち日本語のモーラで捉えており、そのほかの群は CV/t と分節し、音節で捉えている可能性が考えられる。

7.2.8 実験1のまとめ

リサーチクエスチョン1

　英語母語話者は、英語学習者や英語未学習者に比べて、反応が早い傾向がある。刺激条件に関しては、統計的な差は見られない。しかし、実測値から判断すると、英語母語話者と英語学習者は同じような反応を見せており、弛緩母音の時は CV.CVC または両音節的に分節している、さらに、二重母音・長母音とも CV.CVC と分節することも推測される。

リサーチクエスチョン2

　母音と子音の関係では、統計的に差が見られない。実測値でみると、英語母語話者は、弛緩母音＋阻害音は CVC.VC と分節することも推測される。

リサーチクエスチョン3

　英語学習開始年齢に関しては、早い時期に英語を学び始めたからといって反応時間が短いわけではなく、むしろ発達年齢が 11・12 歳のように年長であるほど、あるいは英語経験年数が 4 年以上と長いほど、反応時間が短くなるといえる。英語学習開始年齢と、発達年齢と経験年数を総合的に見ると、6・7 歳から英語学習を開始して、4 年以上経過するか、あるいは 8・9 歳から英語を学習し 2 年以上学習を継続すると母語話者と同じくらい実験課題に対して早く反応できるといえる。しかし、刺激条件に関しては、英語学習開始年齢、発達年齢及び経験年数の影響は見られず、CV.CVC で分節されるか、CVC.VC で分節されるかは明らかにはならなかった。

7.3　実験2　オフライン実験

　実験1はオンラインの実験であり、無意識における音声分節の実験であったが、本実験は、トップダウン的な情報も作用するといわれる意識的な分節実験を行う。

7.3.1 実験2の目的

Inagaki et al. (2000) の実験を基に、子どもの英語学習者、英語未学習者と成人の英語母語話者の3群において、英語のCVCVCの音声構造を持つ無意味語を聞かせ、それをどのように分節するかを実験する。

7.3.2 リサーチクエスチョン

実験1と同じである。

7.3.3 実験参加者

実験1と同じ実験参加者である。日本人の英語学習者51名、日本人英語未学習者5名、英語母語話者5名の計61名である。

7.3.4 実験材料

実験1と同じ単語を使用する。本実験の実験材料は、ターゲット単語が32語、フィラーが18語、練習問題が2語の計52問である。練習問題2問と本試行50問は、ターゲット単語2語の次にフィラー1語を置く構成である。1試行時間は約8秒である。まず、シグナル音が聞こえ、その1秒後にターゲット単語が聞こえ、分節するための時間として7秒間無音の状態があり、その後、次の試行が始まる。全体の長さは7分50秒である。音声はSP4WIN Customを使い、コンピュータで編集し、CDに焼き付けた。

7.3.5 手続き

教室での英語学習時間に、実験参加者には単語遊びをすると伝えた。そののち、別室にて1人ずつの個別実験を行った。どんな遊びかを説明したのち、練習を2問行い、やり方がわかったことを確認した後、本試行50問を行った。所要時間は1人当たり約15分である。Inagaki et al. (2000) を参考にした実験方法は次のとおりである。実験用に使用した部屋には、机の上に録音用マイク (Sony F-VX 300) を設置し、デジタルビデオカメラ (Panasonic NV-DS5) に接続し、実験の様子の動画と音声を収録する。実験実施者と実験参加者は机の両側に向かい合って座る。実験参加者側には8つの円が1

列に並べて描かれた紙と、「パンプキン人形」が置かれている。単語が再生用 CD プレイヤーから聞こえたのち、その単語を言いながら、その単語がいくつに分かれているか、パンプキン人形を動かして円を進むように指示する。

説明文：日本人英語学習者及び未学習者用
　「これから、ことば遊びゲームをします。ここに、パンプキンの人形と 8 個の円がかかれた紙があります。これから、あることばを聞きます。そのことばは何個に分かれていますか。聞いたことばを繰り返しながら、どこでことばが切れるか、パンプキンの人形を動かしながら円を進んでください。これから練習問題をやってみましょう。わかりましたか。では、ことば遊びゲームを始めましょう。」

説明文：英語母語話者用
　"Now, let's play a word game. You will hear a signal, then you will hear a word. Then you should segment the word. Say the segmented part of the word, moving the pumpkin doll forward on the circles. Let's practice. Do you understand? Good. Let's play the game."

7.3.6　分析方法
　ターゲット単語に対し、円をいくつ進んだか、どこで切れているかを音声とビデオ録画で確認し、記述する。特に音声中で分節されたと思われるポーズが生じたところを分節位置とする。また、第 1 音節を正しく音節で分節していれば、1 点を与えて得点化する。先行研究のオンライン実験の結果では、$C_1V_1C_2V_2C_3$ の V_1 が弛緩母音では CVC.VC と分節されるが、C_2 が阻害音の場合は CV.CVC で分節され、鼻音または流音の場合は、CVC.VC に分節されるか、または両音節的になり CVC.CVC と分節される可能性がある (Fallows, 1981; Treiman & Danis, 1988; Treiman et al., 1994)。また、緊張母音では CV.CVC と分節される (Fallows; Treiman & Danis; Treiman et al.) と考えられる。そこで、英語母語話者の分節の仕方を基準にすることにした。基

準とすべき分節方法は 32 のターゲット単語に対して 90%以上の頻度で現れる分節方法とする。CV.CVC という分節方法が 90%以上であれば CV を音節と見なし、あるいは CVC.VC であれば CVC を音節と見なして採点する。

7.3.7　結果・考察

まず、音節分節の基準となる母語話者の分節結果を述べ、次に英語学習者・英語母語話者・英語未学習者において、リサーチクエスチョンについて検討する。

7.3.7.1　基準となる英語母語話者の分節

本実験では、英語母語話者の分節方法を基準とするため、学習経験や年齢による個人的要件を考える必要が少ない成人の英語母語話者に実験への協力を依頼した（実験 1 と同じメンバーである）。分析は、分節を行っている時の音声のポーズの位置を確認し、ビデオ録画を参考にした。また、tepen の /p/ のように /tep.ən/ なのか /te.pən/ なのか、句切れのポーズがはっきりしない場合もあるので、実験後、全実験項目に対して、どこで区切ったかを英語母語話者にインタビューして確認した。その結果、英語母語話者の分節の仕方は、第 1 音節の母音が弛緩母音の場合も、二重母音・長母音の場合も、つまり母音間の子音が阻害音・流音・鼻音に関わらず、すべて CV.CVC と分節された。弛緩母音は次の子音を引き付けるという音結合制約と、Fallows (1981)、Treiman and Danis (1988)、Treiman et al. (1994) の実験結果から CVC.VC に分節されると予想された。しかし、実験 1 の結果では、弛緩母音の場合、刺激として CV/ と CV/C を与えた場合の反応時間に違いは見られなかった。実験 2 においても、英語母語話者が弛緩母音の場合は CV.CVC と分節したことから、CV を第 1 音節の音節と考え、英語学習者・英語未学習者が CV.CVC のように分節した場合は 1 点を与えることとする。二重母音・長母音も同様に第 1 音節を音節と捉え、CV.CVC という分節に対して 1 点を与えることとする。例えば tepen を、/te.pən/ と分節していれば、音節分節として 1 点を与えるということである。しかし、/te.pə.n/、または、p の直前に促音を挿入し /te.p.pə.n/ と分節した場合は、日本語のモー

ラで分節したと判断し、得点は 0 点である。taypen は、/teɪ.pən/ であれば音節分節、/te.ɪ.pə.n/ であればモーラ分節である。teepen は、/tiː.pən/ であれば音節分節、/ti.i.pə.n/ であればモーラ分節である。また、/te.ɪ.pən/、/teɪ.pə.n/、/ti.i.pən/、/tiː.pə.n/ などの音節・モーラミックス分節も考えられ、これらの得点は同じく 0 点である。このように分節の仕方をすべて得点化し、また、すべての分節方法を記述する。

7.3.7.2 英語学習者・英語未学習者・英語母語話者の分節の違い

まず、リサーチクエスチョン 1 の「日本人英語学習者・日本人英語未学習者・英語母語話者は、英単語をモーラで分節するか、あるいは英単語を構成する音節で分節するか」について検討する。

ターゲットとしている第 1 音節を音節分節している場合は 1 点とし、実験単語は全 32 問であるので、32 点満点である。英語接触度(英語学習者・英語未学習者・英語母語話者の 3 水準)を主要因とし、分節実験の平均得点を従属変数とする。英語学習者 45 名(全実験参加者 51 名中、6 名は無回答が 6 割以上あるため、分析対象から除外する)、英語未学習者 5 名、英語母語話者 5 名の 3 群の分節実験の合計点の平均と標準偏差は表 38 のとおりである。実験参加者と平均点の一元配置分散分析を行った結果、その英語接触度の主効果は有意であった［$F(2, 52) = 6.36, p < .01$］。その後、Tukey の多重比較を行った結果、英語学習者は英語未学習者との間に有意な差が見られ、英語母語話者との間には差が見られないという結果になった。しかしながら、英語母語話者は満点の 32 点であるが、英語学習者は 16.89 点と約 52%の正答率であることを考えれば、英語母語話者には及ばないといえる。英語未学習者は、英語音をまったく音節に分節できなかった。従って、英語

表 38　実験 2 の参加者別平均得点と標準偏差

実験参加者	人数	平均	標準偏差
英語学習者	45	16.89	15.45
英語未学習者	5	0.00	0.00
英語母語話者	5	32.00	0.00

未学習者との比較において、英語学習者は、明らかに音節分節ができる。

7.3.7.3　音声環境の違い

次に、英語学習者 45 名を対象に、リサーチクエスチョン 2 である「母音・子音の音声情報により分節方法に差が見られるか」を検討する。

表 39 に示すように、音節で分節するのは、弛緩母音では平均 51.8％、二重母音では平均 51.8％、長母音は平均 52.0％であり、母音によって際立った差は見られない。Friedman 検定を行った結果、3 群間には差がない［$\chi^2(2) = 3.06, p > .05$］。モーラでの分節は弛緩母音の場合は 37.2％、二重母音の場合は 41.0％、長母音の場合は 36.2％であり、二重母音の場合の方がやや多い。Erickson, Tajima, Akahane-Yamada, and Yamada（2000）では、音節の数を数えさせるタスクにおいて、日本人大学生では短母音 /e/ の正解率は 58％であったが、二重母音 /ei/ は 45％であったとされる。本実験参加者においては、母音による違いは総じて大きくはないものの、二重母音の場合は 2 モーラに分節されやすいといえる。

弛緩母音の場合、モーラ分節は CV.CV.C が一般的で、/te.pə.n/ となり、tepen と tipen の p の前が /te.p.pə.n/ と促音化するのは 10.9％であった。通常、外来語としては、$C_1V_1C_2$ の mitt、set、mat のように原語の英語の V_1 が短母音であり、C_2 が破裂音・破擦音・摩擦音の時に促音化する（カッケンブッシュ、1992）。また、子音の長さが促音化に影響することも考えられたため、本実験材料の無声阻害音の無音部分を測定したが、その結果は平均 95ms であった。Narita（1996）のドイツ語の音声知覚の実験によれば、日本語母語話者は、先行する母音の長さが 110ms 以下であり、次に続く鼻音が 110ms 以上であれば重子音として知覚する、すなわち促音化して知覚する傾向があることを明らかにしている。本実験では、先行する CV の平均の長さは 122ms（表 24 参照）であり、先行する母音が長くなると次にくる子音も長くなる傾向があることを考慮すれば、本実験の無声阻害音の無音部分 95ms は促音化するには十分な長さとはいえないため、促音化はわずかしか見られないといえる。

その他で特筆すべきは、弛緩母音の /ɪ/ /e/ を長母音化し、/tɪː.bən/、

/te.e.bə.n/ とする場合が平均 8％ あることである。日本語母語話者の言語能力に日本語の母音の長短に関する音韻的対立が内在しており、日本語の母音の長短の弁別の精度は高い（皆川・前川・桐谷, 2002）。英語の場合、ストレス付帯の母音は長く発音されるため、その長さを知覚し、短母音でありながら長母音のように知覚したとも考えられる。あるいは、/tebən/ の /b/ が促音化して、その促音化した部分を母音に置き換えて発音し、/tɪ.ɪ.bən/、/te.e.bə.n/ と分節したとも考えられる。長音化か、促音化かについては議論の分かれるところであるが、本書ではこれ以上言及しないこととする。

　別の傾向として、/teɪpən/ などの二重母音についても平均 5.4％ で /teɪ.pə.n/ という音節・モーラミックス分節が見られる。/tiːpən/ などの場合、/tiː.pə.n/ と第 1 音節は音節で知覚し、第 2 音節はモーラで知覚するという音節・モーラミックス分節が平均約 9％ 見られる。一方、/te.ɪ.pən/ のような分節が約 2％、/ti.i.pən/ のような分節が約 3％ あり、モーラ＋音節という分節方法も少数ながら見られる。英語の外来語における特殊拍の安定性と自律性に関して、2.3.1 では、/J/ や /R/ は自律性が高く、これらを含む音節の安定性が低いため、先行する母音から離れやすいが、/N/ や /Q/ は自律性が低く、これらを含む音節の安定性が高いため、音節内に存在すると知覚される（Kubozono, 1985; 窪薗, 1999a）と言及した。しかし、ここでは、/J/ や /R/ は、それ自体が 1 音節になる傾向が高く、逆に /N/ が音節から切り離され、1 モーラとして知覚される可能性が高いという結果が得られた。Inagaki et al.（2000）は、日本人幼児は、かな文字学習が進むにつれ、分節単位が音節からモーラに移行し、その過程ではモーラと音節とミックスされていると述べている。本実験の結果に表れたこのミックス型の分節から、徐々に学習が進むとともに音節による分節に移行していくのかどうかは興味のあるところである。しかしながら、本実験結果では、ミックス型の分節は全体の約 5％ ［(5.4＋2.2＋9.3＋2.9)÷4＝4.95］ にとどまり、本書ではこれ以上言及しないこととする。

　表 40 に示すように、弛緩母音の次の子音が阻害音・鼻音・流音である場合のいずれも、CV.CVC という音節に区切る頻度は、それぞれ 51.9％、50.8％、52.2％ であり、その間に差はほとんど見られず、Friedman 検定を

表 39 実験 2 の分節方法

CVCVC	1.CV.CVC	頻度(%)	2.CV.(V).CV.C	頻度(%)	2.CV.(C).CV.C	頻度(%)	3.CV.(V).CV.C	頻度(%)	4.CV.CV.C	頻度(%)	5.CV.(V).CVC	頻度(%)	その他頻度(%)
tepen	te.pən	56.5	te.pə.n	30.4	te.p.pə.n	10.9	te.e.pə.n	2.2					
teben	te.bən	48.9	te.bə.n	46.7	te.b.bə.n		te.e.bə.n	4.4					
tefen	te.fən	51.1	te.fə.n	42.2	te.f.fə.n		te.e.fə.n	2.2					4.5
teven	te.vən	50.0	te.və.n	41.3	te.v.və.n		te.e.və.n	6.6					2.1
tenen	te.nən	48.9	te.nə.n	48.9	te.n.nə.n		te.e.nə.n	2.2					2.2
temen	te.mən	50.0	te.mə.n	32.6	te.m.mə.n		te.ɪ.mə.n	8.7					8.7
telen	te.lən	54.3	te.lə.n	32.6	te.l.lə.n		te.e.lə.n	8.8					4.2
teren	te.rən	52.2	te.rə.n	32.6	te.r.rə..n		te.e.rə.n	11.0					4.4
tipen	tɪ.pən	52.2	tɪ.pə.n	28.3	tɪ.p.pə.n	4.4	tɪ.ɪ.pə.n	8.7					8.7
tiben	tɪ.bən	54.3	tɪ.bə.n	34.8	tɪ.b.bə.n		tɪ.ɪ.bən	2.2					8.7
tifen	tɪ.fən	50.0	tɪ.fə.n	43.2	tɪ.f.fə.n		tɪ.ɪ.fə.n	6.8					
tiven	tɪ.vən	52.2	tɪ.və.n	28.3	tɪ.v.və.n		tɪ.ɪ.və.n	17.4					2.2
tinen	tɪ.nən	54.3	tɪ.nə.n	39.1	tɪ.n.nə.n		tɪ.ɪ.nə.n	6.5					
timen	tɪ.mən	50.0	tɪ.mə.n	39.1	tɪ.m.mə.n		tɪ.ɪ.mə.n	10.9					
tilen	tɪ.lən	55.6	tɪ.lə.n	24.4	tɪ.l.lə.n		tɪ.ɪ.lə.n	15.5					4.5
tiren	tɪ.rən	46.7	tɪ.rə.n	31.1	tɪ.r.rə.n		tɪ.ɪ.rə.n	13.3					8.9
平均		51.8		37.2		7.7		7.0					5.1
taypen	teɪ.pən	50.0	te.ɪ.pə.n	43.5					teɪ.pə.n	6.5	te.ɪ.pən		
tayben	teɪ.bən	52.2	te.ɪ.bə.n	39.1					teɪ.bə.n	4.3	te.ɪ.bən		4.3
tayfen	teɪ.fən	56.5	te.ɪ.fə.n	39.1					teɪ.fə.n	4.3	te.ɪ.fən		
tayven	teɪ.vən	45.7	te.ɪ.və.n	37					teɪ.və.n	13	te.ɪ.vən	2.2	2.2
taynen	teɪ.nən	54.3	te.ɪ.nə.n	43.5					teɪ.nə.n	2.2	te.ɪ.nən		
taymen	teɪ.mən	52.2	te.ɪ.mə.n	43.5					teɪ.mə.n	4.3	te.ɪ.mən		
taylen	teɪ.lən	52.2	te.ɪ.lə.n	39.1					teɪ.lə.n	2.2	te.ɪ.lən		6.5
tayren	teɪ.rən	54.3	te.ɪ.rə.n	39.1					teɪ.rə.n	6.5	te.ɪ.rən		
平均		51.8		41.0						5.8		2.2	3.3
teepen	tiː.pən	52.2	ti.i.pə.n	30.4					tiː.pə.n	15.2	ti.i.pən		2.2
teeben	tiː.bən	54.3	ti.i.bə.n	41.3					tiː.bə.n	4.3	ti.ɪ.bən		
teefen	tiː.fən	52.2	ti.i.fə.n	21.7					tiː.fə.n	19.6	ti.ɪ.fən	4.3	2.2
teeven	tiː.vən	51.1	ti.ɪ.və.n	35.6					tiː.və.n	11.1	ti.ɪ.vən	2.2	
teenen	tiː.nən	52.2	ti.i.nə.n	41.3					tiː.nə.n	6.5	ti.ɪ.nən		
teemen	tiː.mən	54.3	ti.i.mə.n	43.5					tiː.mə.n	2.2	ti.ɪ.mən		
teelen	tiː.lən	50.0	ti.i.lə.n	37.0					tiː.lə.n	6.5	ti.i.lən	2.2	4.4
teeren	tiː.rən	50.0	ti.i.rə.n	39.1					tiː.rə.n	8.7	ti.ɪ.rən		2.2
平均		52.0		36.2						9.3		2.9	2.8

注：1. CV.CVC は音節分節を示し、2. CV.(V).CV.C、及び 2. CV.(C).CV.C はモーラ分節を示す。
3. CV.(V).CV.C は母音の長母音化あるいは促音化分節を示す。
4. CV.CV.C、及び 5. CV(V).CVC は音節・モーラミックス分節を示す。

行った結果でも、3子音の間には有意な差が見られなかった［$\chi^2(2) = .56$, $p > .05$］。

弛緩母音＋流音の時は、約12％が、/tɪ.lə.n/ ではなく /ti.i.lə.n/ というように弛緩母音 /i/ をあたかも /i:/ の長母音を2モーラに分節したように分けた。流音の /l/、/r/ は母音性が強いため、2つに分けようとするのかもしれないと推測される。

二重母音の場合の子音の違いによる分節方法については、Friedman 検定を行った結果、3子音の間には差が見られなかった［$\chi^2(2) = 1.33, p > .05$］。しかし、母音間の子音が鼻音である場合、/te.ɪ.mə.n/ というように43.5％がモーラで分節する。

長母音においても、子音によって音節に分節する頻度が変わることは、Friedman 検定を行った結果でも、3子音の間には有意な差が見られなかった［$\chi^2(2) = 2.24, p > .05$］。しかし、長母音＋流音では、約38％が、/ti.i.rə.n/ のようにモーラ分節し、その率は比較的高い。弛緩母音＋流音の場合でも弛緩母音を長く知覚してモーラに分節する傾向が見られたと同じように、長母

表40 実験2の分節における母音と子音の関係

母音＋ 子音/頻度％	1. CV. CVC	2. CV.CV. C	2. CV.(C). CV.C	3. CV.(V). CV.C	4. CV.CV. C	5. CV.(V). CVC	その他
弛緩母音＋阻害音	51.9	36.9	7.7	6.3			5.2
弛緩母音＋鼻音	50.8	39.9		7.1			5.5
弛緩母音＋流音	52.2	30.2		12.2			5.5
二重母音＋阻害音	51.1	39.7			7.0	2.2	3.3
二重母音＋鼻音	53.3	43.5			3.3		
二重母音＋流音	53.3	39.1			4.4		6.5
長母音＋阻害音	52.5	32.3			12.6	3.3	2.2
長母音＋鼻音	51.9	36.0			9.4	2.8	2.8
長母音＋流音	50.0	38.1			7.6	2.2	3.3

注：1. CV.CVC は音節分節、2. CV.(V).CV.C と 2. CV.(C).CV.C はモーラ分節を示す。
3. CV.(V).CV.C は母音の長母音化あるいは促音化の分節を示す。
4. CV.CV.C と 5. CV(V).CVC は音節・モーラミックス分節を示す。

音＋流音では長母音を 2 モーラに分節する傾向がある。

音節・モーラミックス型の分節は、長母音＋阻害音の場合は、12.6％と、他の弛緩母音＋子音の組み合わせの単語に比べて、比較的多い。

母音に挟まれた子音では、鼻音・流音は両音節的なることが想定されたが、本分節実験では CVC.CVC のような両音節的分節は見られない。

以上をまとめると、母音と子音の違いにより、特に分節方法に影響は見られない。しかし、母音では、鼻音が後続する二重母音は 2 モーラに分節されやすい。

7.3.7.4 年齢要因と経験年数

ここでは、リサーチクエスチョン 3 の「日本人英語学習者において、英語学習開始年齢・発達年齢・経験年数（インプット量）によって分節に差があるか」について、実験 1 と同様の分析方法により、英語学習開始年齢・発達年齢・経験年数について個別に検討した後、それらの総合的な影響について述べる。なお、実験 1 では、分節方法が弛緩母音の場合は CVC.VC と分節され、緊張母音は CV.CVC と分節されると仮定していたため、両者を分けて分析していたが、実験 2 は、英語母語話者は母音に関わらず CV.CVC と分節することが明らかになったため、母音の種類を分けることなく一括して処理することにする。表 41 は、英語学習開始年齢・発達年齢・経験年数別に見た英語学習者の内訳を示している。

表 41　実験 2 の英語学習者の英語学習開始年齢、発達年齢、経験年数別内訳

開始年齢＼発達年齢	7・8 歳（平均 7 歳 8 ヶ月）	9・10 歳（平均 10 歳 0 ヶ月）	11・12 歳（平均 11 歳 11 ヶ月）
6・7 歳（平均 6 歳 9 ヶ月）	6 名	9 名	4 名
8・9 歳（平均 8 歳 10 ヶ月）		5 名	13 名
10・11 歳（平均 10 歳 11 ヶ月）			8 名

注：開始年齢とは英語学習を開始した年齢であり、発達年齢とは実験時の実年齢のことである。セルの色は経験年数を示す。
　　□ 2 年未満（平均 1 年 1 ヶ月）
　　▨ 2 年以上 4 年未満（平均 2 年 11 ヶ月）
　　■ 4 年以上（平均 4 年 10 ヶ月）

英語学習開始年齢

表 42 は、発達年齢を 11・12 歳群（平均 11 歳 11 ヶ月）に統制し、英語学習開始年齢 6・7 歳（平均 6 歳 9 ヶ月、4 名）、8・9 歳（平均 8 歳 10 ヶ月、13 名）、10・11 歳（平均 10 歳 11 ヶ月、8 名）の 3 群それぞれについて、分節実験の平均点と標準偏差を示したものである。この英語学習開始年齢を主要因とし、分節実験の平均得点を従属変数とし、一元配置分散分析を行ったところ、主効果は有意であった［$F(2, 22) = 7.71, p < .01$］。その後、Tukey の多重比較を行った結果、6・7 歳までの群と 10・11 歳までの群の間で差があり、8・9 歳までの群と 10・11 歳までの群との間で差がある。よって、6・7 歳及び 8・9 歳で、英語学習を開始した群は、10・11 歳で英語学習を開始した群に比べて音節を単位とする知覚ができるようになっているといえる。

表 42　実験 2 の開始年齢別平均得点と標準偏差

開始年齢	人数	平均	標準偏差
6・7 歳まで	4	31.75	0.50
8・9 歳まで	13	26.69	11.70
10・11 歳まで	8	8.00	14.81

発達年齢

英語学習開始年齢により分節に違いが見られるが、開始年齢が早いほど経験年数も長くなるので、英語経験年数を 2 年未満（平均 1 年 1 ヶ月）に統制し、発達年齢により 7・8 歳群（平均 7 歳 8 ヶ月、6 名）、9・10 歳群（平均 10 歳 0 ヶ月、5 名）、11・12 歳群（平均 11 歳 11 ヶ月、8 名）に分けて分析する。表 43 は、分節実験の結果の平均と標準偏差である。発達年齢を主要因

表 43　実験 2 の発達年齢別平均得点と標準偏差

発達年齢	人数	平均	標準偏差
7・8 歳	6	5.00	11.29
9・10 歳	5	11.60	13.80
11・12 歳	8	14.81	14.81

とし、分節実験の平均得点を従属変数にし、一元配置分散分析を行った。その結果、発達年齢の主効果は有意ではなかった［$F(2, 16) = .32, p > .05$］。従って、発達年齢は分節には影響を与えないといえる。

経験年数

　英語学習開始年齢を6・7歳（平均6歳9ヶ月）に統制し、学習経験により2年未満群（平均1年1ヶ月、6名）、2年以上4年未満群（平均2年11ヶ月、9名）、4年以上群（平均4年10ヶ月、4名）に分け、表44は、分節実験の結果の平均と標準偏差である。経験年数を主要因とし、分節実験の平均得点を従属変数とし、一元配置分散分析を行った。その結果、経験年数による主効果は有意であった［$F(2, 16) = 4.98, p < .05$］。そこで、Tukeyの多重比較を行ったところ、4年以上群と2年未満群間の差は有意であった。2年以上4年未満群は、2年未満群とも4年以上群とも有意な差がなかった。このことから、4年以上の学習経験者は、2年未満の学習経験者との比較において、音節で分節できるようになっているといえる。

表44　実験2の経験年数別平均得点と標準偏差

経験年数	人数	平均	標準偏差
2年未満	6	5.00	11.29
2年以上4年未満	9	14.89	16.30
4年以上	4	31.75	0.500

　ここまで、英語学習開始年齢・発達年齢・経験年数をそれぞれ一元配置分散分析で個別に分析した。その結果、開始年齢と経験年数が特に影響し、6・7歳及び8・9歳の時期から英語を学習し、学習経験が4年以上である学習者が音節分節の面で優位にあるといえる。

英語学習開始年齢・発達年齢・経験年数の関係

　学習開始年齢・発達年齢・経験年数は実験参加者内要因であるため、何歳で英語を開始し、現在何歳である群がより音節分節に優れているかを明らか

にするために、これらを年齢要因とし、6群(開始6・7歳―発達7・8歳群、開始6・7歳―発達9・10歳群、開始6・7歳―発達11・12歳群、開始8・9歳―発達9・10歳群、開始8・9歳―発達11・12歳群、開始10・11歳―発達11・12歳群)を設定した(表41)。各群の分節実験の結果の平均と標準偏差を表45に示す。図32は、年齢要因と分節実験の平均得点のグラフである。年齢要因を主要因にし、分節実験の平均得点を従属変数にし、一元配置分析を行った。その結果、年齢要因は有意であった[$F(5, 39) = 4.41, p < .01$]。そこで、Tukeyの多重比較を行ったところ、開始6・7歳―発達11・12歳群は、開始6・7歳―発達7・8歳群よりも有意に得点が高かった。また、開始8・9歳―発達11・12歳群は、開始10・11歳―発達11・12歳群よりも有意に高く、さらに開始6・7歳―発達7・8歳群よりも有意に高かった。このことから、英語学習期間が2年未満で開始年齢が6・7歳で現在7・8歳の子どもより、6・7歳から英語学習を開始して4年以上学習を継続している現在11・12歳の子どもの方が音節で分節する。また、8・9歳から学習を開始して2年以上学習を継続している現在11・12歳の子どもの方が、10・11歳に英語学習を開始して現在11・12歳の子ども、また開始年齢が6・7歳で現在7・8歳の子どもより音節分節が優れているといえる。

　さらに、英語母語話者と比較するため、上記の年齢要因6群に英語母語話者を加えて分散分析を行った結果、その主効果は有意であった[$F(6, 49) = 5.45, p < .01$]。開始6・7歳―発達11・12歳群(英語母語話者との平均得点差：0.25点)、開始8・9歳―発達11・12歳群(差：5.31点)、開始6・7歳―発達9・10歳群(差：17.11点)、開始8・9歳―発達9・10歳群(差：20.40点)については母語話者と統計的な差が見られなかった。しかし、開始6・7歳―発達9・10歳群と開始8・9歳―発達9・10歳群は、統計的には有意であるが、実測値では英語母語話者との差が大きいといえる。

　すなわち、6・7歳から英語学習を開始し、音節分節の能力が伸び、4年以上英語学習を続け、現在11・12歳に達した群が最も音節分節能力が優れているといえる。一方、8・9歳で学習を開始した子どもは、学習1年目で急激に音節分節の力が伸びると考えられる。そして、彼らはその後2年以上学習し、11・12歳になる時に分節能力が優位になるといえる(図31)。2

年未満（平均1年1ヶ月）の学習経験では、6・7歳で英語学習を開始した子どもは、分節実験の平均得点が5点であり、10歳・11歳で英語学習を開始した子どもは8点である。一方、8・9歳で英語を学習した子どもは、11.6点からスタートして、2年以上学習すると26.69点まで上がり、130%［(26.69 − 11.60) ÷ 11.60 = 1.30］の上昇である。そのことから、開始年齢8・9歳群は他の群より速いピッチで音節を単位とする分節の能力を身に付けており、それから2年以上英語を学習すれば、音節を単位とする分節の能力は獲得できると考えられる。

　従って、ここでいえることは、6・7歳から英語学習を開始して、緩やかに音節分節を獲得し4年以上学習を経ると、母語話者に匹敵する音節分節を身に付けるということである。何歳までに英語学習を開始するかについて

表45　実験2の年齢要因別平均得点と標準偏差

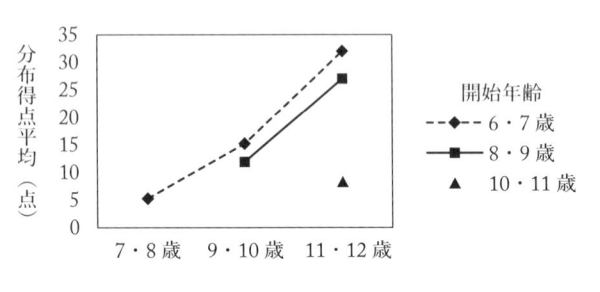

条　件	人数	平均	標準偏差
開始6・7歳―発達7・8歳	6	5.00	11.30
開始6・7歳―発達9・10歳	9	14.89	16.30
開始6・7歳―発達11・12歳	4	31.75	.50
開始8・9歳―発達9・10歳	5	11.60	13.76
開始8・9歳―発達11・12歳	13	26.69	11.70
開始10・11歳―発達11・12歳	8	8.00	14.81

図32　実験2の年齢要因別平均得点
注：各マークは英語学習開始年齢である。

は、8・9歳までである。8・9歳から1年余りの学習で急激に音節能力を獲得し始めた学習者は、6・7歳くらいから学習を開始した子どもにほぼ匹敵するような音節能力を獲得できる可能性があるということが示されたからである。

7.3.8 実験2のまとめ

リサーチクエスチョン1

　英語母語話者はすべての語を音節で捉え、英語学習者は52.8%の語を音節で捉えている。一方、英語未学習者はまったく音節で分節できず、すべての語についてモーラ分節を行った。一元配置分散分析によると、3群間には有意差があり、英語学習者は英語母語話者との間に有意差がなかったが、英語未学習者との間には有意差が見られた。このことから、英語を学習することにより、音節の知識が獲得されたと考えられる。

リサーチクエスチョン2

　母音の種類、子音の種類によっては分節方法に統計的な差が見られない。しかし、二重母音は弛緩母音や長母音よりも2モーラに分節されやすい。

リサーチクエスチョン3

　6・7歳または8・9歳から英語を学習し始め、4年以上学習を継続すれば、音節分節能力を身に付けるといえる。

　英語学習開始年齢・発達年齢・経験年数を総合的に見ると、6・7歳で英語学習を開始した場合はなだらかに音節分節を習得したことより、早く学習を始めて長く続けることが音節分節能力の獲得につながることがわかる。また、8・9歳で英語学習を開始した子どもは、1年余りの学習で急激に音節分節能力を身に付け、6・7歳で学習を開始した子どもにほぼ匹敵するような音節分節能力を獲得できるといえる。

　Erickson et al. (1999) の、音声を聞かせ、音節の数を数え、その該当するキーボードを押させるという実験によると、英語話者の正解率は98%[4]であったのに対して、日本語英語学習者(成人)は57%であった。日本で中学・

高等学校を通じて 6 年間、さらに大学で英語教育を受けている成人でさえ、音節の数の正解率が 6 割にも満たない。

　6・7 歳で英語学習を開始して、4 年以上学習した子どもの得点は、32 点満点中、31.75 点であり、正解率は 99.2%である。また 8・9 歳で英語学習を開始しても、2 年以上英語を学習すると 26.69 点の得点があり 83.4%の正解率である。これは Erickson et al. (1999) の成人の英語学習者の結果と比較してもかなり高い正解率といえる。このことから、本実験の 4 年以上英語を学習した群は、ほぼ英語母語話者に匹敵する音節単位の分節方法を身につけているといえる。

7.4　実験 1・2 のまとめ

　実験 1・2 の全体的なまとめは次のとおりである。

リサーチクエスチョン 1

　実験 1 について、英語母語話者は刺激を与えた場合の反応が早い傾向にあり、次に英語学習者、英語未学習者の順である。しかし、刺激条件による反応時間の差は見られない。

　実験 2 について、英語学習者は英語母語話者と同じように音節で分節する。英語未学習者はモーラで分節する。

リサーチクエスチョン 2

　実験 1 について、英語母語話者は弛緩母音＋阻害音を CVC.VC と分節する可能性があるが、英語母語話者・英語学習者・英語未学習者はともに、母音・子音の異なる刺激条件による反応時間に有意差は見られない。実験 2 について、母音・子音における分節方法の違いはなく、すべて CV.CVC と分節する。二重母音はモーラで捉える可能性が弛緩母音・長母音に比べれば高い。

リサーチクエスチョン 3

　実験 1 について、現在 11・12 歳の学習者や、英語学習経験が 4 年以上と長い学習者は英語母語話者と同じように音声刺激に対して早く反応できるといえる。しかし、各刺激条件に関しては、長母音が刺激に含まれる場合、2 年未満（開始 6・7 歳―発達 7・8 歳）の学習者は CV*ts* と CV*t*C が CV*t* より早く反応し、このことから、学習期間が短いと CV のモーラで捉える可能性も示唆される。しかし、弛緩母音・二重母音とも刺激による反応時間に差は見られなかった。実験 2 について、6・7 歳、8・9 歳から英語学習を開始し、4 年以上経過した学習者の音節分節能力が母語話者に匹敵するほど高く、8・9 歳から英語学習を開始し、2 年以上経過した学習者もかなり音節分節を習得しているといえる。8・9 歳で音節分節能力が急激に伸びると推測される。

7.5　弛緩母音は後続の子音を引きつけるか

　先行研究では CVCVC が CVC.VC のように分節されるという実験結果は多く、本研究においても、実験前は CVC.VC のように分節されると想定していた。しかし、実験 1 で、CV と CVC の刺激を与えた場合の英語母語話者の反応時間には差が見られなかった。また、実験 2 で、英語母語話者は CV.CVC のように分節した。CVCVC は CV.CVC と分節されるのか、それとも CVC.VC と分節されるのだろうか。

　Treiman and Danis (1988) は、2 音節の英単語の前後の音節を逆にして言わせる実験を行い、lemon という単語を、実験協力者が、/mən.le/ とは言わないのは、/e/ で終わる単語がないからであると説明している。さらに、Derwing (1992) は、pause-break task において、/le...mən/ /lem...ən/ と 500ms のポーズを置き、どちらが自然かと選ばせる実験を行った結果、/lem...ən/ の方がより自然であるという回答が多いと述べている。それは、やはり弛緩母音で終わる単語は存在しないからである。このように音結合制約から、CVCVC は CVC.VC になると説明される。

　成人による音声の分節では音結合制約が優先される (3.5 参照) が、本実験

に参加した英語学習者のインプットされた英単語の頻度から考察してみる。英語学習で使われたテキストの音声 CD より作成したコーパスを分析すると、CVC の単音節語が 1,118 語と最も多い (表 17 参照)。また、CVCVC の 2 音節語において、語末の VC は、/ən/ の頻度が最も高い (表 22 参照)。CVC の単音節語において、無ストレスで語末が /ən/ という単音節語は存在しない。従って、音結合が強く、頻度が高い単語の組み合わせが優先され、CVC.VC と分節されるはずである。

また、英語の最小語条件は 2 モーラである (窪薗・太田, 1998, 本書 2.5 参照) ことからも、弛緩母音を核とする CV は 1 モーラは 2 モーラを形成しようとし、母音の次にくる子音を引き付けて音節を構成しようとする。一方、緊張母音を核とする CV は、V が長母音や二重母音であり、すでに 2 モーラであるため、次にくる子音と結合しない。

Kubozono (1996) は、CVC の 2 単語を合体させる実験を行った結果、b.ig/r.at → bat[5] を英語母語話者は好み、bi.g/ra.t → bit を日本語母語話者は好むという。窪薗 (1995) は、英語話者が C.VC と分節する現象を、音節核と尾子音が脚韻 (rhyme) という中間的構成素をなす多重構造を有しているために、音節が頭子音と音節核の間で 2 分されると解釈している。

以上のように、CVCVC の英単語の場合、CVC.VC と分節するのが妥当であるという研究が多いが、Treiman et al. (1994) は、CV.CVC と分節されると述べている。Treiman et al. によると、CVCVC の /jæbəd/ の /b/ は第 2 音節の頭子音になり、結果的に /jæ.bəd/ となる。また、Fallows (1981) の実験においても、弛緩母音＋阻害音の場合は CV.CVC になるという結果が示されている。

さらに、窪薗・太田 (1998) は、アメリカ人大学生 113 名に pen が p.en か、pe.n のどちらに分節されるか尋ねたところ、p.en が 57 名、pe.n が 56 名であった。上述の英語母語話者は、頭子音と脚韻を分節し、核母音と尾子音の結びつきが強いという説に対して、理論的な枠組みと実際の音声知覚は異なっているといえる。窪薗・太田は、脚韻の存在を積極的に認めてはいるが、脚韻を再考する必要性も感じると述べている。

今まで見てきたように、CVCVC を CVC.VC と分節することが、音韻理

論・音結合制約・実験研究から妥当であると思われる一方で、実験タスクが異なれば、CVCVC を CV.CVC で分節するという結果が引き出されている研究があることも事実である。そこで、本研究で行った実験 1 と実験 2 について検証してみる。

7.6 実験 1 と実験 2 の相違

　実験 1 は、刺激と同じ音連続がターゲット単語の中にあればスペースキーを押すという無意識的な音声知覚処理を明らかにするものである。この実験では、英語母語話者に CV 刺激と CVC 刺激を与えた場合の反応時間に統計的に差は見られなかった。一方、実験 2 は、単語をどこで区切るかを発音させながら観察する実験であり、音声知覚の意識的な処理を明らかにするものである。この実験では、子音の種類に関わらず、CV.CVC という分節が確認された。このような実験 1 と実験 2 の違いはどのように解釈すればよいのだろうか。

　Cutler et al. (1986) が行った実験 1 と同様の実験では、CVC 刺激 /bæl/ を与えた場合の balance に対する反応が、CV 刺激 /bæ/ を与えた場合の反応より、統計的有意差が見られないが、わずかながら早かった。統計的有意差が現れなかった理由として、Cutler et al. は、CVCVC の母音間の C が両音節的になるからであると考えている。

　また、調音結合の影響も考える必要がある。調音結合により、CVCVC の音節を CV.CVC または CVC.VC というように、音声的に区切ることは困難である。本実験においても、CVC 刺激を与えた場合、ターゲット単語中の刺激の音連続に該当する CV を聞き終わった段階で、CVC が存在するものとして、反応したとも考えられる。二重母音を含む CV*t*C を与えた場合の反応時間が、CV*ts*、CV*t* 刺激のどの刺激を与えた場合の反応よりも早かったのも同じ理由からであると考えられる。

　Cutler et al. (1986) は、母音に挟まれる子音が流音であったため両音節的になり、CV と CVC 刺激を与えた場合の反応時間に差がなかったと説明している。実験 1 では、流音だけでなく、阻害音、鼻音のように子音に関わ

らず、CV 刺激と CVC 刺激の刺激条件で差が見られなかったことの理由として、流音が両音節的になりやすいからという説明では不十分である。しかし、Cutler et al. では、CVC 刺激を与えた方が、CV 刺激を与えた場合より早く反応したことから、CVC.VC と分節される可能性が否定されたわけではない。

さらに、実験 1 の英語母語話者の実測値では、弛緩母音＋鼻音、流音を含む刺激の場合、CV 刺激を与える方が CVC 刺激を与える場合よりわずかながら反応が早かったが、弛緩母音＋阻害音を含む刺激の場合、CVC 刺激を与える方が CV 刺激を与えるより反応が早かった。このように、実測値においては、子音の条件によれば、CVC 刺激を与えた方が CV 刺激を与えた場合よりも反応時間が短くなることも推測される。このように、CV 刺激と CVC 刺激を与えた場合の両者の間に反応時間に差が見られないことで、実験 1 の結果だけからは、CVC.VC と分節するか CV.CVC と分節するかは明らかにできたとはいえない。

一方、実験 2 の結果によると、英語母語話者は CVCVC を例外なく CV.CVC と分節していることから、意識的な分節実験の結果としては、CV.CVC と分節されるといえるであろう。

実験 2 は、単語をどこで区切るかを発音させながら観察する実験であるので、実験 1 に比べて、より音声産出の影響を受けているといえる。従って、音声産出の習得順序に従い、より無標の音節である CV を好むと考えられる。子どもの音節習得順について Levelt et al.(1999/2000) は、12 名のオランダ語母語話者の 1 歳から 1 歳 11 ヶ月の幼児を対象に、6 ヶ月から 13 ヶ月に渡り、2 週間ごとに採取したデータを基に Optimality Theory を使って分析している。それによると、CV → CVC → V → VC という習得順序を 12 名全員がたどることから、CV は普遍的に無標であり、核となる音節であるという。このデータはオランダ語母語話者によるものであるが、英語・日本語を含むどの言語においても、CV は無標であるといえる。従って、CV が無標であるということから、CVCVC を、最も無標である CV.CVC に分節すると考えられる。

tiben /tɪbən/ という単語を言わせる場合、/tɪb.ən/ と分ければ、/ən/ の /ə/

が弱母音になる。弱母音が語頭にくる単語は another などがあるが、多音節語であり、第2音節にストレスが付帯する。弱母音で始まり、ストレスが付かない単音節語は英語には存在しないため、/tɪb.ən/ と発音できないといえる。

　Dupoux et al.(1999)は、オンラインの実験とオフラインの実験では、同じような結果を得られると述べているが、本実験では、オンラインとオフラインの実験の違いが現れている。実験1はCVC.VCと分節するか、CV.CVCと分節するかは明確には判断できないが、実験2においては明らかにCV.CVCと分節しているといえる。

注
1　「早押し」とは、刺激を聞いた後、ターゲット単語を聞きながら、刺激に対応する音連続が終了する前に、早めに反応し、スペースキーを押すことである。
2　Mehler et al.(1981)は、大人を対象に本実験と同様な実験を行い、反応時間が100ms以下、1,000ms以上であるデータを除外していたことから、それに準ずる。
3　オリジナルプログラムは田中敏氏、JavaScript Programは中野博幸氏(ハンドルネーム、nappa)の作成である。copyright© all rights reserved(1998–2006)。
4　Erickson et al.(2000)において、Erickson et al.(1999)と同様の実験を行った結果、アメリカ英語母語話者12名の音節数の正解率は同じく98%であった。
5　実験語である big と rat を続けて提示されると「大きいねずみ」ということになる。その意味から連想し、bat(こうもり)という単語の形成になんらかの影響を与えたということも考えられる。

第 8 章
英語分節法に関する
オンライン・オフライン実験
CVCCVC 構造の場合

8.1　オンライン(実験 3)・オフライン(実験 4)の目的

　実験 1 において、英語母語話者は、英語学習者・英語未学習者に比べて反応時間が短くなる傾向にあり、英語学習者群においては、発達年齢が 11・12 歳で英語学習経験が 4 年以上の場合、英語母語話者と同じように反応時間が短いことが明らかにされた。しかし、英語母語話者・英語学習者・英語未学習者ともに、CV*t* と CV*t*C 刺激あるいは CV*ts*、CV*t*、CV*t*C 刺激を与えた場合の反応時間には統計的な差は見られなかった。しかしながら、実測値では、英語母語話者は、$C_1V_1C_2V_2C_3$ の V_1 が弛緩母音＋阻害音の場合は、CV*t*C の刺激を与えた方が CV*t* 刺激を与えるよりも早く反応していることから、CVC.VC と分節することが推測される。さらに、緊張母音 /eɪ/、/iː/ の場合は、CV*ts* 刺激を与えるより CV*t* 刺激を与える方が早く反応していることから、CV.CVC と音節で分節していることも推測される。刺激に対して英語学習者と英語母語話者はほぼ同じような反応を見せている。一方、英語未学習者は V_1 が二重母音の場合、/eɪ/ という母音の音声的特徴が影響すると考えられ、CV*t* の刺激を与える方が CV*ts* の刺激を与えるより早く反応するが、長母音を含む刺激の場合は、CV*ts* の方が CV*t* より早く反応する。

　このように、実測値においては、英語母語話者は音節を単位として分節し、英語未学習者はモーラを単位として分節している可能性も示唆されるが、CV.CVC で分節されるか CVC.VC で分節されるかは明確に示されたとはいえない。

　実験 2 においては、英語母語話者は、弛緩母音・緊張母音に関わらず

CV.CVCと分節していたため、CV.CVCを音節分節とみなした。英語学習者は、英語母語話者と同様にCV.CVCに分節する一方で、英語未学習者はCV.CV.Cのモーラ分節を行った。英語学習者に関しては、6・7歳から英語学習を開始して4年以上学習した場合、ほぼ英語母語話者と同じ分節を行い、8・9歳から2年以上学習した場合も、80%以上が母語話者と同じ分節をすることが明らかにされた。

　実験1において、先行文献から、弛緩母音を含むターゲット単語の場合には弛緩母音で終わる単語はないという音結合制約によりCVC.VCになることが予測されたにも関わらず、英語母語話者は、実験1のCV刺激とCVC刺激においては、反応時間に差が見られず、実験2ではCV.CVCと分節した。

　そこで、次の実験3では、CVCCVCという音節構造において、CVのモーラを単位として分節するか、CVCを単位として分節するのかを明らかにする。

　今までの先行研究では、CVCCVCはCVC.CVCと分節される場合が多い。Cutler and Otake (1997)は、英語母語話者に母語の多音節語を聞かせ、プリントされたcancel、canteenなどの単語のどこで分節されるか、しるしをつけさせたところ、CVCと分節したという。Smith and Pitt (1999)、Treiman and Zukowaski (1990)の実験においても、CVCCVCの構造は、CVC.CVCに分節された。さらに、Smith and Pittは、単語分節において音結合制約が重要であることを明らかにしている。Smith and Pittは、音結合制約・音韻的制約 (Maximal Onset)・形態素の相反する分節条件を取り入れた無意味語を作成し、ターゲット音素がどこにあるか探索させるタスクを使った結果、まず、音結合制約が採用され、次に音韻的制約、次に形態素による制約が使用され、単語が分節されるという。さらに、Mattys et al. (1999)によると、頻度の高いCCクラスターは単語内に存在し、頻度の低いCCクラスターは単語間に位置することが多いので、CCクラスターの頻度が低い場合はCCクラスターの間に語の切れ目があるとして分節されると考えられる。

　そこで、CVC.CVCというようにCCクラスターの間を必ず分節する実験単語を作成する。まず、第6章で作成した学習者コーパスを利用し、音

と音が結合する共起関係を調べ、出現頻度の低い CC クラスターを含み、音結合制約にも合致する CVCCVC 構造の実験単語を作成する。

8.2 リサーチクエスチョン

実験1・2のリサーチクエスチョン1～3と同じである。

8.3 実験参加者

日本人英語学習者は実験1、2に参加した51名(平均年齢10歳6ヶ月、男子26名、女子25名)である。日本人英語未学習者9名(平均年齢9歳3ヶ月、男子4名、女子5名)とアメリカ英語母語話者9名(平均年齢9歳2ヶ月、男子4名、女子5名)は、本実験に初めて参加する。英語母語話者9名は、名古屋にあるインターナショナルスクールの生徒であり、両親ともにアメリカ人で、日本滞在期間は1ヶ月から3年である。日本語学習は学校で行われているが、学習に使用する言語も家庭での生活言語も英語である。実験1では、成人の英語母語話者に参加してもらったが、反応時間が子どもの英語学習者と未学習者に比べて短かったことから、大人と子どもの違いが大きいと考えられる。そこで、実験3・4では、すべての実験参加者を子どもにし、平均年齢を9歳8ヶ月とする。

8.4 実験単語(CVCCVC)

まず、CC クラスターの共起関係を調べ、頻度の低い CC クラスターを選択する。次に、実験1・2と比較検討できるように、$C_1V_1C_2C_3V_2C_4$ の V_1C_2 は同じ弛緩母音と子音の組み合わせにする実験単語を作成する。

8.4.1 共起関係の分析

英語の単語内の母音・子音の結び付き、あるいは子音・子音の結び付きにおいて、あらゆる音素の結び付きが許されるわけではなく、許される組み合

せが決まっている（すなわち制約がある）。ある特定の音と音との結び付きが強いということは、音結合制約に合致しており、出現する頻度が高いと考えられ、音と音との結び付きが低いものは、音結合制約に違反している可能性が高く、出現する頻度が低いといえる。また、単語内に隣接する音節の出現頻度は高く、一方、単語の境界に隣接する音節の出現頻度は低い（Saffran et al., 1996; Aslin et al., 1998）。従って、出現頻度が低い音の組み合わせをもつ場合は、単語の境界であると知覚され、それで分節されるということである。

　2つ以上の音あるいは単語の結び付きが出現することを共起するという。この共起関係を調べるには、N-gram のモデルを使う。N-gram は、シャノン（Shannon & Weaver, 1963）が考え出した数学モデルである。共起関係を調べるため、師茂樹氏[1]（ハンドルネーム）の morogram を、極悪氏（ハンドルネーム）によって、WINDOWS の MS-DOS プロンプト上で起動するよう改良された morogram-0.7.1w3.exe[2] を使用する。

　まず、morogram の入手方法及び使用方法を述べる。

（1）　プログラム入手方法
　　　下記の極悪氏のホームページから morogram-0.7.1w3.exe をダウンロードし、解凍して使用する。
　　　http://prdownloads.sourceforge.jp/morogram/15622/morogram-0.7.1yCJKT.zip

（2）　プログラム使用方法
① MS-DOS プロンプトを実行する。
　　「スタートメニュー」→「プログラム」→「MS-DOS プロンプト」実行
② C:¥WINDOWS> の画面が表示されているので、続けて cd ¥TEMP ¥morogram（morogram-0.7.1w3.exe のプログラムと、分析用テキストファイルを格納）とタイプし、enter を押す。
③ プログラムが起動したというメーセージが流れる。
④ 引き続いて、コマンドを入力する。

morogram-0.7.1w3.exe --f=1 --g=2,5 --c let1.txt > outlet1.txt

「let1.txt」（分析するファイル名）を対象に「頻度数 1」、「2 〜 5gram モデル」、大文字・小文字区別を指定し、共起頻度を集計し、その結果を「outlet1.txt」に出力する。

オプションとしては、以下のコマンドがある。
--f=n 　数値は半角で、最小頻度を指定する。default の状態では、頻度は 2 以上である。
--g=min,max 　数値は半角で、最小・最大グラムを指定する。default の状態では「最小 1」、「最大 256」が指定されている。
--c 　は大文字と小文字の区別である。

⑤ 分析結果は、TEMP の morogram ファイルに outlet.txt として作成する。
頻度、文字列、gram 数の順に表記される。
⑥ outlet.txt を頻度数・グラム数により sortl のソフトを使いソートにかける。sortl は益山氏（ハンドルネーム）の Web サイトに公開されている。
http://www.asahi-net.or.jp/~ez3k-msym/archive/archive.htm
解凍した sortl.exe を monogram の実効ファイルのあるフォルダーにコピーし、MS-DOS プロンプトを起動し、cd TEMP¥monogram により、フォルダーに移動する。sortl.exe –help と入力し［Enter］を押す。sortl が実行可能となる。
各 gram 数毎に、頻度上位順で並び替えにするために、以下のようにタイプする。

sortl –W U –n –r –t ¥t +2 +0 –o ［soutlet1.txt 出力ファイル］［outlet.exe 入力ファイル］

（3） 結果の出力
結果は、図 33 のように出力される（一部抜粋）。この結果は、次に述

べる CLAN の分析結果を受けた後、CC クラスターの頻度の低い組み合わせを選択する際に使用する。

頻度	UNIBETs gram	数
92	peIdZ	5
333	Vmb3	4
333	nVmb	4
105	.WVt	4
96	eIdZ	4
92	peId	4
334	Vmb	3
333	.nV	3
333	mb3	3
333	nVm	3
137	Its	3
477	aI	2
360	Vm	2
359	.n	2
353	u:	2
350	b3	2

図 33　Morogram の出力

8.4.2　CLAN の分析

$C_1V_1C_2C_3V_2C_4$ において、V_1C_2 は、実験 1・2 との比較を容易にするため、実験 1、2 と同じ母音・子音を使用する。しかし、実験 1 で分節方法が明確にできなかった弛緩母音のみを対象とする。従って、V_1 は、/ɪ, e/、C_2 は、/p, b, f, v, l, r, n, m/ である。第 6 章で使用した CLAN の分析を使い、CVCCVC の単語を調べる(表 46)。

(1)　C_1、C_3 の学習頻度の高い音節頭の子音は以下のとおりである(表 47)。そこから、C_2 で使われる子音 /p, b, f, v, l, r, n, m/ と半母音である /w, hw/ を除く。頻度の高いものから 8 つ選ぶと、C_1 と C_3 は /ð, s, t, k, h, d, ʒ, θ/ になる。

（2） V_2 は弱母音 /ə/ である。
（3） C_4 は頻度の高い /l, k, t, n/ の組み合わせにする。表46 の尾子音の頻度の高い子音から選定する。l = 25、k = 7、t = 7、n = 3、m = 2 であり、m と n は鼻音であるため、n だけを選択する。
（4） C_3 は、第2音節頭子音となるので、C_2 と音結合制約から、結び付かない音素を選択する。表48 は前節で分析した共起関係から、CC の頻度が高い組み合わせの一覧である。従って、表48 に載っていない頻度の低い CC の組み合わせを選択する。例えば、/pd/ の出現頻度は 0 である。

上記の基準の結果、$C_1V_1C_2C_3V_2C_4$ のターゲット単語は、次の全16単語である。大文字の T は [θ]、D は [ð] を表している。

sepden	th(T)ebket	tefth(D)el	devtek
keljen	jairth(T)el	th(D)enhet	hemsek
dipsen	jibth(D)et	kifth(T)et	hivken
th(D)iljek	seardek	tinhel	th(T)imtel

なお、ターゲット単語と CV と CVC の刺激は、表49 に示したようになる。

表46　CVCCVC 単語

単語	発音	UNIBETs	音節構造	ストレス	頻度
pencil	pensəl	pens@l	CVCCVC	1	20
notebook	noʊtbʊk	noUtbUk	CVCCVC	1	6
baseball	beɪsbɔːl	beIsbO:l	CVCCVC	1	5
favorite	feɪvrət	feIvr@t	CVCCVC	1	4
fifteen	fɪftiːn	fIfti:n	CVCCVC	2	2
welcome	welkəm	welk@m	CVCCVC	1	2
homework	hoʊmwɝːk	hoUmw3:k	CVCCVC	1	1
nineteen	naɪntiːn	naInti:n	CVCCVC	2	1

注：ストレス項目の1は第1音節、2は第2音節にストレス付帯。

表47　頻度の高い頭子音

n	439
ð	259
p	231
s	214
f	210
l	204
t	195
k	194
h	193
b	173
w	172
d	160

m	146
hw	129
ʒ	92
θ	91
r	74
ʃ	45
dʒ	42
g	37
v	14
tʃ	13
z	5

表48　CCの音結合と頻度

CC結合	頻度
mb	334
ts	254
nt	141
dʒ	137
ks	101
nd	88
θr	69
st	62
zð	61
sk	45
zm	42
ns	35

表49　ターゲット単語とCV/刺激及びCV/C刺激

CV/刺激	CV/C刺激	単語	発音記号
se	sep	sepden	sepdən
th (T)e	th (T)eb	th (T)ebket	θebkət
te	tef	tefth (D)el	tefðəl
de	dev	devtek	devtək
ke	kel	keljen	kelʒən
je	jair	jairth (T)el	dʒerθəl
th (D)e	th (D)en	th (D)enhet	ðenhət
he	hem	hemsek	hemsək
di	dip	dipsen	dɪpsən
ji	jib	jibth (D)et	dʒɪbðət
ki	kif	kifth (T)et	kɪfθət
hi	hiv	hivken	hɪvkən
th (D)i	th (D)il	th (D)iljek	ðɪlʒək
si	sear	seardek	sɪrdək
ti	tin	tinhel	tɪnhəl
th (T)i	th (T)im	th (T)imtel	θɪmtəl

次に、フィラーを作成する。ターゲット単語に使用されていない音素を使用する。従って、C_1 は /ð, s, t, k, h, d, j, θ/、V_1 は /ɪ, e/、C_4 は /l, k, t, n/ 以外の音素を使用することになる。英語母語話者の子どもでもわかりにくいと思われる 3 音節以上の有意味語を選択する。刺激は語中・語末の CV または CVC である。フィラーは、全 16 単語で、表 50 はそれらの例である。

英語母語話者 2 名にフィラー 16 単語を知っているかどうか確認したところ、ほとんど馴染みがないという回答であった。また、実験単語に関して何らかの具体的な単語を連想させるかも尋ねたが、何ら連想する単語は思い付かないという回答であった。さらに、英語母語話者 2 名に、今回の CVC-CVC の実験単語とフィラー単語の書かれた単語リストに斜線を引き分節させた結果、実験単語すべてにおいて、CC の間に斜線が引かれ、CVC.CVC と分節されることを確認した。従って、本実験で使用されるターゲット単語は、すべて CVC.CVC で分節されるといえる。

表 50　フィラーの例

(C)CV	(C)CVC	単語	発音記号
ra	lize	auralize	ɔːrəlaɪz
pi	cious	auspicious	ɔːspɪʃəs
bo	nize	ebonize	eˈbənaɪz
pho	log	edaphology	edəfɑˈlədʒi

8.5　実験 3　オンライン実験

前節で作成した CVCCVC の単語を用い、実験 1 と同様の反応実験を行い、その実験材料・方法・分析結果について述べる。

8.5.1　実験材料

実験材料の発音は、実験 1・2 の発話者と同じ米語母語話者 (カリフォルニア州出身) 22 歳の女性に依頼する。録音は防音のスタジオで行い、その音声と Super Lab 2.0 を使い実験材料を作成する。

8.4 で作成したターゲット単語全 16 語に対して、刺激は CV*l* と CV*l*C の 2 種類であるので、32 試行である。フィラー 16 単語に対して、刺激は 2 種類であるので、32 試行である。ターゲット単語とフィラーを交互に配置し、全 64 試行で、約 5 分間の実験タスクである。1 試行の構成は、実験 1 と同様の構成で次のとおりである。

1 試行は、+ マーク (700ms 提示)、/se/ (刺激提示)、ポーズ (500ms)、/sepdən/ (ターゲット単語) の順である。ターゲット単語が聞こえ、実験参加者がスペースキーを押した後、500ms のポーズの後、次の試行が始まる。反応が無い場合、ターゲット単語が聞こえ始めてから 2,000ms 後に自動的に次の試行が始まる。

8.5.2　分析方法

反応時間の測定は、実験 1 と同様に、CVCCVC のターゲット単語の始まりの子音から測定する。例えば、CV*l* 刺激 /se/、ターゲット単語 /sepdən/ であれば、ターゲット単語の /s/ の摩擦の始まりから測定を開始し、実験参加者がスペースキーを押すまでの長さを反応時間とする。CV*l*C 刺激 /sep/ も同様に測定する (図 17 参照)。

表 51 は $C_1V_1C_2C_3V_2C_4$ 単語内の C_1V_1 と $C_1V_1C_2$ の長さである。

8.5.3　手続き

実験説明は、実験 1 と同じである。

8.5.4　分析

反応時間の全平均から 2.5*SD* の差がある数値を極値として除外した (玉岡・タフト, 1994)。また、各実験参加者の反応時間の平均から標準偏差で 2.5 以上または以下の数値は極値として除外した。全 32 実験項目のうち、ki-kifth(T)et は 41.4%、di-dipsen は 45.8% という低い有効回答率であるため、本分析から除いた。また、実験参加者全 62 名中、32 項目中のうち回答数が 16 項目以下であった 8 名は除いた。この手続きの結果、有効回答 1452 (全回答のうち 89.65%) であった。

表 51　$C_1V_1C_2C_3V_2C_4$ 単語内の刺激及び単語の長さ

	単語	発音記号	単語内の C_1V_1 の長さ	単語内の $C_1V_1C_2$ の長さ	単語の長さ
1	sepden	sepdən	201	251	734
2	th(T)ebket	θebkət	133	191	810
3	tefth(D)el	tefðəl	112	162	748
4	devtek	devtək	94	155	716
5	keljen	kelʒən	124	177	798
6	jairth(T)el	dʒerθəl	130	195	840
7	th(D)enhet	ðenhət	196	258	803
8	hemsek	hemsək	184	248	867
9	dipsen	dɪpsən	65	122	686
10	jibth(D)et	dʒɪbðət	183	232	764
11	kifth(T)et	kɪfθət	112	176	723
12	hivken	hɪvkən	102	152	733
13	th(D)iljek	ðɪlʒək	191	235	923
14	seardek	sɪrdək	238	282	854
15	tinhel	tɪnhəl	129	178	634
16	th(T)imtel	θɪmtəl	133	182	739
平均(ms)			145	199	773

8.5.5　結果・考察

実験 3 の結果をリサーチクエスチョン 1 ～ 3 に基づき分析する。

8.5.5.1　英語学習者・英語未学習者・英語母語話者の分節の違い

リサーチクエスチョン 1 の「日本人英語学習者・日本人英語未学習者・英語母語話者は、英単語をモーラで分節するか、あるいは英単語を構成する音節で知覚するか」について、最初に検討する。

英語接触度という要因は英語学習者・英語未学習者・英語母語話者の 3 水準であり、刺激条件は CV*l* と CV*lC* の 2 水準である。CV*l* と CV*lC* 刺激を与えた場合の反応時間の平均と標準偏差は表 52 のとおりである。図 34 は、それに対応するグラフである。英語接触度と刺激条件の 3×2 の刺激条件を

反復測定する二元配置分散分析を行った。英語接触度の主効果は有意であった［$F(2, 51) = 15.10, p < .001$］。刺激条件の主効果も有意であった［$F(1, 51) = 6.64, p < .05$］。しかし、交互作用も有意であったため［$F(2, 51) = 7.94, p < .001$］ため、単純主効果の検定を行い、有意差があった後はLSD法による多重比較を行った。単純主効果については表53のようになり、刺激条件（CV/）における実験参加者の3群では、英語学習者は英語未学習者に比べて有意に反応が早く、また英語学習者は英語母語話者よりも有意に反応が早かった（Mse = 17809.50、1％水準）。また、刺激条件（CV/C）では、英語学習者が英語未学習者に比べて有意に反応が早く、また英語学習者は英語母語話者よりも反応が有意に早かった（Mse = 20281.89、1％水準）。このことから、英語学習者が英語未学習者・英語母語話者に比べて有意に反応が早いといえる。

　この結果、英語学習者は母語話者に比べて音声を知覚して反応する能力が高いといえるのだろうか。実験時の子どもの反応を観察していると、ターゲット単語を聞きながら、刺激と同じ音連続を聴取し、それが存在することを確認した後、コンピュータのスペースキーを押すという動作が、英語母語話者の子どもは、日本語母語話者の子どもよりもかなり遅い。実験の後、日本語母語話者の子どもは、このようなコンピュータの反応実験はテレビゲームのようで面白いという感想を述べていた。また、日本語母語話者の子どもは全員がなんらかのテレビゲームを持っていて習慣的に遊んでいると報告した。英語母語話者の子どもに対して、テレビゲームの有無やその遊ぶ頻度などは調査していないので、本書ではテレビゲームの親密度が反応時間に及ぼす影響はこれ以上言及できないが、今後そのようなゲームに対する親密度も考慮する必要性があると考えられる。さらに、英語学習者は、実験1と3の両方を行っていたため、実験に対する訓練効果が現れ、実験3の反応時間が母語話者よりも有意に短かった結果につながったとも推測される。従って、ここでは、英語学習者と英語母語話者を比較するのではなく、英語未学習者と比較して、かなり反応が早いといえる。

　実験参加者において刺激条件は有意であるため、英語学習者と英語母語話者はともに、CV/C刺激を与えられた方がCV/刺激を与えられた場合より

表52　実験3の参加者別反応時間の平均と標準偏差

刺激条件	英語学習者 平均	標準偏差	人数	英語未学習者 平均	標準偏差	人数	英語母語話者 平均	標準偏差	人数
CV/	604.29	131.69	36	778.17	113.65	9	844.48	157.27	9
CV/C	574.63	140.32	36	802.96	118.05	9	794.72	170.93	9

注：平均値の単位はミリセカンド(ms)である。

表53　実験3の刺激を与えた場合の参加者別交互作用の分析表

要因		SS	df	MS(SS/df)	F
実験参加者 at 刺激(CV/)	:	369283.69	2	184641.84	10.37**
(個人差 at 刺激(CV/)	:	908284.71	51	17809.50)	
実験参加者 at 刺激(CV/C)	:	402553.09	2	201276.54	9.92**
(個人差 at 刺激(CV/C)	:	1034376.52	51	20281.89)	
刺激 at 実験参加者(英語学習者)	:	5276.51	1	5276.51	5.88*
刺激 at 実験参加者(英語未学習者)	:	3688.25	1	3688.25	4.11*
刺激 at 実験参加者(英語母語話者)	:	14856.34	1	14856.34	16.54**
個人×刺激	:	45800.77	51	898.05	

*$p<.05$　**$p<.01$

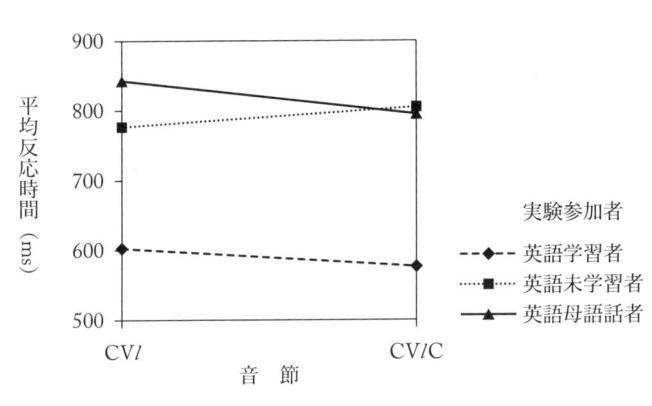

図34　実験3の参加者別反応時間

も反応が早いといえる。一方、英語未学習者はCV/刺激を与えられた方がCV/C刺激を与えられた場合より反応が早いといえる。

以上のことから、英語母語話者と英語学習者は、弛緩母音が子音間にある音声環境であれば、CVC.CVCと分節して知覚することが推測される。英語未学習者は、CV.C(V).CVCというように、モーラで分節するといえる。

リサーチクエスチョン1のまとめ

英語学習者はCV/、CV/C刺激のどちらに対しても、英語未学習者と英語母語話者に比べて反応が早い。英語学習者の反応が早かった理由として、テレビゲームなどの親密性や同じ反応実験である実験1を行っていたことによる訓練効果も考えられる。しかし、英語学習者は英語未学習者に比べ、反応が早いといえる。英語学習者群と英語母語話者群はともにCV/C刺激を与えられた方が、CV/刺激を与えられた場合より反応時間が有意に短いため、CVC.CVCで分節すると推測される。一方、英語未学習者群はCV/を与えられた方がCV/C刺激を与えられた場合より反応時間が有意に短かったため、CV.C(V).CV.C(V)のモーラで分節していると推測される。

8.5.5.2 音声環境の違い

リサーチクエスチョン2の「日本人英語学習者・日本人英語未学習者・

表54 実験3の阻害音・鼻音・流音を含む刺激を与えた場合の参加者別反応時間の平均と標準偏差

刺激条件	英語学習者 平均	標準偏差	人数	英語未学習者 平均	標準偏差	人数	英語母語話者 平均	標準偏差	人数
CV/ 阻害音	599.56	139.80	36	765.01	126.47	9	828.83	166.82	9
CV/C 阻害音	578.67	160.55	36	806.05	115.89	9	788.85	188.47	9
CV/ 鼻音	607.54	133.46	34	770.96	109.98	8	762.75	176.98	5
CV/C 鼻音	574.37	160.44	34	783.53	119.15	8	727.51	167.34	5
CV/ 流音	605.85	168.57	34	762.59	120.00	8	779.21	141.02	5
CV/C 流音	565.52	143.64	34	797	152.05	8	707.55	180.44	5

注：平均値の単位はミリセカンド(ms)である。

英語母語話者において、分節に影響を与える音声情報は何か」を検討する。

表54は、英語学習者・英語未学習者・英語母語話者に対して、CVCの音節末子音が阻害音・流音・鼻音を含む刺激を与えた場合のCVCCVCの反応時間の平均と標準偏差である。図35、36、37はそれらのグラフである。

阻害音

CVCCVCの第1音節のCVCの音節末子音が阻害音の時、その同じ音連続を持つ刺激を与えた場合の反応時間について、英語接触度（英語学習者・英語未学習者・英語母語話者）と刺激条件（CV/、CV/C）の3×2の刺激条件を反復測定する二元配置分散分析を行った。その結果、英語接触度の主効果は有意であった［$F(2, 51) = 12.14, p < .001$］。刺激条件の主効果は有意ではなかった［$F(1, 51) = .30, p > .05$］。しかし、交互作用は有意であった［$F(2, 51) = 3.29, p < .05$］ため、単純主効果の検定を行い、有意差があった後はLSD法による多重比較を行った。単純主効果については表55のようになり、刺激条件（CV/）においては、英語学習者の方が英語未学習者より反応が有意に早く、また英語学習者は英語母語話者よりも反応が有意に早かった（Mse = 20287.72、1％水準）。また、刺激条件（CV/C）においても、英語学習者は英語未学習者より有意に反応が早く、英語学習者は英語母語話者よりも反応が有意に早かった（Mse = 25369.10、1％水準）。このことから、CV/とCV/Cの刺激に対する反応時間は、英語学習者が英語未学習者また英語母語話者に比べて短いといえる。英語学習者群ではCV/刺激を与えられた場合とCV/C刺激を与えられた場合における反応時間に差は見られない。一方、英語未学習者と英語母語話者はCV/とCV/C刺激を与えられた場合の両者の反応時間に有意傾向が見られた。英語母語話者はCV/C刺激を与えられた方がCV/刺激の場合より反応が早い傾向にあり、一方、英語未学習者はCV/を与えられた場合の方がCV/Cの場合より反応が早い傾向にあるといえる。

従って、阻害音の場合は、英語母語話者はCVC.CVCと音節で捉え、英語未学習者はCV.C(V).CV.C(V)のようにモーラで分節していると推測される。

表55 実験3の阻害音を含む刺激を与えた場合の参加者別交互作用の分析表

要因		SS	df	MS(SS/df)	F
実験参加者 at 刺激（CVl）	:	336043.07	2	168021.53	8.28**
（個人差 at 刺激 CVl）	:	1034673.89	51	20287.72	
実験参加者 at 刺激（CV/C）	:	384672.81	2	192336.40	7.58**
（個人差 at 刺激 CV/C）	:	1293824.13	51	25369.10	
刺激 at 実験参加者（英語学習者）	:	2618.35	1	2618.35	.98
刺激 at 実験参加者（英語未学習者）	:	10104.04	1	10104.04	3.79＋
刺激 at 実験参加者（英語母語話者）	:	9593.60	1	9593.60	3.60＋
個人×刺激	:	135834.53	51	2663.42	

.05＜＋p＜.10 **p＜.01

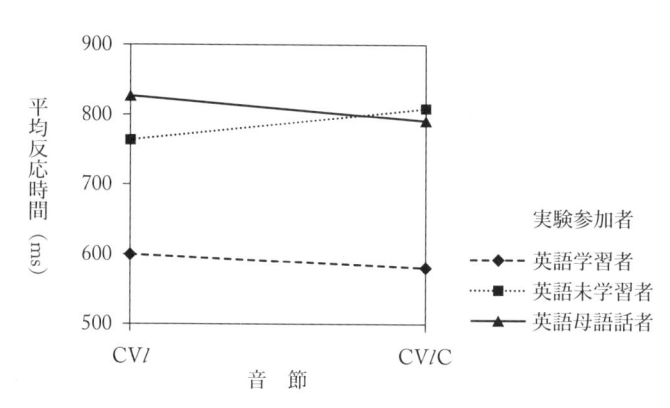

図35 実験3の阻害音を含む刺激を与えた場合の参加者別反応時間

鼻音

　鼻音を含む刺激を与えた場合として、反応時間に対して、英語接触度と音節条件の3×2の反復二元配置分散分析を行ったところ、英語接触度の主効果は有意であった［$F(2, 44) = 7.54, p<.01$］。これに対し、刺激条件の主効果は有意ではなかった［$F(1, 44) = 1.07, p>.05$］。また、交互作用は有意ではなかった。実験参加者が有意であったので、その後Tukeyの多重比較を行うと、英語学習者は、英語未学習者・英語母語話者とに差があった。英語未学習者と母語話者群には差が見られない。これによって、英語学習者は刺

激を与えられた時の反応時間が、英語未学習者と英語母語話者より有意に短いといえる。

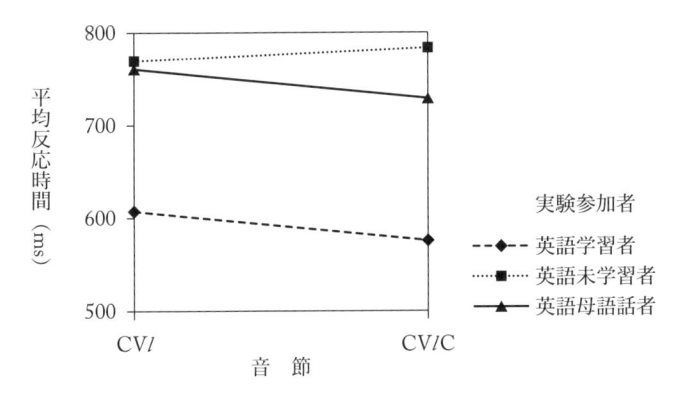

図36 実験3の鼻音を含む刺激を与えた場合の参加者別反応時間

流音

　流音を含む刺激を与えた場合の反応時間に対して、英語接触度と音節条件の3×2の反復二元配置分散分析を行ったところ、英語接触度の主効果は有意であった［$F(2, 44) = 7.26, p < .01$］。しかし、刺激条件の主効果は有意ではなかった［$F(1, 44) = 1.71, p > .05$］。また、交互作用は有意ではなかった。実験参加者について、その後、Tukeyの多重比較を行った結果、英語学習者は、英語未学習者・英語母語話者より、有意に反応時間が短かった。

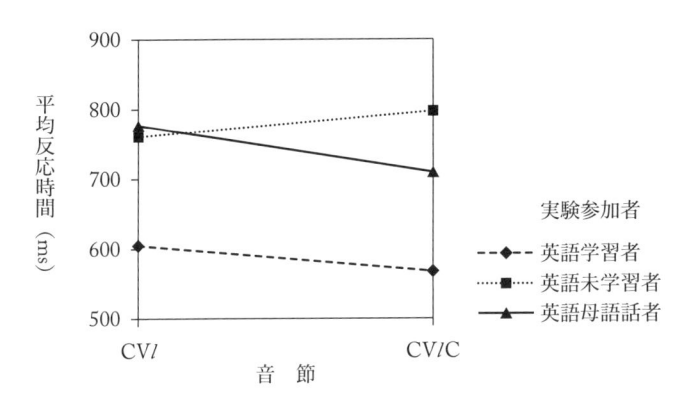

図37 実験3の流音を含む刺激を与えた場合の参加者別反応時間

リサーチクエスチョン 2 のまとめ

　弛緩母音の次の子音が阻害音・鼻音・流音の場合、英語学習者は、英語母語話者と英語未学習者と比べて反応時間が有意に短かった。刺激条件に対しては、阻害音の時、英語学習者では CV*l* と CV*l*C 刺激を与えられた場合に両者の反応時間に差は見られなかったが、英語未学習者と英語母語話者は CV*l* と CV*l*C 刺激を与えられた場合の反応時間に有意傾向が見られた。従って、英語母語話者は CV*l*C 刺激を与えられた方が CV*l* 刺激を与えられた場合より反応が早い傾向にあり、一方、英語未学習者は CV*l* 刺激を与えられた方が CV*l*C 刺激を与えられた場合より反応が早い傾向にあるといえる。

　鼻音・流音の刺激条件に対する反応時間は、統計的には差が見られなかったが、実測値としては、英語学習者と英語母語話者は CV*l*C 刺激を与えられた方が CV*l* 刺激を与えられ場合より反応時間が短い。一方、英語未学習者は、CV*l* 刺激を与えられた方が CV*l*C 刺激を与えられた場合より反応時間は短い。

8.5.5.3　年齢要因と経験年数

　リサーチクエスチョン 3 の「日本人英語学習者において、英語学習開始年齢・発達年齢・経験年数（インプット量）により、分節方法に違いがあるか」を検討する。

　表 56 は、英語学習開始年齢と発達年齢のクロス集計と経験年数について

表 56　実験 3 の英語学習者の英語学習開始年齢と発達年齢と経験年数別内訳

開始年齢＼発達年齢	7・8 歳 （平均 7 歳 8 ヶ月）	9・10 歳 （平均 9 歳 11 ヶ月）	11・12 歳 （平均 11 歳 11 ヶ月）
6・7 歳（平均 6 歳 8 ヶ月）	3 名	8 名	4 名
8・9 歳（平均 8 歳 10 ヶ月）		4 名	8 名
10・11 歳（平均 11 歳 0 ヶ月）			9 名

注：開始年齢とは英語学習を開始した年齢であり、発達年齢とは実験時の実年齢のことである。セルの色は学習経験を示す。
　　□ 2 年未満（平均 10 ヶ月）
　　▨ 2 年以上 4 年未満（平均 2 年 8 ヶ月）
　　■ 4 年以上（平均 4 年 7 ヶ月）

英語学習開始年齢

発達年齢を 11・12 歳(平均 11 歳 11 ヶ月)に統制し、学習開始時期を 6・7 歳群(平均 6 歳 8 ヶ月、4 名)、8・9 歳群(平均 8 歳 10 ヶ月、8 名)、10・11 歳群(平均 11 歳 0 ヶ月、9 名)の 3 群に分けて分析する。表 57 は英語学習開始年齢と CV*l*、CV*l*C の刺激に対する反応時間の平均と標準偏差である。図 38 はそのグラフである。英語学習開始年齢と刺激条件の 3×2 の刺激条件を反復測定する二元配置分散分析を行った。英語学習開始年齢の主効果は、有意ではなかった[$F(2, 18) = .20, p > .05$]。刺激条件の主効果は有意であった[$F(1, 18) = 7.63, p < .05$]。交互作用は有意ではなかった。英語学習開始年齢における反応時間には差が見られないが、CV*l* 刺激と CV*l*C 刺激には差が見られ、CV*l*C 刺激を与えた方が CV*l* 刺激を与えた場合より反応が早い。

表 57　実験 3 の開始年齢別反応時間の平均と標準偏差

刺激条件	6・7 歳まで 平均	標準偏差	人数	8・9 歳まで 平均	標準偏差	人数	10・11 歳まで 平均	標準偏差	人数
CV*l*	588.27	177.67	4	567.67	114.72	8	528.38	142.06	9
CV*l*C	559.52	165.55	4	527.43	120.47	8	517.24	152.33	9

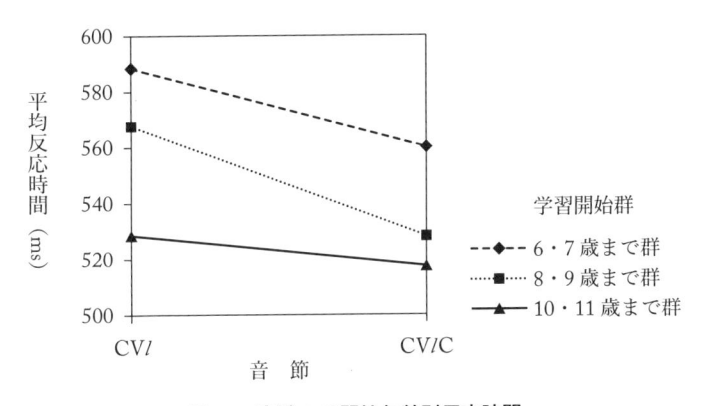

注:平均値の単位はミリセカンド(ms)である。

図 38　実験 3 の開始年齢別反応時間

従って、英語学習者は学習開始年齢に関わらず、CV/C の反応が早いといえ、CVC.CVC で分節していると推測される。

発達年齢

経験年数を 2 年未満（平均 1 年 1 ヶ月）に統制し、発達年齢を 7・8 歳（平均 7 歳 8 ヶ月、3 名）、9・10 歳（平均 9 歳 11 ヶ月、4 名）、11・12 歳（平均 11 歳 11 ヶ月、9 名）に分け CV/、CV/C の刺激に対する反応時間の分析を行う。平均と標準偏差は表 58 のとおりである。図 39 はそのグラフである。発達年齢と刺激条件の 3×2 の反復二元配置分散分析を行った。発達年齢の主効果は、有意傾向であった $[F(2, 13) = 3.81, .05 < p < .10]$。音節条件の主効果は有意ではなかった $[F(1, 13) = 2.13, p > .05]$。交互作用は有意ではなかった。図 39 のとおり、発達年齢において、11・12 歳群、9・10 歳群、7・8 歳群の順に CV/ と CV/C の刺激に対しての反応時間は短い傾向にある。

表 58　実験 3 の発達年齢別反応時間の平均と標準偏差

刺激条件	7・8 歳 平均	標準偏差	人数	9・10 歳 平均	標準偏差	人数	11・12 歳 平均	標準偏差	人数
CV/	695.10	91.53	3	715.70	50.19	4	528.38	142.08	9
CV/C	667.82	116.02	3	699.00	87.97	4	517.24	152.33	9

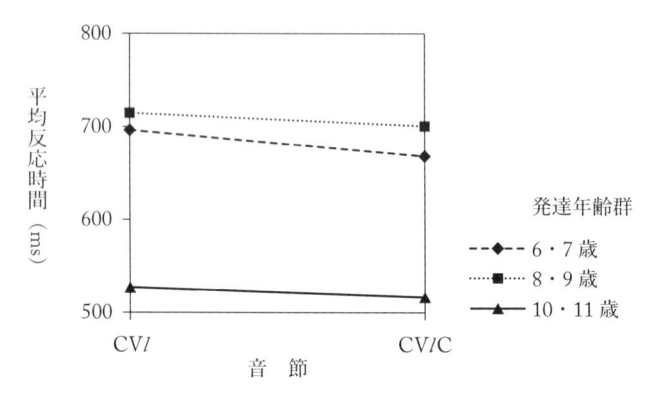

注：平均値の単位はミリセカンド（ms）である。

図 39　実験 3 の発達年齢別反応時間

従って、年齢が上がれば反応時間が短くなるといえる。この結果は実験1と同じである。発達年齢が11・12歳の年長の学習者は認知面・記憶面において、他の年少の学習者に比べて優位であるため、実験1や3のような音声を知覚して反応する実験において有利であるといえる。また、統計的には差は見られないが、それぞれの群において、CV刺激とCVC刺激の反応時間の平均の差の実測値は、7・8歳群は、27.28ms、9・10歳群では16.70ms、11・12歳は11.14msである。従って、どの年齢の学習者も、CV/C刺激を与えられた方が、CV/刺激を与えられた場合より反応が早い。

経験年数

英語学習開始年齢を6・7歳（平均6歳8ヶ月）に統制し、経験年数により3群に、すなわち2年未満（平均1年1ヶ月、3名）、2年以上4年未満（平均3年0ヶ月、8名）、4年以上群（平均4年10ヶ月、4名）に分けて分析する。表59は経験年数とCV/、CV/Cの刺激に対する反応時間の平均と標準偏差である。図40はそのグラフである。経験年数と刺激条件の3×2の反復二元配置分散分析を行った。その結果、経験年数の主効果は有意ではなかった $[F(2,12) = .57, p > .05]$。刺激条件の主効果は有意であった $[F(1,12) = 5.92, p < .01]$。また、交互作用は有意ではなかった。刺激条件によって有意であったということは、CV/C刺激を与えた方がCV/刺激を与えた場合より反応が早く、CVC.CVCと分節していると推測される。

経験年数には差が見られないが、図40によると、4年以上群と2年以上4年未満群は2年未満群より反応が早い傾向がみられる。

表59　実験3の経験年数別反応時間の平均と標準偏差

刺激条件	2年未満 平均	標準偏差	人数	2年以上4年未満 平均	標準偏差	人数	4年以上 平均	標準偏差	人数
CV/	695.11	91.53	3	644.57	109.13	8	588.27	177.76	4
CV/C	667.83	116.03	3	596.85	135.90	8	559.52	165.55	4

注：平均値の単位はミリセカンド（ms）である。

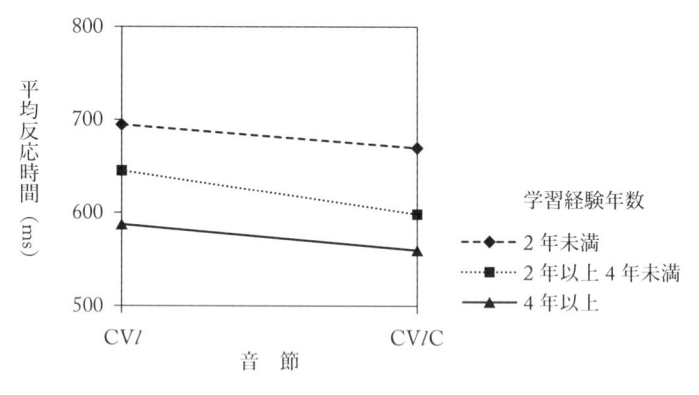

図40　実験3の経験年数別反応時間

英語学習開始年齢・発達年齢・経験年数の関係

表60は、年齢要因（6群）の刺激条件に対する反応時間の平均と標準偏差である。図41はそれに対応するグラフである。年齢要因と刺激条件6×2の刺激条件を反復測定する二元配置分散分析を行った。結果は、年齢要因の主効果は、有意ではなかった［$F(5, 30) = 1.77, p > .05$］。刺激条件の主効果は有意であった［$F(1, 30) = 11.42, p < .01$］。なお、交互作用は有意ではなかった。刺激によって有意であったということは、どの年齢要因でもCV/CがCV/lより早く、CVC.CVCと分節されていると考えられる。

年齢要因では統計的な差は見られないが、各群におけるCV/lとCV/Cの刺激に対する反応の差を検討してみた。その結果、差の大きい方から述べると、開始6・7歳—発達9・10歳の差は47.71ms、開始8・9歳—発達11・12歳では40.25ms、開始6・7歳—発達11・12歳では28.75ms、開始6・7歳—発達7・8歳では27.28ms、開始8・9歳—発達9・10歳では16.71ms、開始10・11歳—発達11・12歳では11.14msである。従って、6・7歳から2年間継続して英語学習をしている現在9・10歳の学習者や、8・9歳から2年間継続して学習をしている現在の11・12歳の学習者は、CV/C刺激の方がCV/l刺激より40ms以上早く反応している。また、6・7歳から英語学習を開始して4年以上学習を継続している現在11・12歳の学習者も、CV/C刺激の方がCV/l刺激より約30ms反応時間が短い。

次に、上記の年齢要因6群に英語母語話者を加えた7水準と音節条件2水準で7×2の反復二元分散分析を行った。結果、年齢要因の主効果は有意であった［$F(6, 38) = 4.75, p < .01$］。刺激条件の主効果も有意であった［$F(1, 38) = 19.58, p < .01$］。他方、交互作用は有意ではなかった。参加者群に関して、Tukeyの多重比較を行った結果、英語母語話者に比べて、開始6・7歳―発達9・10歳、開始6・7歳―発達11・12歳、8・9歳―発達11・12歳、現在10・11歳―発達11・12歳では有意に反応時間が短かった。これは、リサーチクエスチョン1でも述べたように、英語学習者は同じタイプの反応実験1を行っているので実験に対しての訓練効果が出ており、反応時間が短いと思われる。

刺激条件に関しては、英語母語話者はCV/Cを与えられた方が、CV/刺激を与えられた場合より49.76msと早い。CV/CとCV/刺激の差は、開始6・7歳―発達9・10歳群と開始8・9歳―発達11・12歳に対して40ms以上あり、ほぼ英語母語話者の反応に匹敵すると思われる。

表60 実験3の年齢要因別反応時間の平均と標準偏差

条件	人数	CV 平均	CV 標準偏差	CVC 平均	CVC 標準偏差
開始6・7歳―発達7・8歳	6	695.10	91.53	667.82	116.02
開始6・7歳―発達9・10歳	8	644.56	109.13	596.85	135.89
開始6・7歳―発達11・12歳	3	588.27	177.76	559.52	165.55
開始8・9歳―発達9・10歳	5	715.69	50.19	698.98	87.97
開始8・9歳―発達11・12歳	9	567.67	114.72	527.42	120.47
開始10・11歳―発達11・12歳	10	528.38	142.06	517.24	152.33

注：平均値の単位はミリセカンド(ms)である。

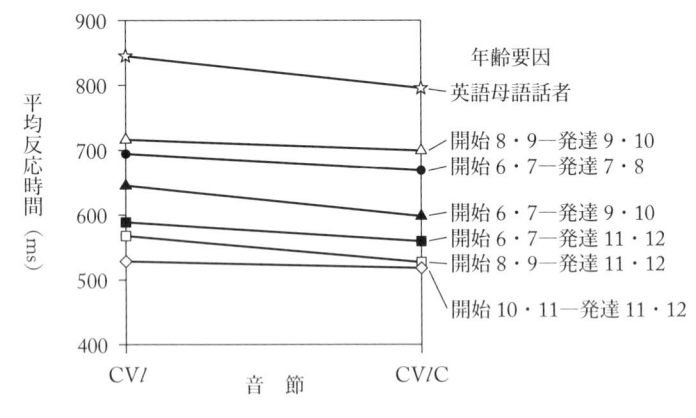

図 41　実験 3 の年齢要因別反応時間

　従って、年齢要因では特定の年齢が刺激に対して有意に早く反応することはないが、6・7 歳または 8・9 歳から英語学習を開始し、2 年以上学習を継続し、現在 9・10 歳以上の学習者は CV*l*C の方が CV*l* よりかなり早く反応するといえる。すなわち、CVC.CVC 構造の単語を CVC の音節に分節できるようになると結論付けられる。

8.5.6　実験 3 のまとめ
リサーチクエスチョン 1
　英語学習者は、英語母語話者・英語未学習者に比べて反応時間が短い。英語母語話者と英語学習者は、CV*l*C 刺激の方が CV*l* 刺激より反応時間が短いため、CVC.CVC と音節で分節して知覚していると推測される。英語未学習者は CV*l* 刺激を与えられた方が CV*l*C 刺激を与えられた場合より反応時間が短いため、CV.C(V).CV.C(V) とモーラで分節していると推測される。

リサーチクエスチョン 2
　弛緩母音の次の子音に関わらず、英語学習者は英語母語話者・英語未学習者に比べて反応時間が短い。刺激条件に対しては、阻害音の場合は、英語学習者では CV*l* 刺激と CV*l*C 刺激に対する反応時間に差は見られなかったが、英語母語話者は CV*l*C を与えられた方が CV*l* 刺激を与えられた場合よ

り反応が早く、逆に、英語未学習者はCV*l*刺激の方がCV*l*C刺激より反応が早い傾向があるといえる。これに対して、鼻音または流音を含む刺激条件に対するCV*l*刺激とCV*l*C刺激の反応時間は、統計的には差が見られない。

リサーチクエスチョン3

　英語学習開始年齢、また、経験年数において、反応時間について、有意差は見られなかった。しかし、どの開始年齢・経験年数でも、CV*l*C刺激を与えられた方が、CV*l*刺激を与えられた場合より早く反応するため、CVC.CVCのように音節で知覚していると推測される。発達年齢では反応時間に有意傾向がある。11・12歳群が9・10歳群または7・8歳群よりも早く反応することから、年齢の高さが反応実験では有利に作用するといえる。

　また、実測値において、CV*l*CとCV*l*の差が母語話者と同様に大きく、CVC.CVCで分節していると推測される学習者は、6・7歳または8・9歳から英語学習を開始して2年以上英語学習を継続し、現在9・10歳以上である。

8.6　実験4　オフライン実験

　CVCCVCのターゲット単語を用い、実験2と同様なオフライン実験を行う。実験の目的、材料、方法、分析結果及び考察を述べる。

8.6.1　実験4の目的

　実験4では、実験3と同じ実験材料を使い、オフラインの実験において、英語学習者・英語未学習者・英語母語話者で分節方法に違いがあるかを調べる。あわせて、母音間の子音の違いにより分節が異なるかどうかという問題と、日本人英語学習者において、英語学習開始年齢・発達年齢・経験年数により分節に違いが見られるかも調査する。

8.6.2　リサーチクエスチョン

　実験1・2・3のリサーチクエスチョン1〜3と同じである。

8.6.3　実験参加者

実験 3 の参加者と同じである。

8.6.4　実験材料

　実験材料は CVCCVC 構造で、実験 3 で使用したものと同じである。1 試行の構成は、まず、シグナル音が 1 秒間提示され、次に、ターゲット単語が直後に聞こえ、その後、7 秒間のポーズ（分節させる時間）がある。ターゲット単語の 16 単語とフィラー単語の 16 単語を交互に配置し、全 32 単語であり、全体の時間は 6 分 16 秒である。音声の編集は、音声編集ソフト SP4WIN Custom を使用する。5 試行の練習の後、本試行を行う。

8.6.5　方法・手順

　方法・手順は、実験 2 と同じである。

8.6.6　結果・考察

　実験 4 の結果を、リサーチクエスチョン 1 ～ 3 に基づき分析する。

8.6.6.1　基準となる英語母語話者の分節

　本実験では、英語母語話者の分節方法を基準とする。本材料は CVCCVC であり、CC の部分は音結合制約から CVC.CVC になると予測される。実際、英語母語話者は、全正答 16 点のうち平均 14.67 点であり、91.69％ が CVC.CVC と分節している。このことから、CVC.CVC で分節される場合は、音節で分節されていると見なして 1 点とした。CV.C(V).CV.C(V) や CV.C(V).CV.C.C(V) のように促音化する場合は、モーラで分節していると捉え、これらは 0 点とする。さらに、CV.C.CVC や CVC.CV.C(V) などのように音節・モーラミックスタイプの分節は 0 点とする。さらに、それらの分節方法を記述する。

8.6.6.2　英語学習者・英語未学習者・英語母語話者の分節の違い

　リサーチクエスチョン 1 の「日本人英語学習者・英語未学習者・英語母

語話者は英単語をモーラで知覚するか、あるいは英単語を構成する音節で知覚するか」を検討する。

　日本人英語学習者 41 名 (参加者 49 名中 8 名は、全問題のうち 6 割が無回答であったため、分析対象から外した)、日本人英語未学習者 9 名、英語母語話者 9 名の 3 群における実験 4 の分節実験の平均得点と標準偏差は表 61 のとおりである。英語接触度を主要因とし、分節実験の平均得点を従属変数とする一元配置分散分析を行った結果、主効果は有意であった［$F(2, 56) = 11.51, p < .001$］。その後、Tukey の多重比較を行った結果、英語学習者は英語未学習者より音節分節の得点が有意に高く、また英語母語話者は英語学習者と英語未学習者より音節分節の得点が高いという結果であった。英語学習者は英語未学習者より音節分節では勝っているが、英語母語話者には及ばないということである。

表 61　実験 4 の参加者別平均得点と標準偏差

参加群	人数	平均	標準偏差
英語学習者	41	6.56	7.68
英語未学習者	9	0.00	0.00
英語母語話者	9	14.67	1.41

　英語学習者 41 名の実際の分節方法は表 62 のとおりである。CVC.CVC とする音節分節は平均 41.3%、CV.C (V).CV.C とするモーラ分節は 37.0% であった。また、CV.C (V).CV.C.C というように単語末が無声閉鎖音の場合、その前母音がストレスを伴わない弱母音に関わらず、促音化する場合が 7.2% ある。例えば、seardek などは /sɪ.r.də.k.k/ と /ə/ の弱母音も短母音と同様に扱い、その次が無声破裂音であれば促音化する傾向があるといえる。この場合も広義にはモーラで分節しているといえよう。しかし、CV.C.C (V).CV.C /sɪ.r.r.də.k/ のように語中が促音化することはない。

　川越 (1995) によると、2 音節語で CVCCVC のように強弱のリズム[3]で構成される場合、語中音節は促音化しないといわれる。この点について、Dupoux et al. (1999, 2001) の実験のとおり、日本語話者は CC クラスターの

間に母音を挿入して知覚している可能性も考えられる。オフラインの実験であるため、実験参加者は、人工的な音声を聞く際に CVCCVC の音声の CC の間を日本語の音節構造に当てはめ、CC の間に母音があるはずだとして、母語の音韻知識を活用し、実際は聞こえていない母音 /u/ を挿入して CV.C(V).CV.C(V) と分節していると考えられる。

また、単語内の第 1 音節を音節で捉えているが、第 2 音節をモーラで捉える CVC.CV.C のタイプが 0.6% あり、逆に、第 1 音節をモーラで、第 2 音節を音節で捉えている CV.C.CVC タイプが 12.9% ある。これらの結果から、音節で分節するのは 41.3%、モーラで分節するのは 44.2%、音節・モーラミックスタイプの分節は 13.5% であるといえる。

以上のことから、英語学習をしている子どもの約 4 割が CVCCVC 単語に対して音節で捉えることができるといえる。

表62　実験4の英語学習者の分節方法

No	CVCCVC	1. CVC.CVC	頻度(%)	2. CV.C.CV.C	頻度(%)	2. CV.C.CV.C.C	頻度(%)	3. CVC.CV.C	頻度(%)	3. CV.C.CVC	頻度(%)	4.その他	頻度(%)
1	sepden	sep.dən	43.9	se.p.də.n	43.9	se.p.də.n.n		sep.də.n		se.p.dən	12.2	sepdən	
2	th(T)ebket	θeb.kət	39.0	θe.b.kə.t	29.3	θe.b.kə.t.t	19.5	θeb.kə.t		θe.b.kət	12.2	θebkət	
3	tefth(D)el	tef.ðəl	43.9	te.f.ðə.l	43.9	te.f.ðə.l.l		tef.ðə.l		te.f.ðəl	9.8	te.f.ðə.e.l	2.4
4	devtek	dev.tək	39.0	de.v.tə.k	36.6	de.v.tə.k.k	9.8	dev.tə.k		de.v.tək	14.6	devtək	
5	keljen	kel.ʒən	42.5	ke.l.ʒə.n	35.0	ke.l.ʒə.n.n		kel.ʒə.n		ke.l.ʒən	15.0	ke.l.ʒə.e.n	7.5
6	jairth(T)el	dʒer.θəl	42.5	dʒe.r.θə.l	35.0	dʒe.r.θə.l.l		dʒer.θə.l	7.5	dʒe.r.θəl	15.0	dʒerθəl	
7	th(D)enhet	ðen.hət	41.5	ðe.n.hə.t	31.7	ðe.n.hə.t.t	19.5	ðen.hə.t		ðe.n.hət	7.3	ðenhət	
8	hemsek	hem.sək	41.5	he.m.sə.k	34.1	he.m.sə.k.k	12.2	hem.sə.k		he.m.sək	12.2	hemsək	
9	dipsen	dɪp.sən	39.0	dɪ.p.sə.n	43.9	dɪ.p.sə.n.n		dɪp.sə.n		dɪ.p.sən	14.6	dɪ.p.sə.e.n	2.4
10	jibth(D)et	dʒɪb.ðət	41.5	dʒɪ.b.ðə.t	34.1	dʒɪ.b.ðə.t.t	17.1	dʒɪb.ðə.t		dʒɪ.b.ðət	7.3	dʒɪbðət	
11	kifth(T)et	kɪf.θət	39.0	kɪ.f.θə.t	29.3	kɪ.f.θə.t.t	4.9	kɪf.θə.t		kɪ.f.θət	26.8	kɪfθət	
12	hivken	hɪv.kən	41.5	hɪ.v.kə.n	43.9	hɪ.v.kə.n.n		hɪv.kə.n		hɪ.v.kən	12.2	hɪ.v.kə.e.n	2.4
13	th(D)iljek	ðɪl.ʒək	41.5	ðɪ.l.ʒə.k	36.6	ðɪ.l.ʒə.k.k	9.8	ðɪl.ʒə.k		ðɪ.l.ʒək	12.2	ðɪlʒək	
14	seardek	sɪr.dək	37.5	sɪ.r.də.k	27.5	sɪ.r.də.k.k	22.5	sɪr.də.k	2.5	sɪ.r.dək	10.0	sɪrdək	
15	tinhel	tɪn.həl	45.0	tɪ.n.hə.l	42.5	tɪ.n.hə.l.l		tɪn.hə.l		tɪ.n.həl	10.0	tɪ.n.hə.e.l	2.5
16	th(T)imtel	θim.təl	41.5	θɪ.m.tə.l	43.9	θɪ.m.tə.l.l		θim.tə.l		θɪ.m.təl	14.6	θimtəl	
平均	平均		41.3		37.0		7.2		0.6		12.9		1.1

注：1. CVC.CVC は音節分節を示し、2. CV.C.CV.C 及び 2. CV.C.CV.C.C はモーラ分節を示す。
　　3. CVC.CV.C 及び 3. CV.C.CVC は音節・モーラミックス分節を示す。

8.6.6.3 音声環境の違い

　この節では、リサーチクエスチョン2の「音声環境により、分節が異なっているか」について検討する。英語母語話者は、音声環境に関係なくターゲット単語の約92％を音節で捉えており、また、英語未学習者はすべてのターゲット単語をモーラで分節していたため、これ以上の分析はここでは行わない。音声条件による分節方法の違いについては、英語学習者のみを検討する。

　英語学習者41名を対象に、表62を子音別にまとめると表63になる。阻害音・流音・鼻音によって、CVC.CVCと音節に分節するかどうかは、それぞれ40.9％、41.0％、42.4％とほとんど違いは見られない。CV.C(V).CV.C(V)のモーラに分節する場合、流音の場合は阻害音・鼻音に比べて約5％少ない。しかしながら、全体としてみると、特に子音の違いにより、分節の仕方が大きく分かれるとはいえない。

表63　実験4の子音別の分節

子音	1. CVC.CVC	2. CV.C.CV.C	2. CV.C.CV.C.C	3. CVC.CV.C	3. CV.C.CVC	4. その他
阻害音	40.9	38.1	6.4	0.0	13.7	0.9
鼻音	42.4	38.1	7.9	0.0	11.0	0.6
流音	41.0	33.5	8.1	2.5	13.1	1.9

注：1. CVC.CVCは音節分節を示し、2. CV.C.CV.C及び2. CV.C.CV.C.Cはモーラ分節を示す。
　　3. CVC.CV.C及び3. CV.C.CVCは音節・モーラミックス分節を示す。

8.6.6.4　年齢要因と経験年数

　この節では、リサーチクエスチョン3の「年齢要因と学習経験の関係」について検討する。英語学習開始年齢と発達年齢のクロス集計と、学習経験を表したものは表64である。

英語学習開始年齢

　実験時の発達年齢を11・12歳（平均12歳0ヶ月）に統制し、英語学習開始年齢を6・7歳群（平均6歳9ヶ月、4名）、8・9歳群（平均8歳10ヶ月、9名）、10・11歳群（平均11歳0ヶ月、8名）の3群に分けて分析する。分節

表64　実験4の英語学習者の英語学習開始年齢と発達年齢と経験年数別内訳

開始年齢＼発達年齢	7・8歳 (平均7歳9ヶ月)	9・10歳 (平均10歳0ヶ月)	11・12歳 (平均12歳0ヶ月)
6・7歳(平均6歳9ヶ月)	7名	8名	4名
8・9歳(平均8歳10ヶ月)		5名	9名
10・11歳(平均11歳0ヶ月)			8名

注：開始年齢とは英語学習を開始した年齢であり、発達年齢とは実験時の実年齢のことである。セルの色は学習経験を示す。
　　□ 2年未満(平均1年2ヶ月)
　　▨ 2年以上4年未満(平均3年1ヶ月)
　　■ 4年以上(平均4年11ヶ月)

　実験の平均得点と標準偏差は、表65のとおりである。次に、開始年齢を主要因とし、分節実験の平均得点を従属変数とする一元配置分散分析を行った結果、開始年齢の主効果は有意であった［$F(2, 18) = 20.21, p < .001$］。その後、Tukeyの多重比較によると、6・7歳群と8・9歳群は10・11歳までに学習を開始した群とでは有意差が見られる。6・7歳群と8・9歳群とでは、差が見られない。従って、8・9歳までに英語学習を開始すれば、10・11歳に学習を開始するよりも統計的に有意な差がつくほど、音節に分節することができるといえる。

表65　実験4の開始年齢別平均得点と標準偏差

開始年齢	人数	平均	標準偏差
6・7歳まで	4	12.00	8.00
8・9歳まで	9	13.89	4.94
10・11歳まで	8	.67	.35

発達年齢

　経験年数を2年未満(平均1年2ヶ月)に統制し、発達年齢を7・8歳群(平均7歳9ヶ月、7名)、9・10歳群(平均10歳0ヶ月、5名)、11・12歳群(平均12歳0ヶ月、8名)の3群に分けて分析する。分節実験の平均と標準偏差は表66のとおりである。発達年齢を主要因とし、分節実験の平均得点を従

属変数とする一元配置分散分析を行った結果、発達年齢は有意であった［$F(2, 17) = 4.92$, $p < .05$］。その後、Tukey の多重比較を行った結果、9・10 歳群は 7・8 歳に対しても、11・12 歳に対しても、それぞれ有意な差が見られた。つまり、学習経験が 2 年以内の場合、9・10 歳群が他のどの年齢よりも分節ができるということである。

表 66　実験 4 の発達年齢別平均得点と標準偏差

発達年齢	人数	平均	標準偏差
7・8 歳	7	0.14	0.38
9・10 歳	5	6.20	7.69
11・12 歳	8	0.13	0.35

経験年数

　英語学習開始年齢を 6・7 歳に統制し、経験年数を 2 年未満（平均 1 年 2 ヶ月、7 名）、2 年以上 4 年未満（平均 3 年 1 ヶ月、8 名）、4 年以上（平均 4 年 11 ヶ月、4 名）に分け、これらの分節実験の平均得点と標準偏差は表 67 に示されたとおりである。経験年数を主要因とし、実験の平均点を従属変数とする一元配置分散分析を行った結果、経験年数の主効果は有意であった［$F(2, 16) = 4.78$, $p < .05$］。その後、Tukey の多重比較を行った結果、2 年未満の学習者群は 4 年以上群と有意差が見られた。他方、2 年以上 4 年未満群は、2 年未満群とも 4 年以上群とも差がなかった。従って、4 年以上学習した子どもは、2 年未満群に比べて CVC.CVC の音節に分節することができるといえる。

表 67　実験 4 の経験年数別平均得点と標準偏差

経験年数	人数	平均	標準偏差
2 年未満	7	0.14	0.38
2 年以上 4 年未満	8	7.88	8.43
4 年以上	4	12.00	8.00

英語学習開始年齢・発達年齢・経験年数の関係

　今までは、学習開始年齢・発達年齢・経験年数を、それぞれ一元配置分析で個別に分析を行った。その結果、8・9歳までに英語を学習し、4年以上学習経験があると、CVC.CVCという音節で分節することができるといえる。また、2年以内の学習経験では、発達年齢が9・10歳の学習者は、他の年齢よりも有意に音節分節ができる。このことから、2年未満の学習で発達年齢が9・10歳の学習者は音節分節の能力を急激に身に付けるといえる。

　次に、具体的に、何歳で英語を開始して現在何歳である群が、音節分節に優れているかを明らかにするため、開始年齢と発達年齢のクロス集計表を基に、次の6群を設定した（表64）。開始6・7歳―発達7・8歳群、開始6・7歳―発達9・10歳群、開始6・7歳―発達11・12歳群、開始8・9歳―発達9・10歳群、開始8・9歳―発達11・12歳群、開始10・11歳―発達11・12歳群である。図42は年齢要因における分節実験のグラフである。表68は、それらの群の分節実験の平均と標準偏差である。一元配置分散分析を行うと、年齢要因の主効果は有意であった［$F(5, 35) = 7.71, p < .01$］。そこで、Tukeyの多重比較を行ったところ、開始6・7歳―発達11・12歳群と開始8・9歳―発達11・12歳群は、開始6・7歳―現在7・8歳群に比べて、有意に平均点が高かった。また、開始6・7歳―発達11・12歳群は、開始10・11歳―発達11・12歳群に比べて平均点が高く、また、8・9歳―発達11・12歳群は、開始10・11歳―発達11・12歳群より平均点が高かった。

　このことから、開始年齢が6・7歳、現在7・8歳の子どもで、2年未満の学習者群より、6・7歳から学習を開始して現在11・12歳の子どもや、8・9歳から学習を開始して、現在11・12歳の子どもの方が、音節分節に優れているといえる。開始10・11歳―発達11・12歳群は、開始8・9歳―発達11・12歳群より音節分節に劣ることから、同じ発達年齢でも、8・9歳から開始して、2年以上学習経験がある子どもの方が音節分節に優れているといえる。

　また、上記の6群と英語母語話者を加えて、分散分析を行った結果、それらの主効果は有意であった［$F(6, 43) = 10.83, p < .01$］。Tukeyの多重比較を行った結果、開始6・7歳―発達9・10歳群、開始6・7歳―発達11・12

歳群、開始 8・9 歳―発達 9・10 歳群、開始 8・9 歳―発達 11・12 歳群は英語母語話者と差がなかった。このことから、8・9 歳までに英語を開始して 2 年以上経過すると、英語母語話者と同じように音節で分節できるといえる。すなわち、6・7 歳から英語学習を開始した場合、音節分節の能力がなだらかに伸び、4 年以上英語学習を続けて 11・12 歳に達した段階で最も音節分節能力が優位になると思われる。一方、8・9 歳で学習を開始した子どもは、2 年以上学習し 11・12 歳になる時に分節能力が優位になるといえる。さらに興味深いことには、8・9 歳から英語を学習している子どもは、2 年以内(平均 1 年〜 1 年 2 ヶ月)の学習で 6.20 点という得点からスタートして、2 年以上学習すると 13.89 点になり 120％［(13.89 − 6.20) ÷ 6.20 = 1.24］の上昇を見せる。一方、10 歳・11 歳で英語学習を開始した子どもは、ほぼ 1 年間学習したのちも 0.13 点の得点であり、6・7 歳で英語学習を開始した子どもも 0.14 点とほぼ 0 点に近いくらい低いといえる。8・9 歳から学習を開始するとほぼ 1 年余りで音節の知識を身に付け、2 年以上英語を学習すれば、比較的ゆるやかに音節の能力を、ほぼ獲得できると考えられる。英語学習開始年齢が 6・7 歳の子どもは、8・9 歳までにゆるやかに音節の知識を吸収しており、8・9 歳以降は緩やかながら音節分節の知識を獲得しているといえる。また、しかし、10・11 歳から英語を学習した場合、音節能力の習得が多少困難であることも想定される。この点は、今後 10・11 歳から英語学習を開始して、2 年以上経過したデータを集める必要があるため、今の段階ではその可能性を示唆するのみである。

　従って、ここでいえることは、6・7 歳から英語学習を開始して、2 年間以上経過して、4 年から 5 年までの学習を経過すると、66％以上の正解率の上昇を見せることになり、早く学習して、長く続けることが音節分節能力の獲得につながることが示唆される。では、いつ頃までに英語学習を開始するかについて、8・9 歳までに学習を開始した子どもは、6・7 歳までに学習を開始した子どもとほぼ匹敵するような音節能力を獲得できる可能性があり、音節分節の習得は経験年数当たりの効率という点を考慮すると、8・9 歳が特に有利な時期であるといえる。

表 68　実験 4 の年齢要因別平均得点と標準偏差

条　件	人数	平均	標準偏差
開始 6・7 歳―発達 7・8 歳	7	0.14	0.38
開始 6・7 歳―発達 9・10 歳	8	7.88	8.43
開始 6・7 歳―発達 11・12 歳	4	12.00	8.00
開始 8・9 歳―発達 9・10 歳	5	6.20	7.69
開始 8・9 歳―発達 11・12 歳	9	13.89	4.94
開始 10・11 歳―発達 11・12 歳	8	0.13	0.35

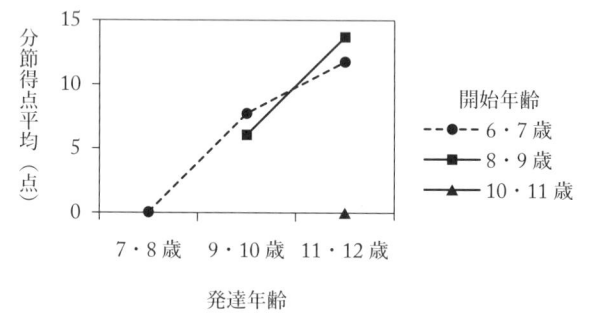

図 42　実験 4 の年齢要因別平均得点
注：各マークは英語学習開始年齢を表す。

8.6.7　実験 4 のまとめ

リサーチクエスチョン 1

　英語学習者群・英語未学習者群・英語母語話者群では、分節において、得点の平均に有意差が見られる。英語学習者は英語未学習者より音節に分節できるが、母語話者と同様の正解率にはならない。

リサーチクエスチョン 2

　英語学習をしている子どもは、CVCCVC という構造を持つターゲット単語の約 4 割の単語を音節で捉えることができる。また、CVC.CVC の第 1 音節末の子音が阻害音・流音・鼻音という子音の種類によっては分節に差は見られない。

リサーチクエスチョン 3

　8・9歳までに英語学習を開始すれば、10・11歳に学習を開始するよりも有意な差をつけて音節に分節することができる。発達年齢では、7・8歳と11・12歳群に比べて、9・10歳は音節分節が優位にできる。学習経験では、4年以上学習すれば音節分節できる。

　全体をまとめると、6・7歳までに学習を開始し、2年以上経過すれば、ゆるやかに音節分節能力を身に付け、11・12歳になる時には約7割の分節が可能である。8・9歳から学習を開始しても、2年以内の間に急激に音節分節能力を身に付け、6・7歳から学習を開始して4年経過したくらいの分節能力を身に付けることも可能である。

8.7　実験 3・4 のまとめ

リサーチクエスチョン 1

　英語学習者群は、英語未学習者群・英語母語話者群に比べ、反応時間が短い。英語学習者は実験3と同じような反応実験である実験1を行っていたため、その訓練効果が表れたと推測される。分節に関しては、英語学習者と英語母語話者はともに CVlC を与えられた方が CVl 刺激を与えられた場合より反応時間が短い。一方、英語未学習者はその反対に CVl 刺激の方が CVlC より反応が早い。分節実験では、英語学習者は英語未学習者より、有意な差をつけて音節に分節できるが、母語話者と同様の正解率にはならない。

リサーチクエスチョン 2

　実験3の反応実験では、子音の種類に関わらず、英語学習者群は英語未学習者群・英語母語話者群に比べて反応時間が短い。これは実験1を行っているため、訓練効果が現れているといえる。また、阻害音に対しては、英語未学習者は CVl 刺激を与えられた方が CVlC 刺激を与えられた場合より反応が早く、英語母語話者は CVlC 刺激の方が CVl 刺激より反応が早い。しかし、鼻音・流音に関しては、子音の違いによる差はなかった。また、実

験4の分節実験においても、子音の種類によっては分節に差は見られない。

リサーチクエスチョン3

　反応実験においては、11・12歳群は反応時間が最も短い。英語学習開始年齢・経験年数に関係なく、CV/C刺激を与えた方がCV/刺激を与えた場合より反応が早い。分節実験では、8・9歳までに英語学習を開始すれば、10・11歳に学習を開始するよりも有意に音節に分節することができる。4年以上学習すれば音節分節できる。分節実験では7・8歳、11・12歳に比べて、9・10歳は音節で分節が優位にできるということである。

　全体的には、分節実験では、6・7歳までに学習を開始すると2年間の学習の間にゆるやかに分節能力を身につけ、最終的に4年以上経過し、11・12歳になる時には、ターゲット単語の約7割の分節が可能である。8・9歳から学習を開始すると1年余りの学習で音節分節の能力を得て、その後ゆるやかに音節分節能力を獲得して2年以上学習した後は、6・7歳から学習を開始して4年経過したくらいの分節能力を身に付けることができる。

注

1　師茂樹氏の情報に関しては、http://morogram.sourceforge.jp/ を参照。
2　分析は2006年7月時のソフトを使用している。
3　借用語の日本語過程における促音化は、リズム衝突を回避するためのモーラ挿入が引き金となる音韻過程である。語末音節母音と強勢母音がリズム上、強の要素として働くため、原語の強勢が語末から2音節目にあたる時にリズム衝突が起る。heater [hi i ta a] は [hi] に原語のストレスが付くため強リズム、[ta] は語末音節であるため強リズム、[i] と [a] は弱リズムとなり、強弱強弱のリズムを持つため、促音化しない。一方、shutter [ʃataa] となり、[ʃa] [ta] は強リズムになり、強強弱のリズムになるため、その強強の間に促音 /Q/ を入れることにより強弱強弱のリズムを作り出している（川越, 1995）。

第9章
結論と今後の課題

9.1　全実験のまとめ

　実験1から実験4では第7章・第8章にて有意差検定結果から分析を行った。本章では、新たに「効果サイズ」という指標を加え、実験1から4までのすべての実験結果を総合的に分析する。

　有意差検定とは、ある条件間に平均の差が生じた場合、それが偶然に生じる程度の小さな差なのか、そうでないのか、もし、それが偶然に生じるより大きな差であれば、その差はその条件間の差によって生じる違いであり、意味があるという判定を行うことである。その前提として、帰無仮説を立て、検定の結果、有意水準が $p<.05$ であれば、帰無仮説を棄却し、条件間には差があるとみなす(田中・山際, 1996)。

　しかし、実際の統計処理には、t 検定や F 検定、カイ2乗(χ^2)検定、あるいは相関係数などがあり、また集団サイズも異なっていることがよく見られるが、これらを通常は有意差検定のみの結果で論じている。しかし、それらを1つの共通の測定基準に変換し、それぞれの条件の効果の大きさを示し、異なった統計結果を比較検討することができる。これを「メタ分析」といい、その効果の大きさを「効果サイズ」と呼ぶ(Mullen, 1989)。統計ソフトウエア SPSS 11.0 では、効果サイズの推定値として偏相関のイータの2乗の値を使用している。

　本書では、有意差検定に対する補足的情報として効果サイズも提示し、考察に加えることとする。全実験結果から効果サイズの数値は .000 から .692[1] までの幅がみられる。

9.1.1 リサーチクエスチョン 1

リサーチクエスチョン 1 では、日本人英語学習者・日本人英語未学習者・英語母語話者が、英単語をモーラで分節するか、あるいは英単語を構成する音節で分節するかについて検討した。実験 1・3 のオンライン実験と実験 2・4 のオフライン実験の 2 種類のタスクを用いた。実験 1 では CVCVC 構造のターゲット単語（英語の無意味語）を実験材料に、反応時間について、実験参加者、及び刺激項目による、英語接触度（英語学習者、英語未学習者、英語母語話者）と刺激条件（CV/刺激、CV/C 刺激または CVts 刺激、CVt 刺激、CVtC 刺激）における 3×2（または 3）の二元配置分散分析を行った。刺激条件は反復測定である。実験 3 では、CVCCVC 構造を持つターゲット単語を材料に、英語接触度（英語学習者、英語未学習者、英語母語話者）と刺激条件（CV/刺激、CV/C 刺激）における 3×2 の刺激条件が反復測定である二元配置分散分析を行った。実験 2 と実験 4 は、それぞれ実験 1 と実験 3 で使用したターゲット単語を聞き、それがどこで分節するか答えさせる分節実験である。英語接触度（英語学習者、英語未学習者、英語母語話者）を主要因にし、音節分節実験結果の平均得点を従属変数にした一元配置分散分析を行った。表 69 は 1〜4 の実験におけるそれぞれの分散分析から導き出された有意差検定結果とその効果サイズをまとめた表である。

まず、オンライン実験である実験 1 と 3 の結果を考察してみる。実験 1 では、反応時間について、実験参加者の 3 群においては、弛緩母音を含む刺激（CV/刺激、CV/C 刺激）を与えた場合には主効果に有意な差が見られず、緊張母音を含む刺激（CVts 刺激、CVt 刺激、CVtC 刺激）を与えた場合の主効果には有意傾向が見られた。それらの主効果についての効果サイズは、弛緩母音を含む刺激を与えた場合は .084、緊張母音を含む刺激の場合は、.107 である。これらの数値から、緊張母音を含む刺激を与えた場合のみ、英語母語話者が他の 2 群よりも反応時間が短い傾向にあった。同じ実験方法を用いた実験 3 は、実験参加者の 3 群間において主効果に有意差が見られ、効果サイズも .372 と高く、英語学習者が英語母語話者・英語未学習者に比べてかなり反応が早いという結果であった。

まず、実験 1 では英語母語話者の反応が早い傾向にあり、逆に実験 3 で

は英語学習者の反応が早いという結果についての原因を探ってみる。まず、実験 1 の英語母語話者は成人であり、平均反応時間は 294ms（CV*l*：304ms、CV*l*C：285ms）（表 25 参照）である。実験 3 の英語母語話者は子どもであり、平均反応時間は 819ms（CV*l*：844ms、CV*l*C：795ms）（表 52 参照）であるため、成人である英語母語話者の反応は極めて早いといえる。従って、英語母語話者の反応時間に関しては、実験 1 が早く、実験 3 が遅いという比較は適切ではないといえる。

英語学習者に関しては、実験 1 の平均反応時間は 450ms（CV*l*：444ms、CV*l*C：457ms）（表 25 参照）であり、実験 3 は 589ms（CV*l*：604ms、CV*l*C：575ms）（表 52 参照）であった。実験 1 の弛緩母音を含む CVCVC のターゲット単語の長さの平均は 474ms（表 24 参照）であり、実験 3 の CVCCVC のターゲット単語の平均の長さが 773ms（表 51 参照）であることを考えれば、英語学習者の反応は、実験 3 において、子どもの英語母語話者の反応を比べてもかなり早いといえる。英語学習者が、英語母語話者の子どもよりも英語音声に対する反応が早く、音声を聞き取る能力が優れているといえるかについては、8.5.5.1 で触れたように、テレビゲームなどの親密性や実験を繰り返すことによる訓練効果を考慮する必要があるといえる。

よって、ここでは英語学習者と英語母語話者を比較するのではなく、英語学習者と英語未学習者との反応時間の違いに着目する。英語未学習者の平均反応時間については、実験 1 は 493ms（CV*l*：475、CV*l*C：512）（表 25 参照）、実験 3 では 790ms（CV*l*：778、CV*l*C：803）（表 52 参照）である。従って、実験 3 の参加者の 3 群間において反応時間に有意差があるという結果を受けて、英語学習者は音声の刺激に対する反応が早く、英語未学習者は音声の刺激に対する反応が遅いといえる。

次に、刺激条件に関して検討する。刺激条件に対しては、実験 1 の主効果は有意ではなく、効果サイズは、弛緩母音を含む刺激の場合 .011 であり、緊張母音を含む刺激の場合 .002 であり、かなり低いといえる。Cutler et al.(1986) の結果においても、母音に挟まれた子音は両音節的 (Kahn, 1980) になりやすいことから、英語母語話者は CV と CVC の刺激に対する反応時間の差が見られなかった。また、母音に挟まれた子音は調音結合などで音声的

に分離することが困難であると考えられる。従って、本実験でも、それぞれの刺激に対する反応時間の差には現れなかったといえる。一方、実験 3 では、刺激条件では主効果が有意であり、その効果サイズも .115 である。しかし、有意差検定において、交互作用が有意であり、単純主効果の検定を行ったところ、英語学習者と英語母語話者は CV/C を与えられた方が CV/刺激を与えられた場合より早く反応し、一方、英語未学習者は CV/刺激を与えられた方が CV/C 刺激を与えられた場合より反応が早いという結果であった。効果サイズも .238 であり、比較的高い。従って英語学習者と英語母語話者は CVC.CVC と音節を単位として分節し、英語未学習者は CV.C(V).CV.C(V) とモーラを単位として分節していると推測される。

　実験 2 と 4 の分節実験において、どちらも有意差検定では実験参加者における主効果は有意な差が見られる。実験 2 では、英語学習者と英語母語話者は英語未学習者に比べて平均得点が有意に高く、実験 4 では、英語母語話者が最も平均得点が高く、次に英語学習者、最後に英語未学習者の順であった。実験 2 の効果サイズは .196 であり、実験 4 は .291 であり、比較的高いといえる。

　全体をまとめると、無意識の音声知覚を調べるオンライン実験では、CVCCVC 構造の英単語の場合は英語学習者と英語母語話者はともに CVC.CVC と分節しており、英語未学習者は CV.C(V).CV.C(V) とモーラを単位として分節していると推測される。しかし、CVCVC 構造の英単語の場合は、母音に挟まれた子音は両音節的になりやすいと考えられ、また調音結合などで音声的に分離することが困難であるため、CVC の音節で分節されているか CV のモーラで分節されているか明確にはできなかった。一方、意識的に様々な言語情報を用いて分節に役立てていると考えられるオフライン実験では、CVCVC 構造の英単語の場合、英語学習者と英語母語話者はともに CV.CVC と分節したが、英語未学習者は CV.CV(C) と分節した。緊張母音を第 1 音節に含む CVCVC の場合は CV.CVC という分節であり、音結合制約などからも理論的に合致している。しかし、弛緩母音を第 1 音節に含む場合、音結合制約などから CVC.VC という分節方法は音節分節であると想定していたが、オフラインの実験では、英語母語話者は CV.CVC という分

節を用いていた。音結合制約により理論的に想定された音節を単位とした分節方法と実際の知覚実験で得られた音節を単位とした分節方法に違いが見られるということである。しかしながら、本実験の結果から、CV.CVC の分節方法が音節を単位とした分節であると考えることは妥当であると考えられる。

CVC.CVC 構造の英単語の場合、英語母語話者は音節で、また英語学習者も音節で分節し、英語未学習者はモーラで分節することが明らかになった。英語学習者はターゲット単語に対して、英語母語話者のような完全な音節分節方法を習得できているわけではないが、英語未学習者に比べると、音節分節を身に付けているといえる。

表 69　実験 1 〜 4 の参加者別の有意差検定結果と効果サイズ

	要因	実験1 有意	実験1 効果サイズ	実験2 有意	実験2 効果サイズ	実験3 有意	実験3 効果サイズ	実験4 有意	実験4 効果サイズ
弛緩母音	参加者 　英語学習者① 　英語未学習者② 　英語母語話者③	−	.084	** ①>② ③>② ①=③	.196	**	.372	*** ①>② ③>① ③>②	.291
	刺激　CV*l*、CV*l*C	−	.011			*	.115		
	参加者×刺激	−	.038			** CV*l*・CV*l*C ①>② ①>③ ①・③ CV*l*C>CV*l* ② CV*l*>CV*l*C	.238		
緊張母音	参加者	+	.107						
	刺激	−	.002						
	参加者×刺激	−	.033						

注：参加者の 3 水準は、英語学習者①、英語未学習者②、英語母語話者③である。
　　弛緩母音を含む刺激の 2 水準は、CV*l*、CV*l*C である。
　　緊張母音を含む刺激の 3 水準は CV*t*s、CV*t*、CV*t*C である。
　　有意のセルにおいて、− は $p>.05$、+ は $.05<p<.10$、* は $p<.05$、** は $p<.01$、*** は $p<.001$ を表す。

リサーチクエスチョン 1 をまとめると、英語母語話者は、英単語を音節で分節し、英語未学習者はそれをモーラで分節し、英語学習者は、英語母語話者と同様に音節で分節するといえる。

9.1.2　リサーチクエスチョン 2

リサーチクエスチョン 2 は「日本人英語学習者・日本人英語未学習者・英語母語話者において、分節に影響を与える音声情報は何か」である。

表 70 は実験 1 〜 4 の有意差検定の結果と効果サイズを音声環境別にまとめたものである。まず、実験 1 と 3 のオンライン実験の結果から考察する。実験 1 において、/tiːpən/ などのような長母音＋阻害音を含む刺激を与えた時、英語学習者・英語未学習者・英語母語話者の 3 群間では、反応時間について、英語接触度の主効果が有意であった。よって、英語母語話者が英語学習者と英語未学習者よりも反応時間が短いことが明らかにされた。英語母語話者の場合、/ti/ と /tiː/ の音素の対立がないため、CVts 刺激 /ti/、CVt 刺激 /tiː/、CVtC 刺激 /tiːp/ のどちらの刺激に対しても、ターゲット単語の語頭に /ti/ という音連続を聴取したらすぐに、刺激と同じ音連続が存在するとして反応すると考えられる。また、弛緩母音＋阻害音、二重母音＋阻害音、二重母音＋鼻音をそれぞれ含む刺激の場合、英語接触度の主効果に有意傾向が見られ、英語母語話者の反応が、他の 2 群に比べて早いといえる。それぞれ 3 群に対する英語接触度の効果サイズを見ると、刺激に長母音＋阻害音を含む場合が .134 で一番高いが、長母音＋鼻音を含む刺激の場合は .050 と一番低い。このように、.050 から .134 までの幅があるものの総じて効果サイズは高くないといえる。英語母語話者の場合は刺激を与えた場合の反応が早くなる傾向にあるが、英語学習者・英語未学習者には特に母音と子音の音声情報により反応が早くなるということは見られない。

次に、実験 3 の結果について見てみると、英語接触度の違いによる 3 群において、阻害音・鼻音・流音のどの子音に対しても主効果が有意であり、英語学習者が英語母語話者及び英語未学習者に比べ反応時間が短いといえる。また、効果サイズも弛緩母音と阻害音を含む刺激の場合は .323、弛緩母音＋鼻音の場合は、.255、弛緩母音＋流音の場合は .248 であり、それぞ

表70 実験1～4の音声環境別の有意差検定結果と効果サイズ

要因		実験1 有意	実験1 効果サイズ	実験2 有意	実験2 効果サイズ	実験3 有意	実験3 効果サイズ	実験4 有意	実験4 効果サイズ
弛緩母音+阻害音	参加者	+	.096	—		**	.323	—	
	刺激 CV*l*、CV/C	−	.001				.006		
	参加者×刺激	−	.044			* CV*l*・CV/C ①>② ①>③	.114		
弛緩母音+鼻音	参加者	−	.075	—		** ①>② ①>③	.255	—	
	刺激	−	.042			−	.024		
	参加者×刺激	−	.023			−	.037		
弛緩母音+流音	参加者	−	.064	—		** ①>② ①>③	.248	—	
	刺激	−	.001			−	.038		
	参加者×刺激	−	.000			−	.095		
二重母音+阻害音	参加者	+	.105	—					
	刺激	−	.020						
	参加者×刺激	−	.034						
二重母音+鼻音	参加者	+	.110	—					
	刺激	−	.005						
	参加者×刺激	−	.015						
二重母音+流音	参加者	−	.079						
	刺激	−	.033						
	参加者×刺激	−	.020						
長母音+阻害音	参加者	** ③>① ③>②	.134	—					
	刺激	−	.018						
	参加者×刺激	−	.059						
長母音+鼻音	参加者	−	.050						
	刺激	−	.001						
	参加者×分節	−	.019						
長母音+流音	参加者	−	.073						
	刺激	−	.022						
	参加者×刺激	−	.046						

注：参加者の3水準は、英語学習者①、英語未学習者②、英語母語話者③である。
　　弛緩母音を含む刺激の2水準は、CV*l*とCV/Cである。
　　有意のセルにおいて、−は$p>.05$、+は$.05<p<.10$、*は$p<.05$、**は$p<.01$を表す。

れの数値は高い。このことから、英語学習者は英語未学習者と母語話者より反応が早いといえる。これは、リサーチクエスチョン1の分析でも述べたが、英語学習者が英語未学習者に比べて音声を知覚し反応する能力が優れているという点は否定できないが、実験1にも参加しているため、反応実験に対する訓練効果が現れているとも推測される。

　次に、刺激条件について述べる。実験1では、有意差検定においても刺激条件の主効果について有意差が見られず、その効果サイズも.001、.042、.020と高くなく、各刺激間の反応時間の差に母音と子音の影響は大きくないといえる。また、実験3でも、子音の違いによる有意差が見られず、効果サイズも.006、.024、.038と低い。子音が阻害音の時のみ交互作用が有意であるが、CVlとCVlC両刺激に対して、英語学習者の反応が早いというもので、特に子音の影響は大きいとはいえない。

　実験2と実験4の分節実験でも、ターゲット単語を構成する母音と子音の違いにより、特に分節方法に違いは見られなかった。一方、実験2のCVCVC構造の音節分節の正解率は、英語学習者の全体平均は52.2%であったが、実験4のCVCCVC構造では、41.3%であった。"Illusuion vowel" (Dupoux et al., 1999)といわれるように、日本語母語話者はCCクラスターの間に存在しない母音を知覚するという傾向にあり、CV.C (V).CV.Cと分節するため正解率が低かったといえる。従って、日本語母語話者はCVのモーラ構造に強く制約を受けていることがわかる。Tajima and Erickson (2001)の音節の数を答えさせる実験では、ej、pej、splejのように頭子音が増えるごとに、またej、ejp、ejpsのように尾子音が増えるごとに音節数が増えたと報告されている。これは、子音クラスターの間に母音を挿入した結果である。従って、CVCCVCのような子音クラスターがある単語は、CVCVCの単語より、意識的な分節は困難であるといえる。

9.1.3　リサーチクエスチョン3

　リサーチクエスチョン3は、「日本人英語学習者において、英語学習開始年齢・発達年齢・経験年数(すなわちインプットの量)により、分節方法に違いがあるか」である。表71～73は、英語学習者の英語学習開始年齢、発

達年齢、経験年数に関する実験1〜4の有意差検定結果と効果サイズをまとめている。表74は、学習開始年齢と発達年齢をクロス集計した年齢要因に関する実験1〜4と英語テストの有意差検定結果と効果サイズを示している。

英語学習開始年齢

　発達年齢を11・12歳（平均11歳10ヶ月〜12歳0ヶ月）に統制し、英語学習開始年齢に関して、6・7歳まで、8・9歳まで、10・11歳までの3群に分け、実験1〜4の実験をまとめてみる（表71）。実験1では、開始年齢の3群間において、反応時間について開始年齢の主効果は有意ではなく、差は見られない。主効果の効果サイズもあまり高くない（弛緩母音：.076、二重母音：.106、長母音：.191）。実験3の反応実験でも、その3群間の反応時間について、開始年齢の主効果は有意ではなく、効果サイズも.021と低い。

　刺激条件に関しては、実験1の刺激に対する反応時間は、3群間では、主効果の有意差がなく、その効果サイズも低い（弛緩母音：.072、二重母音：.020、長母音：.047）。実験3では、開始年齢の主効果は有意ではないが、刺激条件の主効果は有意であり、その効果サイズも.298と比較的高い。よって、CV/C刺激を与えた方がCV/刺激を与えた場合より反応時間が短い。実験1のCVCVCの音節構造の英単語については、CV.CVCで分節されるか、CVC.VCで分節されるかについて、開始年齢は影響しない。しかし、実験3のCVCCVCの音節構造の英単語に関して、開始年齢に関わらず、英語学習者はCV/C刺激を与えられた方がCV/刺激を与えられた場合より反応が早く、CVC.CVCと分節していると推測される。

　実験2・4では、開始年齢の主効果に有意差が見られ、その効果サイズもそれぞれ.412、.692とかなり高い。6・7歳と8・9歳までに英語学習を開始した子どもは、10・11歳までに英語学習を開始した子どもより、CV.CVCまたはCVC.CVCというように音節で分節できるといえる。

　従って、オンラインの無意識な分節に関しては、学習開始年齢は影響しないが、意識的な分節であるオフラインの実験については、8・9歳までに英語学習を行うと、10・11歳までに英語学習を行う場合より、音節を単位と

表71 実験1〜4と英語テストの開始年齢別の有意差検定結果と効果サイズ

要因		実験1 有意	実験1 効果サイズ	実験2 有意	実験2 効果サイズ	実験3 有意	実験3 効果サイズ	実験4 有意	実験4 効果サイズ	英語テスト 有意	英語テスト 効果サイズ
弛緩母音	開始年齢 6・7歳まで① 8・9歳まで② 10・11歳まで③	−	.076	**[2] ①>③ ②>③	.412	−	.021	*** ①>③ ②>③	.692	* ①>③ ②>③	.214
	刺激 CV/、CV/C	−	.072			* CV/C>CV/	.298				
	参加者×刺激	−	.009			−	.104				
二重母音	開始年齢	−	.106								
	刺激	−	.020								
	参加者×刺激	−	.033								
長母音	開始年齢	−	.191								
	刺激	−	.047								
	参加者×刺激	−	.125								

注：開始年齢の3水準は、6・7歳まで①、8・9歳まで②、10・11歳まで③である。
　　弛緩母音を含む刺激2水準は、CV/とCV/Cである。
　　有意のセルにおいて、− は $p>.05$、+ は $.05<p<.10$、* は $p<.05$、** は $p<.01$、*** は $p<.001$ を表す。

発達年齢

　英語学習の開始が早いということは、一般的には経験年数も長いということである。従って、次に、英語学習の経験の長さを一定（平均1年0ヶ月〜1年2ヶ月）にし、実験時の年齢、すなわち発達年齢を7・8歳、9・10歳、11・12歳の3群に分けた分析結果をまとめる（表72）。

　実験1では、反応時間について、発達年齢の主効果が有意であり、11・12歳は7・8歳に比べ反応時間が短かった。また、その効果サイズも極めて高かった（弛緩母音：.440、二重母音：.360、長母音：.363）。このような反応実験では、記憶や認知また運動能力など、年齢が高いことが有利に作用するといえ、音声に対する反応が早いといえる。同じ反応実験である実験3で

も有意傾向があり、効果サイズも .369 と高かったことから、やはり発達年齢が上の学習者は反応が早いといえる。

しかし、刺激条件に関しては、実験1では、主効果は、二重母音が刺激に含まれる場合のみ有意傾向が見られたが、弛緩母音と長母音が刺激に含まれる場合は有意ではなく、効果サイズも低かった（弛緩母音：.005、二重母音：.139、長母音：.090）。また、実験3における刺激条件の主効果も有意ではなく、効果サイズも .141 とあまり高くなかった。

実験2においても、主効果は有意ではなく、その効果サイズも .039 と低かった。しかし、実験4のみ主効果が有意であり、その効果サイズも .367 と高い。経験年数が2年未満（平均1年0ヶ月〜1年2ヶ月）のような比較的学習経験が少ない場合、CVCCVC の音節構造のように CVC.CVC と明確に音節分節が可能な英単語の場合は、9・10歳の年齢が、7・8歳や11・12歳の年齢より有利であることが推測される。西尾（1998）が述べているよう

表72 実験1〜4と英語テストの発達年齢別の有意差検定結果と効果サイズ

要因		実験1 有意	実験1 効果サイズ	実験2 有意	実験2 効果サイズ	実験3 有意	実験3 効果サイズ	実験4 有意	実験4 効果サイズ	英語テスト 有意	英語テスト 効果サイズ
弛緩母音	発達年齢 7・8歳① 9・10歳② 11・12歳③	** ③>①	.440	−	.039	+	.369	* ②>① ②>③	.367	* ③>① ②>①	.338
弛緩母音	刺激	−	.005			−	.141				
弛緩母音	参加者×刺激	−	.027				.022				
二重母音	発達年齢	* ③>①	.360								
二重母音	刺激	+	.139								
二重母音	参加者×刺激	−	.106								
長母音	発達年齢	* ③>①	.363								
長母音	刺激	−	.090								
長母音	参加者×刺激	−	.182								

注：発達年齢の3水準は、7・8歳①、9・10歳②、11・12歳③である。
　　有意のセルにおいて、− は $p>.05$、+ は $.05<p<.10$、* は $p<.05$、** は $p<.01$ を表す。

に、9・10 歳が音声の知覚に関して敏感な年齢であることが示唆される。

オンラインの反応実験の場合は、音声を知覚して記憶を保持しながらコンピュータのスペースキーを押すという動作を同時に平行して行わなくてはならないため、11・12 歳の年長者が 7・8 歳の年少者より有利であることが示唆される。しかし、発達年齢の違いにより、刺激条件に対する反応時間に影響を与えてはいない。意識的な分節であるオフラインの実験で、CVCCVC という音節構造の英単語について、経験年数が 2 年未満（平均 1 年 0 ヶ月～1 年 2 ヶ月）の場合、9・10 歳の年齢が他の年齢に比べ音節を単位として分節する能力が高いといえる。

学習経験

次に、英語学習開始年齢を一定（平均 6 歳 8 ヶ月～9 ヶ月）にし、英語学習の経験年数を 2 年未満、2 年以上 4 年未満、4 年以上の 3 群に分け、分節方法に違いが見られるかについて、実験 1～4 の結果をまとめる（表 73）。

実験 1 の反応実験では、弛緩母音または二重母音を含む刺激の場合、学習経験の主効果は有意であり、効果サイズもかなり高い（弛緩母音：.467、二重母音：.454）。このことから 4 年以上の学習経験者が 2 年未満の学習者より反応が早かった。一方、長母音を含む刺激の場合も、主効果が有意であったが、交互作用が有意であったため、単純主効果を調べ、それが有意であったため多重比較を行った。その結果、CVts と CVt 刺激を与えた場合は、4 年以上の学習者が 2 年未満または 2 年以上 4 年未満の学習者より早く反応した。また CVtC の刺激を与えた場合、やはり 4 年以上の学習者が 2 年未満の学習者より反応が早かった。このことから、CVCCVC 構造の英単語の場合、刺激への反応時間については英語学習経験が関係し、4 年以上の英語学習経験者は 2 年未満の学習者より反応が早いといえる。一方、実験 3 の場合、経験年数によって反応には差がなく、また効果サイズも .087 と低かった。CVCCVC の英単語の場合は、反応時間について、経験年数はあまり影響しないといえる。

次に、刺激条件に関して述べる。刺激条件に対する反応時間は、実験 1 の主効果は有意ではなく、効果サイズも低かった（弛緩母音：.015、二重母

音：.004、長母音：.009)。実験1では、上記で示したように、刺激が長母音を含む場合は交互作用があったため、単純主効果を調べ、それが有意であったため多重比較を行ったが、その結果、2年未満の学習者は、CVts刺激の方がCVt刺激よりも早く反応している。例えば、/tiːpən/ のようなターゲット単語に長母音を含む場合、CVts刺激 /ti/ を与えられた方が、CVt刺激 /tiː/ を与えられた場合よりも反応時間が短いということである。2年未満

表73 実験1〜4と英語テストの経験年数別の有意差検定結果と効果サイズ

要因		実験1 有意	実験1 効果サイズ	実験2 有意	実験2 効果サイズ	実験3 有意	実験3 効果サイズ	実験4 有意	実験4 効果サイズ	英語テスト 有意	英語テスト 効果サイズ
弛緩母音	経験年数 2年未満① 2年以上4年未満② 4年以上③	* ③>①	.467	* ③>①	.384	—	.087	* ③>①	.374	*** ③>① ②>①	.600
	刺激 CVl、CVlC	—	.015			** CVlC >CVl	.330				
	経験年数×刺激	—	.005			—	.045				
二重母音	経験年数	* ③>①	.454								
	刺激	—	.004								
	参加者×刺激	—	.122								
長母音	経験年数 刺激 参加者×刺激 CVts、CVt、CVtC	** — * CVts・CVt ③>① ③>② CVtC ③>① 2年未満 CVts>CVt CVtC>CVt	.568 .009 .318								

注：経験年数の3水準は、2年未満①、2年以上4年未満②、4年以上③である。
　　弛緩母音を含む刺激の2水準は、CVlとCVlCである。
　　緊張母音を含む刺激の3水準はCVts、CVt、CVtCである。
　　有意のセルについて、− は $p>.05$、+ は $.05<p<.10$、* は $p<.05$、** は $p<.01$、*** は $p<.001$
　　でを表す。

の英語学習者は /ti/ と /ti:/ の長さの違いに着目しやすいといえる。このことから、CV.CVC とモーラで分節して知覚する可能性も見られる。一方、実験 3 においては、刺激条件の主効果は有意な差があり、効果サイズも .330 と高かった。CV/C の刺激を与えた方が CV/ 刺激を与えた場合より早く反応することから、経験年数に関わらず、CVC.CVC で分節すると推測される。

　実験 2 と 4 の分節実験では、どちらも主効果は有意であり、その効果サイズも高かった (.384、.374)。4 年以上の学習者が 2 年未満の学習者に比べて、CV.CVC、CVC.CVC と音節で分節できるといえる。

　オンライン実験では、CVCVC 構造のような英単語においては、4 年以上の学習者が 2 年未満の学習者より反応が早かった。2 年未満の学習者は、長母音を含む刺激を与えられた場合、モーラで分節することが推測される。オフラインの実験では、4 年以上の学習経験者は 2 年未満の学習経験者に比べて、音節で分節できるといえる。

開始年齢・発達年齢・経験年数の関係

　開始年齢・発達年齢・経験年数を個別に分析したが、これらの 3 要因は実験参加者内であるため、開始年齢と発達年齢をクロス集計し年齢要因としてまとめ、それを 6 群（開始 6・7 ─ 発達 7・8、開始 6・7 ─ 発達 9・10、開始 6・7 ─ 発達 11・12、開始 8・9 ─ 発達 9・10、開始 8・9 ─ 発達 11・12、開始 10・11 ─ 発達 11・12）に分け、それらと英語母語話者の音節分節の違いを検証する（表 74）。

　まず、実験 1 と実験 3 について見ていく。実験 1 の反応実験においては、年齢要因は有意であり、効果サイズも高い（弛緩母音：.354、二重母音：.327、長母音：.388）。母語話者と同様に刺激に対する反応が早いのは、6・7 歳で英語学習を開始して 4 年以上学習経験があり、実験時に 11・12 歳に達している学習者である。特に発達年齢が反応の早さに影響しているといえ、11・12 歳の年長者が反応が早いといえる。実験 3 の年齢群は有意差がなく、効果サイズは .228 である。

　CV か CVC の刺激に対する反応は、実験 1 では有意ではなく、効果サイ

ズも低い(弛緩母音：.019、二重母音：.018、長母音：.021)。実験3に関しては、特に分節においては、開始年齢や経験年数の要因に影響を受けず、CV/C刺激の方がCV/刺激よりも早く反応することから、英語を学習することにより、CVCCVCのターゲット単語に対してはCVCをひとまとまりで知覚していると推測される。

　実験2、4の分節実験に関しては、年齢要因の主効果に有意差が見られ、効果サイズもかなり高い(.361、.524)。各群を見ていくと、開始6・7―発達9・10、開始6・7―発達11・12、開始8・9―発達9・10、開始8・9―発達11・12には英語母語話者と統計的に差が見られなかった。その中でも、6・7から英語学習を開始して4年以上英語を学習し、現在11・12歳に達している学習者の音節分節能力が最も優れているといえる。次に優れているのは、8・9歳から英語を学習し2年間英語学習を継続して現在11・12歳の学習者の音節分節能力である。

　リサーチクエスチョン3をまとめると、英語学習開始年齢・発達年齢・経験年数をそれぞれ分析した結果、6・7歳及び8・9歳までに英語学習を開始して4年以上経過すれば、音節分節を習得するといえる。さらに、2年以内の学習経験であれば、発達年齢が9・10歳の学習者の音節分節能力が最も優れているといえる。また、年齢要因を総合的に見ると、6・7から英語学習を開始して4年以上英語を学習し、現在11・12歳に達している学習者と、8・9歳から英語を学習して2年以上4年未満の英語学習を継続して現在11・12歳の学習者が音節分節能力を獲得しているといえる。従って、6・7歳、8・9歳より以前に英語学習を開始して2年以上経過すれば、母語話者と同様に音節分節できる可能性があるといえる。

　この結果は、Cenoz(2003)の英語を外国語として教室環境で6年間学んだ学習者のうち、8歳前後に英語を学習し始めた学習者が他の年齢の学習者よりも有意に英語を習得していたという報告を支持する結果となった。さらに、本実験では、それよりも早い6・7歳までに英語学習を開始した学習者も音節分節が優位になることが明らかされた。また、オンラインの刺激に対する反応実験では、認知・記憶の面などで、7・8歳の学習者よりも11・12歳の学習者の方が反応が早いという有利さがある。さらに、年長の子どもの

方が年少の子どもに比べて音声知覚に優れている可能性もある。しかし、発達年齢の有意さは、2年未満の学習者で CVCCVC 構造の分節実験に現れているのみであるので、6・7歳の英語開始者が2年学習を経過した段階では、8・9歳の学習者とほぼ同様の分節実験結果（実験 2、4）であったことから、8・9歳の認知的な成熟が 6・7歳よりも有利に作用したと考えられる。実験2の分節実験の平均得点において、表 45、図 32 のとおり、6・7歳に英語学習を開始した学習者は 4 年を経過した後も、8・9歳に学習を開始した学習者が 2 年学習を経過した段階よりも平均得点が高く、早く学習していることが有利に作用している。一方、実験 4 では、表 68・図 42 が示すとおり、8・9歳に英語学習を開始した学習者が 2 年経過した段階で、6・7歳から開始した学習者の平均得点を逆転するという結果であった。このことから、6・7歳から学習を開始した有利さよりも、8・9歳から学習を開始する方がよいともいえなくも無い。しかし、表 45、図 32 及び表 68、図 42 で示したデータは、学習時間の経過ごとに採取するような縦断的に採取したデータではないので、解釈には注意が必要である。8・9歳までに英語学習を開始した学習者は、実験時には 1 年〜1 年 2 ヶ月余り学習を経過していることになる。その段階で CVCVC 分節では 11.60 点であり、CVCCVC 分節では 6.20 点である。他の学習者は、6・7歳までに学習を開始した場合は、CVCVC 分節では 5.00 点であり、CVCCVC 分節では 0.14 点、及び 10・11 歳までに英語学習を開始した場合、CVCVC 分節では 8.00 点であり、CVC-CVC 分節では 0.13 点である。このことから、8・9歳までに英語学習を開始した場合、急激に音節分節能力を身に付けているといえ、音節分節に敏感な時期であるといえる。

　6・7歳から英語学習を開始した場合、学習期間が 2 年未満であれば、音節分節能力が習得されていないが、2 年から 4 年まで学習を継続することにより、徐々に音節分節を身に付け、4 年以上英語学習を続けることにより、英語母語話者にほぼ匹敵するほどの分節能力を身に付けるといえる。García Lecumberri and Gallardo (2003) は、学校での英語学習において、11 歳から英語学習を開始した年長者の方が、4 歳から英語学習を開始した年少者より発音テストや母音と子音の弁別テストなどで成績が高く言語習得に有利であ

り、その有利さは6、7年程度の英語学習をしたのでは追いつけず、かなり長い間英語に触れる必要があると述べている。外国語としての英語習得のように英語の接触が限られた環境である場合は、年長者の方が、認知的にも記憶的にも年少者より優れていることが言語習得に有利に働くということである。本実験においては、6・7歳に学習を開始した場合より、8・9歳から学習を開始した場合の方が音節分節に有利なことを示しているが、その差は2年間の学習で埋められるということが推測される。しかし、本実験では、6・7歳から英語学習を開始した場合と8・9歳から英語学習を開始した場合とでは、音節分節実験において、統計的には有意差が見られなかったため、6・7歳と8・9歳との英語学習開始年齢の違いについては明確には述べられない。ここでは、8・9歳までに英語学習を開始することが音節分節に有利であるといえるという結論が妥当であろう。

　Major（2001）は、外国語を学習し始めた初期の段階ではL1（第1言語）の影響が強く、L2（第2言語）やU（L1にもL2にも含まれないUniversal Grammarの1部）はその働きを妨げられると述べている。初期段階では、L1の訛りが非常に強いが、その後、L2やUが使われ始め、L1の使用が徐々に減少し、Uについては、徐々に使用の割合が高くなっていくが、L2が支配的になるとともにUの使用の割合は低下していくという経過をたどるといわれる。本実験結果からも、最初はL1の音韻体系（モーラ知覚）から、U（モーラ・音節ミックス型の知覚）、L2の音韻体系（音節知覚）と、学習するにつれて習得していくと推測される。日本人は、大人の場合は日本語でも英語でもモーラで分節するといわれており（Cutler & Otake, 1994）、子どもでもかな文字学習の影響でモーラになり（Inagaki et al., 2000）、バイリンガルの子どもでさえ、完全に音節で分節できるようになるには、英語圏に12年以上の滞在期間がいるという先行研究がある（大竹・山本, 2001）。しかし、本実験では、日本国内で外国語として英語を学習している子どもは、8・9歳までに英語を学習して、2年以上の学習量があれば音節知覚ができることを示している。インプット量でいえば、2年目までの学習単語が671単語で、4年目までが1,333単語で、単語出現頻度は2年目までは10,757単語（延べ語数）で、4年目までは23,861単語であり（表23参照）、その程度の

表 74　実験 1 〜 4 と英語テストの年齢要因別の有意差検定結果と効果サイズ

要因		実験1 有意	実験1 効果サイズ	実験2 有意	実験2 効果サイズ	実験3 有意	実験3 効果サイズ	実験4 有意	実験4 効果サイズ	英語テスト 有意	英語テスト 効果サイズ
弛緩母音	年齢要因	**	.354	**	.361	−	.228	**	.524	**	.382
	開始6・7 ─発達7・8 ①	③>①		③>①				③>①		③>①	
	開始6・7 ─発達9・10 ②	⑤>①		⑤>①				⑤>①		⑤>①	
	開始6・7 ─発達11・12 ③			⑤>⑥						⑥>①	
	開始8・9 ─発達9・10 ④									②>①	
	開始8・9 ─発達11・12 ⑤	⑦=③		⑦=③		②>⑦		⑦=③			
	開始10・11 ─発達11・12 ⑥	⑦=⑤		⑦=⑤		③>⑦		⑦=⑤			
		⑦=⑥		⑦=②		⑤>⑦		⑦=②			
	英語母語話者⑦			⑦=④		⑥>⑦		⑦=④			
	刺激	−	.019			** CV/C >CV/	.276				
	年齢要因×刺激	−	.021			−	.101				
二重母音	年齢要因	**	.327								
		③>①									
		⑤>①									
		⑥>①									
		⑦=③									
		⑦=⑤									
		⑦=⑥									
	刺激	−	.018								
	年齢要因×刺激	−	.125								
長母音	年齢要因	**	.388								
		③>①									
		⑤>①									
		⑦=③									
		⑦=④									
	刺激	−	.021								
	年齢要因×刺激	−	.192								

注：年齢要因の 7 水準は、①開始 6・7 ─発達 7・8、②開始 6・7 ─発達 9・10、③開始 6・7 ─発達 11・12、④開始 8・9 ─発達 9・10、⑤開始 8・9 ─発達 11・12、⑥開始 10・11 ─発達 11・12、⑦英語母語話者である。
弛緩母音を含む刺激の 2 水準は、CV/ と CV/C である。
有意のセルにおいて、− は p>.05、+ は .05<p<.10、* は p<.05、** は p<.01、*** は p<.001 を表す。

学習量が必要であるといえる。

音節分節とリスニング力における年齢要因と経験年数の影響

第6章で行った英語学習者の英語のリスニングテストの結果について、開始年齢・発達年齢・経験年齢の要因の影響について述べる。表71から表74によると、リスニングテストの結果の平均得点を従属変数にし、開始年齢・発達年齢・経験年数それぞれの要因を独立変数にし一元配置分散分析の有意差検定を行った。その結果、開始年齢に関しては、6・7歳、及び8・9歳から英語を学習した場合、10・11歳から英語を学習した場合よりも有意であり、発達年齢に関して、9・10歳、11・12歳が7・8歳よりも有意であった。また、経験年数も2年以上学習することにより2年未満の学習者より有意であった。それぞれの効果サイズでは、開始年齢に関しては .214、発達年齢は .338、経験年数では .600であり、3要因の中では経験年数がリスニング力により影響するといえる。また、年齢要因を総合的に判断した結果、開始6・7―発達11・12、開始8・9―発達11・12がリスニング力が高かった。開始6・7―発達7・8歳群は他のどの群よりも劣っているという結果であった。リスニング力の年齢要因と経験年数の影響は、音節分節の各要因の影響と共通している。

以上の分析から、英語学習を6・7歳から開始し、4年以上経過した場合、音節分節及び英語のリスニング力が優れているが、開始年齢が8・9歳であっても2年以上学習を経過すれば、6・7歳から学習を開始した群に匹敵する分節能力またはリスニング力を身に付けると推測される。

9.2 実験結果からの音節分節知覚モデル

実験1、3のオンライン実験と実験2、4のオフライン実験を行った結果、導き出される日本人英語学習者の音節分節知覚モデルは次のようになる（図43）。

CVCVC構造の tepen、taypen、teepen、また、CVCCVC構造の sepden がインプットされると、音声情報処理の段階で [tepən]、[teɪpən]、[tiːpən]、

262

```
                                                            (オフライン実験)
    /te.pən/                                        /te.p.ən, te.p.pə.n/
    /teɪ.pən/    ⇨    /te.ɪ.pən, teɪ.pə.n/    ⇨    /te.ɪ.pə.n/
    /tiː.pən/         /ti.i.pən, tiː.pə.n/           /ti.i.pə.n/
    /sep.dən/         /sep.də.n, se.p.den/           /se.pu.də.n/
```

アウトプット
↑
レキシコン
↑↓

（オンライン実験）

```
    /te.pən/                                        /te.p.ən, te.p.pə.n/
    /teɪ.pən/    ⇨    /te.ɪ.pən, teɪ.pə.n/    ⇨    /te.ɪ.pə.n/
    /tiː.pən/         /ti.i.pən, tiː.pə.n/           /ti.i.pə.n/
    /sep.dən/         /sep.də.n, se.pu.den/          /se.pu.də.n/
```

音声情報要因		プレレキシコン		個人要因
母音・子音の種類の影響が少ない 音節構造の影響が大きい *CVCVC より CVCCVC は困難	影響 ⇨	↑ [tepən] [teɪpən] [tiːpən] [sepdən] ↑ 音声情報処理 ↑	⇦ 影響	開始年齢（8・9歳まで） 発達年齢（9・10歳） 経験年数（4年以上） ※6・7歳から学習を開始した場合、4年以上、また8・9歳から学習を開始した場合、2年以上継続して学習する必要あり

インプット

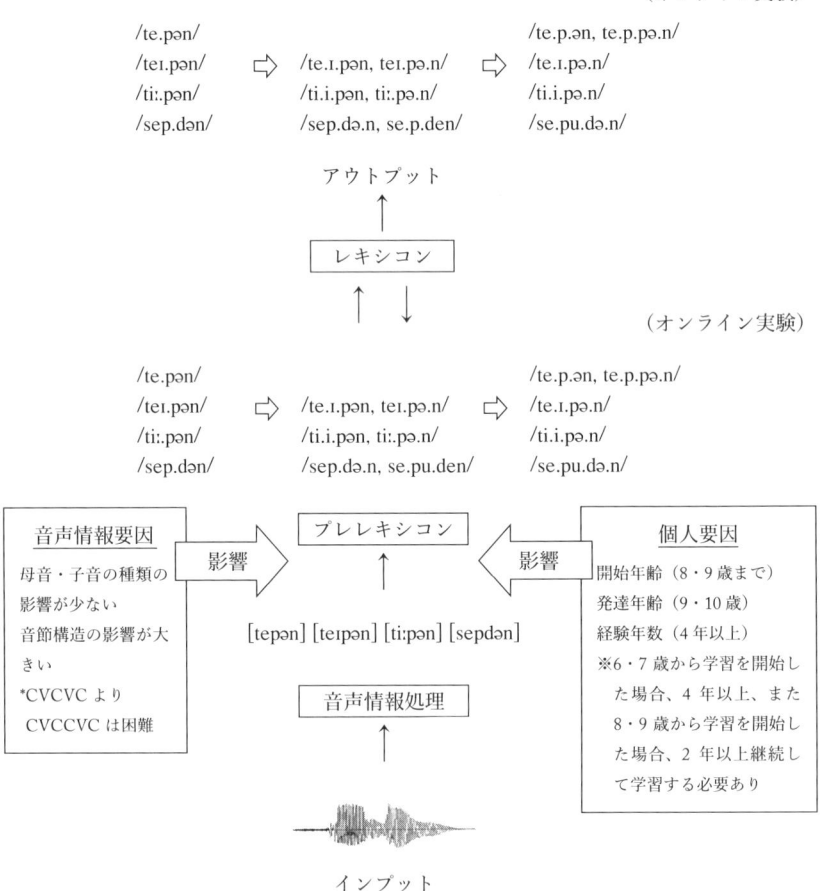

図 43　日本人英語学習者の音節分節知覚モデル

[sepdən] となり、プレレキシコンに伝わる。日本語的にモーラを単位として分節すれば、それぞれ /te.pə.n, te.p.pə.n/、/te.ɪ.pə.n/、/ti.i.pə.n/、/se.pu.də.n/ となる。モーラ・音節ミックス型では、/te.ɪ.pən, teɪ.pə.n/、/ti.i.pən, tiː.pə.n/、/sep.də.n, se.pu.dən/ になり、音節で分節すれば、/te.pən/、/teɪ.pən/、/tiː.pən/、/sep.dən/ になる。

　実験1と実験3のオンライン実験結果から、CVCVC の分節では CV か

CVC かの反応時間に差が見られなかったが、CVCCVC の場合は、英語母語話者と同じように、英語学習者は、開始年齢・発達年齢・経験年数に関わらず、CVC の方が CV よりも早く反応できた。従って、CVCVC のように母音の間の子音が両音節的であると仮定される音声では、音響的に CV.CVC か CVC.VC という分節は英語母語話者であっても困難であるといえる。しかし、CVCCVC のように CVC.CVC と分節される音声に対しては、英語学習者は、CVC.CVC と分節できる能力がある。

しかし、オフライン実験2・4のように意識的な分節に関しては、6・7歳という早い時期に英語を学習した子どもは、4年間以上英語を学習する必要があり、その期間に音節構造の知識を得ていると思われる。また、8・9歳に英語学習を開始した子どもも2年以内に急激に音節構造の知識を得ることができると考えられる。発達年齢が9・10歳の子どもは7・8歳の子どもに比べて、認知的にも記憶的にも優れているため、分節に関してそれらのアドバンテージを利用できるが、やはり英語の音節構造を習得するには2年以上の学習経験(すなわちインプット量)が必要であるといえる。

意識的な分節においては音節構造の影響が大きく、CC クラスターの入ったものがより音節分節を困難にさせているといえる。

以上、日本人英語学習者の無意識的なレベルでの知覚処理と意識的なレベル(産出に結び付くレベル)をつなぐモデルを提示した。無意識レベルでは、英語学習者は、英語母語話者に匹敵する分節が可能である一方で、意識レベルでの分節には、音節構造や、学習開始年齢・発達年齢・経験年数(インプット量)の影響を受けることが明らかにされたといえる。音声情報要因のうち、母音・子音の種類により音節分節に及ぼす影響は大きくはない。しかし、音節構造の影響を受け、CVCCVC 構造の方が、CVCVC 構造より分節が困難である。年齢要因をまとめると次のようになる。6・7歳までに英語学習を開始した場合は4年以上の学習期間が必要であり、8・9歳までに英語学習を開始した場合は、少なくとも2年以上継続して学習すれば、音節分節できるようになると推測される。

9.3 音節はチャンクかテンプレートか

　音節構造は、どのような形でプレレキシコンに格納されているのかについて考察してみる。sit、bed などのように、ある特定の音結合の組み合わせ（チャンク）であるのか、それとも CVC というような抽象的なテンプレート（雛型）なのか、あるいはその両方が並列する形でなのであろうか。音節が音結合の組み合わせであるチャンクであれば、sit、bed は異なった音節であると考えられ、テンプレートであれば、sit、bed もどちらも CVC の構造を持ち同じであるといえる。

　乳幼児が音結合の強い組み合わせを好んで選び、分節に役立てるといわれ（Johnson & Jusczyk, 2001; Mattys et al., 1999）、あるいは、言い間違いなど音節がそのまま言い換えられる（Cutler & Young, 1994）場合があることから、音節内はある特定の音の繋がったチャンクであると考えられる。

　一方、音節がテンプレートとして格納されていると考える研究もある。Meijer (1996) は、オランダ語母語話者の大学生に対して、外国語である英語を視覚的に提示し、オランダ語の訳を大きな声で言わせ、同時にプライムが音声提示されるという実験を行った。その結果、ha.ver — vi.rus (CVCVC) のようにターゲットとプライムの音節構造が同じ組み合わせの方が、ha-ver — her.berg (CVCVC — CVCCVC) のように音節構造が異なっている組み合わせより、反応時間が短かった。その結果、Meijer は、単語の音節構造がテンプレートのように蓄積されており、音節構造は音素内容とは別に貯蔵されており、音節は抽象的なテンプレートであり、チャンクではないと結論付けている。Meijer は、さらに興味深いことに、音節効果（syllabic effect —プライムの音とターゲットが同じであれば反応が早い）は、有意味語でも無意味語でも同様の結果になったと報告している。本書の実験ではレキシコンからの影響を避けるため、無意味語を使用したが、有意味語においても、本実験で使用した CVCVC・CVCCVC の音節構造についての分節は同様な結果を期待できるといえる。

　本実験だけの結果から推測すると、特定の母音と子音というように音素のつながりにおいて、特に分節方法に違いは見られなかった。また、CVCVC

構造であるか CVCCVC 構造であるかによって、音節構造により、意識的な分節に困難さを生じることを考えれば、プレレキシコンには、テンプレートすなわち CVC などの構造が格納されていると考えられる。しかし、先行研究（Johnson & Jusczyk, 2001; Mattys et al., 1999; Cutler & Young, 1994）などからも、音結合の知識は分節に利用されていることを考えれば、プレレキシコンの中にチャンクとテンプレートのどちらが入っているかという二者択一的なものではなく並列してお互いに影響しあって分節していると考えるのが妥当であるといえる。

9.4　音節学習の必要性

　中学・高校の文法あるいは訳読中心の授業では、音節の概念を教えることは十分ではなく、また、音節知覚を向上させるための訓練も十分行われているとはいえない。Tajima et al.(1999)、Erickson et al.(2000)、エリクソン・田嶋・長尾（2000）の実験によると、実験参加者である大学生は、プレテストで問題項目のほぼ半数（48％）を音節で捉えることができなかったが、音節についての学習後、ポストテストで問題項目の 80％を音節で捉えることができたと報告している。Tajima, Erickson, and Akahane-Yamada(2001)でも同じように 48％から 81％の向上を報告した。Tajima and Erickson(2001)の音節の数を数えさせる訓練では、訓練語（訓練に使用した単語）は目覚しく向上し（46％→86％）、非訓練語（訓練に使用しなかった単語）でさえ向上した（50％→78％）。非訓練語であっても、ある特定の音を訓練すれば効果があることが明らかにされた。Ishikawa(2005)は、音節を数えさせる訓練をすることによって音節の認識が高まり、英語歌詞の音節を理解し歌うことができるようになり、認識・産出はともに向上したと述べている。

　大人の音節訓練の結果を踏まえ、子どもの英語学習者に対しても、母音と子音が 1 つの単位であるという音節という概念を導入し、単音節のまとまりが多音節語になることを教えれば、学習者のメンタルレキシコンに知覚の単位として音節が蓄積されることになると考えられる。それにより、語彙検索の速度が速まり、効率性が向上するといえる。さらには、ストレスは音節

に付随するため、ストレスの習得にもつながり、結果的には英語的リズムの習得につながると推測される。従って、語彙学習の際、音節とは何かを教え、また、どこが切れるかという訓練を取り入れるべきであると考える。

　CVCVC 構造では、音結合制約などで CVC.VC と分節される場合が多いが、本研究のオフライン実験の結果では CV.CVC と分節していた。このような場合、どのように学習者に教えるのが適切であるといえるだろうか。辞書的な分節では、弛緩母音が第 1 音節に含まれる場合は次の子音を引き付け CVC.VC であるので、スペリングと辞書的な分節の関係では、CVC.VC と教えるのが妥当であると考える。オフラインの実験では、聞いた音をいわば産出するということを行っているわけである。英語母語話者は CV.CVC と分節するのが自然であるとすれば、第 1 音節に弛緩母音が含まれる場合は、日本語母語話者が仮にモーラで分節していたとしても、第 1 音節は英語母語話者と同じように CV.CV.C と分節すると考えられ、さほど困難ではないといえる。例えば、seven であれば、日本語母語話者は /se.və.n/ と分節するため、第 1 音節には困難さを伴わないが、第 2 音節の /n/ を分節し撥音として知覚すると推測される。同じ長さと強さで /se/、/vən/ と発音すると日本語的なモーラリズムになってしまうので、/se.vən/ の /se/ は少し長く、そして強く発音するように指導する必要がある。CVCCVC では CVC.CVC と分節するように、特に CC の間に母音を挿入させないことが大切である。このように、英語学習の際に、音節の概念を意識的に取り入れることで、日本語母語話者の英語についての知覚単位が音節になり、また産出の単位も音節になると考えられる。

　本書の結果として、8・9 歳までに英語を学習して、4 年以上経過すると、すなわちインプット量でいえば、4 年目までの学習単語が 1,333 単語であり、単語出現頻度が 23,861 であるので、それ以上の量があれば母語話者に匹敵する音節を身に付けることができるということがわかったが、今後の小学校での英語学習導入にあたり、1 つの学習目安を提供できたのではないかと考える。従って、週 1 回 60 分の授業であっても、1 年間に学習する単語として、年間 330 くらいの新出単語を含む約 6,000 単語出現させること、すなわち、同じ単語が 18 回以上 (6,000÷330 = 18.18) 音声としてインプットす

ることが必要であるということである。

　文部科学省の公立小学校での英語活動の実施状況調査 (05 年度)(朝日新聞, 2006 年 3 月 17 日, 朝刊) によると、何らかの形で英語を教えている学校が、全国 22,232 校のうち 93.6% を占めていた。「英語活動」は国際理解教育という位置付けで「総合的な学習の時間」の中で実施されており、約 8 割がこの時間を使用していた。週に 2 コマ以上にあたる年間 71 時間以上実施している小学校も 42 校あったが、年間の平均学習実施時間は 6 年生の場合で 13.7 時間であり、月に 1 〜 2 コマという状況である。2011 年には、小学校での英語の授業が必修とされるが本実験の結果が学習カリキュラムを作成する際の音節構造を習得できる英語学習の量の目安になることを期待する。

9.5　今後の課題

　実験参加者についての問題点としては、日本人英語学習者に対して、同じような実験に 2 度参加させることになり、なんらかの訓練効果を考慮せざるを得なくなったことである。英語学習者のインプット量を測定するという必要性から、同一の英語学習者に対し、実験 1 〜 4 を行った。本実験にて、8・9 歳までに英語学習を開始し、4 年以上の学習経験 (インプット量) があれば音節分節能力が習得されるという結果を得たが、さらにそれらを一般化するには、より多くのデータを取り分析を行う必要がある。また、これらの実験のデータは、実験協力者を長い期間調査して縦断的に集めたデータではないので、習得の時間的な過程を十分明らかにしているとはいえない。今後、本実験で行ったような横断的な研究とあわせて、縦断的な研究を行う必要がある。

　また、実験結果において、有意差検定において有意差が見られない場合は有意差なしとして実数値の際立った違いのみを記述した。しかし、今回の研究の中で有意差が見られなかったのは事実であるとしても、サンプルサイズが小さかったことの影響という可能性も否定できない。言い換えれば、サンプルサイズが違えば、あるいは実験自体が変われば、有意性の検定結果にも違いが生じる可能性は否定できない。従って、今回の研究の結果をさらに発

展・探求していく過程では、有意差がある場合はもちろんであるが、ない場合においても、本質的なデータの意味を考えていく必要がある。

　次に、仮説設定での問題点としては、本実験では、個人要因として・英語学習開始年齢・発達年齢・経験年数を取り上げたが、この3要因以外もさまざまな要因が想定されることである。本実験においても、8・9歳以前に英語学習を開始して2年以上継続して学習している21名のうち、6名（約30%）は英語音をモーラで捉えていた。この違いは、本実験で検証した要因以外の要因が関わっていると考えられる。今後は、音節で捉えることができる学習者と音節で捉えることができない学習者の要因をさらに突き詰めていく必要があると考える。

　また、実験方法の問題点としては、CVCVC構造を扱った実験1のオンラインの反応実験では、CVとCVC刺激に対する反応時間に差が現れず、十分に仮説を立証できなかったことが挙げられる。その原因は、7.5で述べたように、母音間の子音が両音節であることと調音結合の影響によると思われる。今後、CVCVCの音節構造に関して、より適切なオンラインの実験を考案したい。

　また、実験材料の問題点として、母音や子音の長さを統制しなかったことがある。自然発話の音声では、通常、音節内の子音・母音の長さは不ぞろいであり、それらの音声内の母音または子音の長さが分節に影響を与えると考えられる。本研究では、子音または母音などの長さを調整してはいないが、今後は、音節内の母音・子音の長さを一定にするなどさらに厳密な実験手法をとり、追試を行う必要がある。

　本書では、日本人英語学習者として、小学校から学習を開始したグループが主な対象となっている。しかし、全国的にはまだまだ中学校段階で英語学習を本格的に開始する層が多数派を占めている。従って、そのような現状に鑑み、今後は、中学段階から学習を本格化させる層に研究の対象を拡張することも必要である。

　また、知覚だけでなく、産出についても実験をする必要がある。Levelt and Wheeldon (1994) によると、発話する時に、音節を単位としたmental syllabaryにアクセスし、産出においても音節が重要な役割を担うといわれ

る。さらには、単語だけでなく、句レベルの知覚・産出やイントネーションの知覚・産出のメカニズムの研究に繋げていきたい。また、本実験で得た知見を基に、子どもを対象とした音節学習教材の開発を試みる予定である。

注
1 本実験では効果サイズの数値が .000 から .692 まで幅があり、それらの数値を相対的に判断し、効果サイズが高い、低いという表現を使うことにする。
2 実験 2 においては、分節は母音に関わらず CV.CVC であるため、弛緩母音分節のセルに記入する。

参考文献

阿部純一, 桃内佳雄, 金子康朗, 李光五. (1994).『人間の言語情報処理―言語理解の認知科学―』東京：サイエンス社.

Anderson-Hsieh, J., & Koehler, K. (1988). The effect of foreign accent and speaking rate on native speaker comprehension. *Language Learning*, 38, (4), 561–613.

Anderson, J., & Jones, C. (1974). Three theses concerning phonological representations. *Journal of Linguistics*, 10, 1–26.

Arai, T., & Greenberg, S. (1997). The temporal properties of spoken Japanese are similar to those of English. *Proceedings of the fifth European Conference on Speech Communication Technology (Eurospeech-1997)*, 1011–1014.

荒木一雄. (編) (1999).『英語学用語辞典』東京：三省堂.

朝日新聞. (2006, 3, 17).「小学校93％で英語活動　05年度8割「総合学習」で」『朝日新聞朝刊』

Asher, J. J., & Garcia, R. (1969). The optimal age to learn a foreign language. *Modern Language Journal*, 53, (5), 334–341.

Aslin, R. N., Saffran, J. R., & Newport, E. L. (1998). Computation of conditional probability statistics by 8-month-old infants. *Psychological Science*, 9, (4), 321–324.

Baddeley, A. (1986). *Working Memory*. Oxford, NY: Clarendon Press.

Beckman, M. (1982). Segment duration and the 'Mora' in Japanese. *Phonetica*, 39, 113–135.

別宮貞徳. (1977).『日本語のリズム―四拍子文化論』東京：講談社.

Brodmann, K. (1909). Brodmann's Localisation in the Cerebral Cortex. [Garey, L. J. (Trans.) (2005). New York: Springer.]

Bruck, M., Treiman, R., & Caravolas, M. (1995). Role of the syllable in the processing of spoken English: Evidence from a nonword comparison task. *Journal of Experimental Psychology: Human Perception and Performance*, 21, (3), 469–479.

Case, R., Kurland, M., & Goldberg, J. (1982). Operational efficiency and the growth of short-term memory span. *Journal of Experimental Child Psychology*, 33, (3), 386–404.

Catford, J. C. (1977). *Fundamental problems in phonetics*. Edinburgh: Edinburgh University Press.

Cenoz, J. (2003). The influence of age on the acquisition of English: General proficiency, attitudes and code mixing. In M. P. García Mayo, & M. L. García Lecumberri (Eds.), *Age and the acquisition of English as a foreign language: Theoretical Issues and Field Work*. (pp. 77

–93). Clevedon: Multilingual Matters Ltd.

Cole, P., Beauvillain, C., & Segui, J. (1989). On the representation and processing of prefixed and suffixed derived words: A differential frequency effect. *Journal of Memory and Language*, 28, (1), 1–13.

Coleman, J. (2002). Phonetic representations in the mental lexicon. In J. Durand, & B. Laks (Eds.), *Phonetics, Phonology, and Cognition*. (pp. 96–130). New York: Oxfrod University Press.

Cutler, A., & Butterfield, S. (1992). Rhythmic cues to speech segmentation: evidence form juncture misperception. *Journal of Memory and Language*, 31, 218–236.

Cutler, A., & Mehler, J. (1993). The periodicity bias. *Journal of Phonetics*, 21, 103–108.

Cutler, A., Mehler, J., Norris, D., & Segui, J. (1986). The syllable's differing role in the Segmentation of French and English. *Journal of Memory and Language*, 25, 385–400.

Cutler, A., Mehler, J., Norris, D., & Segui, J. (1992). The monolingual nature of speech segmentation by billinguals. *Cognitive Psychology*, 24, 381–410.

Cutler, A., & Norris, D. (1988). The role of strong syllables in segmentaiton for lexical access. *Journal of Experimental Psychology: Human Perception and Performance*, 14, (1), 113–121.

Cutler, A., & Otake, T. (1994). Mora or phoneme? Further evidence for language-specific listening. *Journal of Memory and Language*, 33, 824–844.

Cutler, A., & Otake, T. (1997). Contrastive studeies of spoken-language perception. 『音声研究』 1, (3), 4–13.

Cutler, A., & Young, D. (1994). Metrical segmentation and word blends. *Third International Conference on Spoken Language Processing* (*ICSLP* 94), 1407–1410.

Cutting, J. E., & Day, R. S. (1975). The perception of stop-liquid clusters in phonological fusion. *Journal of Phonetics*, 3, 99–113.

D'Agostino, R. B., & Tietjen, G. L. (1973). Approaches to the null distribution of vb1. *Biometrika*, 60, (1), 169–173.

Derwing, B. L. (1992). A pause-break task for eliciting syllable boundary judgements from literate and illiterate speakers: Preliminary results for five diverse langauges. *Language and Speech*, 35, 219–235.

Dupoux, E., Kakehi, K., Hirose, Y., Pallier, C., & Mehler, J. (1999). Epenthetic vowels in Japanese: a perceptual illusion? *Journal of Experimental Psychology: Learning, Memory, and Cognition*, 25, 1568–1578.

Dupoux, E., Pallier, C., Kakehi, K., & Mehler, J. (2001). New evidence for prelexical phonological processing in word recognition. *Language and Cognitive Processes*, 16, (5/6), 491–505.

榎本曉. (2002).「日本人英語学習者によるアメリカ英語母音の知覚について」*Annual Review of English Language Education in Japan*, 13, 31–40.

Erickson, D., Akahane-Yamada, R., Tajima, K., & Matsumoto, K. F. (1999). Syllable counting and mora units in speech perception. *Proceedings of the 14th International Congress of Phonetic Sciences, San Francisco*, 1479–1482.

Erickson, D., Tajima, K., Akahane-Yamada, R., & Yamada, T. (2000). *Proceedings of FLEATIV*. Kobe.

エリクソン, D., 田嶋圭一, 長尾恭子. (2000).「日本人が発音した英単語に生じる挿入母音の音声学的分析」『岐阜市立女子短期大学研究紀要』50, 73–78.

Ewen, C. J., & Hulst, H. v. d. (2001). *The phonological structure of words: An introduction*. Cambridge: Cambridge University Press.

Fallows, D. (1981). Experimental evidence for English syllabification and syllable structure. *Journal of Linguistics*, 17, 309–317.

Flege, J. E., & Frieda, E. M. (1997). Amount of native-language (L1) use affects the pronunciation of an L2. *Journal of Phonetics*, 25, 169–186.

Fowler, C. A., Napps, S. E., & Feldman, L. (1985). Relations among regular and irregular morphologically related words in the lexicon as revealed by repetition priming. *Memory and Cognition*, 13, (3), 241–255.

フォスター=コーエン, S. H. (2001).『子供は言語をどう獲得するのか』今井邦彦. (訳) 東京：岩波書店. [Foster-Cohen, S. H. (1999). *An introduction to child language development*. Addison Wesley Longman Limited.]

Friederici, A. D., & Wessels, J. M. I. (1993). Phonotactic knowledge of word boundaries and its use in infant speech perception. *Perception & Psychopsysics*, 54, 287–295.

García Lecumberri, M. L., & Gallardo, F. (2003). English FL sounds in school learners of different ages. In M. P. García Mayo, & M. L. García Lecumberri (Eds.), *Age and the acquisition of English as a foreign language*. (pp. 115–135). Clevedon: Multilingual Matters Ltd.

Brodmann, K. (1909). *Brodmann's localisation in the cerebral cortex* (L. J. Garey, Trans.). New York: Springer. (Original work published 1909)

Gibbon, D., Moore, R., & Winski, R. (Eds.) (1997). *Handbook of standards and resources for spoken language systems*. Berlin: Mouton de Gruyter.

Halle, P. A., Segui, J., Frauenfelder, U., & Meunier, C. (1998). The processing of illegal consonantclusters: A case of perceptual assimilation? *Journal of Experimental Psychology: Human Perception and Performance*, 24, 592–608.

Han, M. S. (1962). The feature of duration in Japanese. *Onsei no kenkyuu*, 10, 65–80.

Han, S. H. (1992). The timing control of geminate and single stop consonants in Japanese: a challenge for nonnative speakers. *Phonetica*, 49, 102–127.

長谷川潔, 小池生夫, 島岡丘, 竹蓋幸生 (編) (1996).『ニュープロシード英和辞典』東京：ベネッセコーポレーション

林安紀子.（2003）.「乳児における言語のリズム構造の知覚と獲得」『音声研究』7,（2）, 29–34.

Homma, Y. (1981). Durational relationship between Japanese stops and vowels. *Journal of Phonetics*, 9, 273–281.

Inagaki, K., Hatano, G., & Otake, T. (2000). The effect of kana literacy acquisition on the speech segmentation unit used by Japanese young children. *Journal of Experimental Child Psychology*, 75, 70–91.

Ishikawa, K. (2005). Training Japanese students to recognize and produce English syllables. *JACET Bulletin*, 40, 41–54.

石村貞夫, デズモンド・アレン.（1997）.『すぐわかる統計用語』東京：東京図書.

石王敦子, 苧阪満里子.（1994）.「幼児におけるリスニングスパン測定の試み」『教育心理学研究』42, 167–173.

伊藤友彦, 辰巳格.（1997）.「特殊拍に対するメタ言語知識の発達」『音声言語医学』38,（2）, 196–203.

Jakobson, R., & Halle, M. (1956). *Fundamentals of language, Janua linguarum, series minor, Nr.* 1. Mouton: The Hague.

Johnson, E. K., & Jusczyk, P. W. (2001). Word segmentation by 8-month-olds: when speech cues count more than statistics. *Journal of Memory and Language*, 44, 548–567.

Jusczyk, P. W., & Aslin, R. N. (1995). Infants' detection of the sound patterns of words in fluent speech. *Cognitive Psychology*, 29, 1–23.

Jusczyk, P. W., Hirsh-Pasek, K., Kemler Nelson, D. G., Kennedy, L. J., Woodward, A., & Piwoz, J. (1992). Perception of acoustic correlates of major phrasal units by young infants. *Cognitive Psychology*, 24, 252–293.

Jusczyk, P. W., Houston, D. M., & Newsome, M. (1999). The beginnings of word segmentation in English-learning infants. *Cognitive Psychology*, 39, 159–207.

Jusczyk, P. W., Freiderici, A. D., Wessels, J. M. I., Svenkerud, V. Y., & Jusczyk, A. M. (1993).

Infants' sensitivity to the sound patterns of native language words. *Journal of Memory and Language*, 32, 402–420.

Just, M. A., & Carpenter, P. A. (1987). *The psychology of reading and language comprehension*. Newton, MA: Allyn and Bacon, Inc.

Kahn, D. (1980). *Syllable-based generalizations in English phonology*. New York: Garland Publishing, Inc.

筧一彦.(2002).「音声知覚と認知科学」『音声研究』6,(2),4–10.

カッケンブッシュ寛子.(1992).「外来語分析の課題―促音化の規則と例外について―」カッケンブッシュ寛子,尾﨑明人,鹿島央,藤原雅憲,籾山洋介.(編)『日本語研究と日本語教育』(pp.237–250).名古屋:名古屋大学出版会.

Kashino, M., van Wieringen, A., & Pols, L. C. W. (1992). Cross languages differences in the identification of intervocalic stop consonants by Japanese and Dutch Listeners. *ICSLP 92 Proceedings: International Conference on Spoken Language Processing*, 92, 1079–1082.

Katayama, M. (1998). *Optimality theory and Japanese loanword phonology dissertation*. Santa Cruz, CA: University of California Santa Cruz.

川越いつえ.(1995).「借用語にみる促音化とリズム衝突」『言語研究』108,46–73.

川越いつえ.(1999).『英語の音声を科学する』東京:大修館書店.

国際交流基金日本語国際センター.(1995).『教師用日本語教育ハンドブック⑥ 発音 改訂版』東京:凡人社.

小西友七.(編集主幹)(1994).『ジーニアス英和辞典 改訂版』東京:大修館書店.

河野守夫.(2001).『音声言語の認識と生成のメカニズム:ことばの時間制御機構とその役割』東京:金星堂.

Kubozono, H. (1985). Speech errors and syllable structure. *Linguistics and Philology*, 6, 220–243.

窪薗晴夫.(1995).『語形成と音韻構造』東京:くろしお出版.

Kubozono, H. (1996). Speech segmentation and phonological structure. In T. Otake, & A. Cutler (Eds.), *Phonological structure and language processing cross-linguistic studies*. (pp.77–94). Berlin: Mouton de Gruyter.

窪薗晴夫.(1999a).「歌謡におけるモーラと音節」 音声文法研究会(編)『文法と音声Ⅱ』(pp.241–260).東京:くろしお出版.

窪薗晴夫.(1999b).『現代言語学入門 日本語の音声』東京:岩波書店.

窪薗晴夫,本間猛.(2002).『英語学モノグラフシリーズ15 音節とモーラ』東京:研究社.

窪薗晴夫,太田聡.(1998).中右実(編)『日英語比較選書10 音韻構造とアクセント』東京:研究社出版.

Ladefoged, P. (1993). *A course of phonetics. third edition*. Fort Worth, TX: Harcourt Brace Jovanvich College Publishers.

Ladefoged, P. (2001). *Vowels and consonants. An intorduction to the sounds of languages*. Malden, MA: Blackwell.

Lehiste, I. (1972). The timing of utterances and linguistic boundaries. *The Journal of Acoustical Society of America*, 51, (6), 2018–2024.

Lenneberg, E. (1967). *Biological foundations of language*. New York: John Wiley & Sons.

Levelt, C. C., Schiller, N. O., & Levelt, W. J. (1999/2000). The acquisition of syllable types. *Language Acquisition*, 8, (3), 237–264.

Levelt, W. J. M., & Wheeldon, L. (1994). Do speakers have access to a mental syllabary? *Cognition*, 50, 239–269.

Levin, J. (1987). Between epenthetic and excrescent vowels. *In WCCFL: Proceedings of the West Coast Conference on Formal Linguistics*, 6, 187–201.

Liberman, A. M., Cooper, F. S., Shankweiler, D. P., & Studdert-Kennedy, M. (1967). Perception of the speech code. *Psychological Review*, 74, (6), 431–461.

Liberman, I. Y., Shankweiler, D., Fisher, F. W., & Carter, B. (1974). Explicit syllable and phoneme segmentation in the young child. *Journal of Experimental Child Psychology*, 18, 201–212.

Lovins, J. B. (1975). *Loanwords and the phonological structure of Japanese*. Indian University Linguistics Club.

Lutje Spelberg, H. C., de Boer, P., & van den Bos, K. P. (2000). Item type comparisons of language comprehension tests. *Language Testing*, 17, (3), 311–322.

MacWhinney, B. (2000a). *The CHILDES project: Tools for analyzing talk, third edition. volume I: Transcription format and programs*. Mahwah, NJ: Lawrence Erlbaum Associates.

MacWhinney, B. (2000b). *The CHILDES project: Tools for analyzing talk, third edition.volume II: The database*. Mahwah, NJ: Lawrence Erlbaum Associates.

Major, R. C. (2001). *Foreign accent the Ontogeny and phylogeny of second language phonology*. Mahwah, NJ: Lawrence Erlbaum Associates Inc.

Marslen-Wilson, W. D. (1975). Sentence perception as an interactive parallel process. *Science*, 189, 226–228.

Marslen-Wislon, W. D., & Tyler, L. K. (1981). Central processes in speech understanding. *Biological sciences, Ser. B*, 295, 317–332.

Marslen-Wilson, W. D., Tyler, L. K., Waksler, R., & Older, L. (1994). Morphology and meaning in the English mental lexicon. *Psychological Review*, 101, (1), 3–33.

Marslen-Wilson, W. D., & Welsh, A. (1978). Processing interactions and lexical access during word recognition in continuous speech. *Cognitive Psychology*, 10, 29–63.

Massaro, D. W., & Cohen, M. M. (1983). Phonological context in speech perception. *Perception & Psychophysics*, 34, (4), 338–348.

Mattys, S. L., Jusczyk, P. W., Luce, P. A., & Morgan, J. L. (1999). Phonotactic and prosodic effects on word segmentation in infants. *Cognitive Psychology*, 38, 465–494.

McCawley, J. D. (1968). *The phonological component of a grammar of Japanese*. The Hague: Mouton.

McClelland, J. L., & Elman, J. L. (1986). The TRACE model of speech perception. *Cognitive Psychology*, 18, 1–16.

McClelland, J. L., Rumelhart, D. E., & the PDP, R. G. (1986). *Parallel distributed processing: Explorations in the microstructure of cognition Volume 2: Psychological and biological models*. Cambridge, MA: The MIT Press.

McGurk, H., & MacDonald, J. (1976). Hearing lips and seeing voices. *Nature*, 264, 746–748.

Mehler, J., Dommergues, J. E., Frauenfelder, U., & Segui, J. (1981). The syllable's role in speech segmentation. *Journal of Verbal Learning and Verbal Behavior*, 20, 298–305.

Mehler, J., Jusczyk, P., Lambertz, G., Halsted, N., Bertoncini, J., & Amiel-Tison, C. (1988). A precursor of language acquisition in young infants. *Cognition*, 29, 143–178.

Meijer, P. J. A. (1996). Suprasegmental structures in phonological encoding: The CV structure. *Journal of Memory and Language*, 35, 840–853.

皆川泰代, 前川喜久雄, 桐谷滋. (2002). 「日本語学習者の長／短母音の同定におけるピッチ型と音節位置の効果」『音声研究』6, (2), 88–97.

御園和夫. (2001). 『英語の音節―構造と分節―』東京：北星堂書店.

Mochizuki-Sudo, M., & Kiritani, S. (1991). Production and perception of stress-related durational patterns in Japanese learners of English. *Journal of Phonetics*, 19, 231–248.

Morais, J., Cary, L., Alegria, J., & Bertelson, P. (1979). Does awareness of speech as a sequence of phones arise spontaneously? *Cognition*, 7, 323–331.

Morgan, J. L., & Saffran, J. R. (1995). Emerging integration of sequential and suprasegmental information in preverbal speech segmentation. *Child Development*, 66, 911–936.

森住衛. (代表者). (2003). *New Crown* 3. 東京：三省堂.

麦谷綾子, 林安紀子, 桐谷滋. (2002). 「乳児の養育環境にある方言音声選好の手がかりとなる音響特徴の検討―乳児行動実験及び音響分析を用いて―」『音声研究』6, (2), 66–

74.

Mullen, B. (1989). *Advanced basic meta-analysis*. Lawrence Erlbaum Associates.［小野寺孝義. (訳)(2000).『基礎から学ぶメタ分析』京都：ナカニシヤ出版.］

Nagai, K. (1998). Compensatory lengthening by British learners of Japanese.『世界の日本語教育』8, 87–97.

Nakata, R., Frazier, K., Hoskins, B., & Wilkinson, S. (2000). *Let's Go* 1~5, *second edition*. New York: Oxford University Press.

Nakatani, L. H., O'Connor, K. D., & Aston, C. H. (1981). Prosodic aspects of American English speech rhythm. *Phonetica*, 38, 84–106.

Narita, K. (1996). Längenverhältnisse der Vokal-Nasal-Sequenzen im Deutschen und im Japanischen.『ドイツ文学』, 96, 12–21.

Nazzi, T., Bertoncini, J., & Mehler, J. (1998). Language discriminaiton by newborns: Towards an understanding of the role of rhythm. *Journal of Experimental Psychology: Human Perception and Performance*, 24, (3), 756–766.

Nicol, J. L. (1996). Syntactic priming. *Language and Cognitive Processes*, 11, (6), 675–679.

西尾由里. (1998).「音素の聞き取りと年齢要因—公立小学校を対象として—」『中部地区英語教育学会紀要』28, 75–80.

西尾由里. (2000).「年齢要因及び学習経験が音素の発音に及ぼす影響について—公立小学校を対象として—」『児童英語教育学会紀要』19, 1–15.

岡直樹. (2000).「4章　意味記憶」太田信夫，多鹿秀継（編）『記憶研究の最前線』(pp. 67–97). 京都：北大路書房.

苧阪満里子. (2002).『脳のメモ帳　ワーキングメモリ』東京：新曜社.

太田朗. (1959).『米語音素論』東京：研究社印刷.

Otake, T., Hatano, G., Cutler, A., & Mehler, J. (1993). Mora or syllable? Speech segmentation in Japanese. *Journal of Memory and Language*, 32, 258–278.

Otake, T., Hatano, G., & Yoneyame, K. (1996). Speech segmentation by Japanese listeners. In T. Otake, & A. Cutler (Eds.), *Phonological structure and language processing cross-linguistic studies*. (pp. 183–202). Berlin: Mouton de Gruyter.

大竹孝司, 山本圭子. (2001).「日英語モノリンガル話者と日英語バイリンガル話者によるメタ言語としての音韻単位の認識」『音声研究』5, (1), 107–116.

Oyama, S. (1976). A sensitive period for the acquisition of a nonnative phonological system. *Journal of Psycholinguistic Research*, 5, (3), 261–283.

Paulesu, E., Frith, G. D., & Frackowiak, R. S. J. (1993). The neural correlates of the verbal component of working memory. *Nature*, 362, (25), 342–345.

Perruchet, P., & Vinter, A. (1998). Parser: A model for word segmentation. *Journal of Memory and Language*, 39, 246–263.

ピアジェ, J. (1960). 波多野完治, 滝沢武久. (訳) (1960). 『知能の心理学』東京：みすず書房. ［Piaget, J. (1952). *La psychologie de l'intelligence*. Paris: Armand Colin.］

Pike, K. L. (1943). *Phonemics: a technique for reducing languages to writing*. Ann Arbor: University of Michigan Press.

Pitt, M. A. (1998). Phonological processes and the perception of phonotactically illegal consonant clusters. *Perception and Psychophysics*, 60, (6), 941–951.

Port, R. F., Al-Ani, S., & Maeda, S. (1980). Temporal compensation and universal phonetics. *Phonetica*, 37, 235–252.

Port, R. F., Dalby, J., & O'Dell, M. (1987). Evidence for mora timing in Japanese. *Journal of the Acoustical Society of America*, 81, 1574–1585.

Porter Jr, R. J., & Berlin, C. I. (1975). On interpreting developmental changes in the dichotic right-ear advantage. *Brain and Language*, 2, 186–200.

Prince, A., & Smolensky, P. (1993). *Optimality theory: Constraint interaction in generative grammar*. Rutgers University, New Brunswick, New Jersey, University of Colorado, Boulder.

Ramus, F., Nespor, M., & Mehler, J. (1999). Correlates of linguistic rhythm in the speech signal. *Cognition*, 73, 265–292.

Richards, J., Platt, J. & Weber, H. (1988). *Longman dictionary of applied linguistics*. ［山崎真稔, 高橋貞雄, 佐藤久美子, 日野信行. (訳)『ロングマン応用言語学用語辞典』東京：南雲堂.］（原版 1985）

Roach, P. (1983). English phonetics and phonology: A practical course.—2nd ed. ［島岡丘, 三浦弘. (訳) (1996).『英語音声学・音韻論』東京：大修館書店.］

Roca, I., & Johnson, W. (1999). *A course in phonology*. Malden, MA: Blackwell.

Rott, S. (1999). The effect of exposure frequency on intermediate language learners' incidental vocabulary acquisition and retention through reading. *Studies in Second Language Acquisition*, 21, 589–619.

Rumelhart, D. E., McClelland, J. L., & the PDP, R. G. (1986). *Parallel distributed processing: Explorations in the microstructure of cognition volume* 1: *Foundations*. Cambridge, MA: The MIT Press.

ライアルズ, J. (2003).『音声知覚の基礎』今富摂子, 荒井隆行, 菅原勉. (監訳). 新谷敬人, 北川裕子, 石原健. (訳) 東京：海文堂. ［Ryalls, J. (1996). *A basic introduction to speech percep-*

tion. Singular Publishing Group.]

Saffran, J. R., Aslin, R. N., & Newport, E. L. (1996). Statistical learning by 8-month-old infants. *Science*, 274, 1926–1928.

Savin, H. B., & Bever, T. G. (1970). The nonperceptual reality of the phoneme. *Journal of Verbal Learning and Verbal Behavior*, 9, 295–302.

Selkirk, E. O. (1982). The syllabe. In H.v.d. Hulst, & N. Smith (Eds.), *The structure of phonological representations (Part* II*)*. (pp. 337–383). Drodrecht, The Netherlands: Foris Publications.

Selkirk, E. O. (1984). On the major class features and syllable theory. In M. Aronoff, & R.T. Oehrle (Eds.), *Language sound structure*. (pp. 107–136). MA: The MIT Press.

Shannon, C. E. & Weaver, W. (1963). The mathematical theory of communication. Urbana: University of Illinois Press.［長谷川淳, 井上光洋.（訳）(1964).『コミュニケーションの数学的理論』東京：明治図書出版.]

柴田武, 柴田里程. (1990).「アクセントは同音語をどの程度弁別しうるか—日本語・英語・中国語の場合」『計量国語学』17,（7）, 317–327.

芝祐順, 渡部洋, 石塚智一. (1984).『統計用語辞典』東京：新曜社.

Smith, K. L., & Pitt, M. A. (1999). Phonological and morphological influences in the syllabification of spoken words. *Journal of Memory and Language*, 41, 199–222.

Stevens, K. N., & Halle, M. (1967). Remarks on analysis by synthesis and distinctive features. In W. Wathen-Dunn (Ed.), *Models for the perception of speech and visual form*. (pp. 88–102). Cambridge, MA: The MIT Press.

杉浦正利.（2000）.「英語学習者コーパスと母語話者コーパスにおける相互情報量を用いた共起関係の比較分析」名古屋大学言語文化部平成 11 年度教育研究改革・改善プロジェクト委員会（編）『名古屋大学におけるインターネット時代に適応した英語教育の環境整備平成 11 年度名古屋大学研究改革・改善プロジェクト報告書』(pp. 91–103). 名古屋：名古屋大学.

Taft, M. (1981). Prefix stripping revisited. *Journal of Verbal Learning and Verbal Behavior*, 20, 289–297.

Taft, M. (1985). The decoding of words in lexical access: A review of the morphographic approach. In D. Besner, T. G. Waller, & G. E. Mackinnon (Eds.), *Reading research: Advances in theory and practice*. (pp. 83–123). New York: Academic Press.

Taft, M., & Forster, K. I. (1975). Lexical storage and retrieval of prefixed words. *Journal of Verbal Learning and Verbal Behavior*, 14, 638–647.

Taft, M., Hambly, G., & Kinoshita, S. (1986). Visual and auditory recognition of prefixed words. *The Quarterly Journal of Experimental Psychology*, 38 *A*, 351–366.

Tajima, K. (2002). Speech rhythm and its relation to issues in phonetics and cognitive science. 『音声研究』6, (2), 42–55.

Tajima, K., & Erickson, D. (2001). Syllable structure and the perception of second-language speech. 音声文法研究会（編）『文法と音声Ⅲ』（pp. 221–239）．東京：くろしお出版．

Tajima, K., Erickson, D., & Akahane-Yamada, R. (1999). Perception of syllables in English words by Japanese learners: Effects of syllable shape and learning.「日本語話者による英単語のシラブル知覚―シラブル構造の影響と訓練効果―」．*Tech. Repo. IEICE, TL*99–22, 29–35.

Tajima, K., Erickson, D., & Akahane-Yamada, R. (2001). Perceptual training of syllable structure in a second language.『第 15 回日本音声学会全国大会予稿集』, 127–132.

Tajima, K., Erickson, D., & Nagao, K. (2000). Phonetic analysis of vowel epenthesis in native Japanese speakers' production of English words.『第 14 回日本音声学会全国大会予稿集』195–200.

竹林滋．(1996)．『英語音声学』東京：研究社．

玉岡賀津雄, マーカス・タフト．(1994)．「拍は音韻処理の最小単位となりうるか」『心理学研究』65, (5), 377–382.

田中敏, 山際勇一郎．(1996)．『新訂ユーザーのための教育・心理統計と実験計画法』東京：教育出版．

土岐哲, 村田水恵(1989).『発音・聴解』東京：荒竹出版．

Treiman, R., & Danis, C. (1988). Syllabification of intervocalic consonants. *Journal of Memory and Language*, 27, 87–104.

Treiman, R., Straub, K., & Lavery, P. (1994). Syllabification of bisyllabic nonwords: evidence from short-term memory errors. *Language and Speech*, 37, (1), 45–60.

Treiman, R., & Zukowaski, A. (1990). Toward an understanding of English syllabification. *Journal of Memory and Language*, 29, 66–85.

Treiman, R., & Zukowski, A. (1991). Levels of phonological awareness. In S. A. Brady, & D. P. Shankweiler (Eds.), *Phonological processes in literacy: A tribute to Isabelle Y. Liberman*. (pp. 67–83). Hillsdale, N. J.: Erlbaum Associates.

Uematsu, S. (1997). The effects of age of arrival on the ultimate attainment of English as a second language. *JACET Bulletin*, 30, 161–175.

上村幸雄．(1998)．「琉球語方言と一般音声学」『1998 年第 12 回日本音声学全国大会　上村

幸雄氏特別講演資料』

Walsh, T., & Diller, K. (1981). Neurolinguistic considerations on the optimum age for second language learning. In K. Diller (Ed.), *Individual differences and universals in language learning aptitude*. (pp. 3–21). Rowley, MS: Newbury House.

Warner, N., & Arai, T. (2001). Japanese mora-timing: a review. *Phonetica*, 58, 1–25.

Wells, J. C. (1990). Syllabification and allophony. In S. Ramsaran (Ed.), *Studies in the pronunciation of English: A commemorative volume in honour of A. C. Gimson*. (pp. 76–86). New York: Routledge.

Wells, J. C. (2000). *Longman pronunciation dictionary, second edition*. Essex: Pearson Education Limited.

Werker, J. F., & Tees, R. C. (1983). Developmental changes across childhood in the perception of non-native speech sounds. *Canadian Journal of Psychology*, 37, (2), 278–286.

Zar, J. H. (1996). *Biostatistical analysis, third edition*. Upper saddle River, N J: Prentice-Hall International.

索引

A
Analysis-by-Synthesis　105

C
CHATフォーマット　131
CHILDES　5, 128
CLAN　128
Coda（尾子音）の制約　37

G
GA　17

I
IPA　17
ISI　10, 56

M
Maximal Onset　61
Minimal Onset Satisfaction　69

N
N-gram　210

O
OCP（義務曲線原理）　36, 66

Optimality Theory　87

P
PARSER　109
PDPモデル　106
PET　6

R
RP　17
R音性母音　18

U
UNIBETs　128
Universal Grammar　259

あ
アクセント核　31
アクセント規則　33, 42
アクセント付与の単位　31
圧縮　39
安定性　27, 28, 191

い
一般米語発音　17
韻脚　54
インプット量　11, 100
韻律的情報　78

え
英語学習開始年齢　10
英語学習経験　11
英語接触度　154

お
オフライン実験　143

オフライン法　11
音韻的理論　61
音韻ループ　6
音響的情報　64
音響的理論　63
音結合制約　7, 65
音結合制約違反　65
音声情報処理　13
音声知覚処理機構　103
音節　2
音節・モーラミックス分節　145
音節核　37
音節効果　264
音節主音的子音　37
音節定義　33
音節の長さ　9
音節分節　49
音節平均長　39
音節リズム　54, 58
音節量　40, 41, 94
音素　2, 21
音素修復　105
音素探索実験　75
音素分節　49
オンライン実験　143
オンライン法　11

か

開音節　20
開放母音　18
外来語　92, 94
かな文字学習　30

き

基底レベル　62, 63
機能語　57
起伏型　31
義務曲線原理（OCP）　36, 66
共起関係　210
強弱ストレス　9

緊張母音　20
緊張母音±子音のルール　67

け

軽音節　38, 41, 42
形式的操作段階　97
形態素分節　67
言語運用　5
言語能力　5

こ

語彙表象　7
効果サイズ　243
交換エラー　24
交互作用　73
高度処理過程　96
コーパス分析　128
語形成過程　43
コホートモデル　105

さ

再音節化　62
最小語　23, 24, 43

し

子音（の）クラスター　3, 36
子音の種類　9
弛緩母音　20
弛緩母音＋子音のルール　66
識別機能　31
刺激　143
児童英語検定試験　120
自動的処理過程　143
重音節　38, 41, 42, 94
習得順序　87, 204
情報処理過程　143
自立性　26–28
自律性　191

自立拍　21, 26

す

ストレス規則　42
ストレスと子音の関係　61
ストレスの機能　38
ストレス付与の単位　30
ストレスリズム　54, 58

せ

正規性の検定　121
制御的処理過程　143
全体的(音声)処理機構　3, 88

そ

操作処理スペース　183
阻害音　9
促音　21
促音化　190

た

代用エラー　24
短期記憶スペース　183
単語認知過程　4, 112
短縮　24
短縮語　44
短母音　20

ち

中枢処理スペース　183
調音結合　103
超重音節　94
頂点表示機能　38
長母音　20

て

低次処理過程　96

と

統計的頻度の高い音節の情報　78
統語機能　31
頭子音の制約　36
等時性　10, 28, 29
等分散性　122
特殊拍　21, 26
トップダウン　59
トップダウン的処理　103

な

内語反復　144
内容語　1, 57
長さ定量　50
長さの補正　29

に

二重母音の第2要素　21
日英語バイリンガル　91

ね

年齢要因　11

の

脳の一側化　96
ノンパラメトリック検定　122

は

バイグラム　108
破擦音　9
撥音　21
発達年齢　11

発話速度　65, 93
パラメトリック検定　122
反応時間　51, 145, 147, 150

ひ

引く音　21
尾子音（Coda）の制約　37
ピッチ　31
表層レベル　62, 63

ふ

フォニックス　59
プレレキシコン　2, 4, 13, 59, 112
ブロードマンの脳地図　6
分析的（音声）処理機構　3, 88

へ

閉音節　20
閉鎖音　9
平板型　31
弁別機能　38

ほ

母音の種類　9
母音の種類と子音の関係　66
ホールワード　59
補償作用　29, 54
補償性　29
ボトムアップ　59
ボトムアップ的処理　103

ま

マガーグ効果　104
摩擦音　9

む

無標　87, 204

も

モータ理論　104
モーラ　2, 23
モーラ分節　49
モーラリズム　58
モーラ理論　54
モニタリングタスク　145
モニタリングテクニック　51

ゆ

有意差検定　122, 243

よ

容認発音　17
抑止母音　18

り

リズム　54
リズム分節　49
リズムユニット　55
両音節化　57
両音節性　62
臨界期仮説　96

れ

レキシコン　2, 4, 13, 59, 112

わ

ワーキングメモリ　6, 183

謝　辞

　本書の基となる博士論文の執筆に際しては、名古屋大学大学院国際開発研究科の主指導教官の木下徹教授に、最新の統計理論をはじめ、実験計画及び論文全体に渡りご指導いただきました。副指導教官の成田克史教授には音声実験について詳しくご教授いただき、副指導教官の杉浦正利教授には理論的な論文構築及びコーパスについてご指導いただきました。筆者自身、仕事や私事でなかなか筆が進まず、論文を投げ出しそうになる時でさえ、この3名の教授には、いつも温かく励ましていただき、また忍耐強くご指導いただき、本当に感謝しております。

　兵庫県立大学の宮本節子教授、中京大学の都築雅子教授には、研究をはじめ精神的にも多くの支えを受けました。

　名古屋大学留学生センターの鹿島央教授にはリズムに関する理論を、中京大学の筧一彦教授には実験手法などをご教授いただき、ありがとうございました。香川大学教育学部の竹中龍範教授には、学会発表を通じて、実験方法について貴重なご指摘やアドバイスをいただきました。昭和音楽大学のDona Erickson教授から、音節やリズムに関する貴重な論文を送っていただき、参考にさせていただきました。

　極悪（ハンドルネーム）氏にはmorogram-0.7.1w.exeの大文字・小文字が区別できるオプションを作っていただき、心より感謝の意を表します。

　名古屋大学大学院国際開発研究科修了生の神野志保さんには、音声分析をはじめ、多くの力添えをいただきました。また、博論執筆の折に、同研究科の庄司智子さんと唐崎晴子さん、私の友人である仲西和子さんには、ご多忙な中、校正を快くお引き受けいただき本当に感謝しております。さらに、同研究科の多くの学生の方に実験にご協力いただき、ありがとうございました。匿名性を保つために名前は差し控えさせていただきますが、本実験に協

力していただきました小学生の皆さん、ありがとうございました。

　また、本書の執筆にあたりまして、ひつじ書房の松本功社長様、竹下乙羽様には並々ならぬアドバイスをいただきました。最終段階での大変細かい校正を名古屋大学大学院同窓生の藤岡由希子さんが引き受けてくださいました。本当にありがとうございました。

　以上、多くの方々からのご支援を受けて刊行することができ、心より感謝いたします。

　最後になりましたが、いつも陰ながら研究を支えてくれた夫と家族に感謝いたします。本書の完成を心待ちにしておりました実父に見てもらうことはできませんでしたが、喜んでくれていることと存じます。

2011 年　初春
西尾　由里

〔著者〕 **西尾由里**（にしお・ゆり）

略歴
明治大学商学部商学科卒業、The University of Southern Mississippi（短期留学）、名古屋大学大学院国際開発研究科国際コミュニケーション専攻博士課程満期退学、2007年学位授与（学術博士）。
十数年に渡り学習塾を経営し、非常勤講師・短期大学専任講師を経て、現在、茨城大学大学教育センターで准教授として勤務。音声知覚産出に関する基礎研究に始まり、英語教材・プログラムの開発を手掛けている。幼児から社会人まで幅広い年齢層を対象とした教授経験がある。

主要著作・論文
Perception and production of English phonemes by Japanese elementary school students: the effect of training using two kinds of video aids, a video with letters and a video without letters, *JASTEC* 20, 27-46.（2001）、『U.S.A. with Multimedia—CD-ROMで学ぶアメリカ文化』（共著, 成美堂, 2005）など。

シリーズ言語学と言語教育
【第22巻】
児童の英語音声知覚メカニズム
L2学習過程において

| 発行 | 2011年2月17日　初版1刷 |

定価	8700円＋税
著者	©西尾由里
発行者	松本功
装丁者	吉岡透（ae）／明田結希（okaka design）
印刷所	三美印刷 株式会社
製本所	田中製本印刷 株式会社
発行所	株式会社 ひつじ書房

〒112-0011　東京都文京区千石2-1-2 大和ビル2F
Tel 03-5319-4916　Fax 03-5319-4917
郵便振替　00120-8-142852
toiawase@hituzi.co.jp
http://www.hituzi.co.jp

造本には充分注意しておりますが、落丁・乱丁などがございましたら、小社かお買上げ書店におとりかえいたします。
ご意見、ご感想など、小社までお寄せ下されば幸いです。

ISBN978-4-89476-524-5　C3080
Printed in Japan

ひつじ意味論講座 第1巻　語・文と文法カテゴリーの意味

澤田治美 編　定価 3,200 円＋税

1. 語の意味をめぐって（国広哲弥）
2. 多義性とカテゴリー構造（松本曜）
3. 文の意味と真偽性（阿部泰明）
4. 否定の諸相（今仁生美）
5. 日本語のテンスとアスペクトの意味の体系性（須田義治）
6. ヴォイスの意味（鷲尾龍一）
7. 意味役割（菅井三実）
8. 動詞の意味と統語構造（影山太郎）
9. 形容詞の意味（久島茂）
10. 名詞句の意味（西山佑司）
11. 代名詞の意味（神崎高明）
12. 不定冠詞の役割（樋口昌幸）

シリーズ言語学と言語教育　17
第二言語の音韻習得と音声言語理解に関与する
言語的・社会的要因　　　　　　山本富美子 著　定価6,500円＋税

シリーズ言語学と言語教育　20
日本語教育からの音声研究　　　土岐哲 著　定価5,800円＋税

Hituzi Linguistics in English No.11
Chunking and Instruction
The Place of Sounds, Lexis, and Grammar in English Language Teaching

中森誉之 著　定価8,800円＋税

Hituzi Linguistics in English No.16
Derivational Linearization at the Syntax-Prosody Interface

塩原佳世乃 著　定価12,000円＋税